CAMBRIDGE LIBRARY COLLECTION

Books of enduring scholarly value

Linguistics

From the earliest surviving glossaries and translations to nineteenth-century academic philology and the growth of linguistics during the twentieth century, language has been the subject both of scholarly investigation and of practical handbooks produced for the upwardly mobile, as well as for travellers, traders, soldiers, missionaries and explorers. This collection will reissue a wide range of texts pertaining to language, including the work of Latin grammarians, groundbreaking early publications in Indo-European studies, accounts of indigenous languages, many of them now extinct, and texts by pioneering figures such as Jacob Grimm, Wilhelm von Humboldt and Ferdinand de Saussure.

Principien der Sprachgeschichte

Principien der Sprachgeschichte (1880) is Hermann Paul's best-known work. In this book, the German literary scholar and linguist argues that although language is a product of human culture and the study of language is therefore best categorised as history, language can most effectively be analysed with methods taken from the natural sciences. Paul develops a system of principles that draws heavily on cognitive and psychological elements in order to account for how language has developed. In 14 chapters he sets out a detailed account of the history of language that includes general observations on the development of language, the consequences of sound change, semantic shift and the divergence of etymologically connected words, and aspects of syntax. He also compares written and spoken language varieties, and the origins of dialects and standard languages.

Cambridge University Press has long been a pioneer in the reissuing of out-of-print titles from its own backlist, producing digital reprints of books that are still sought after by scholars and students but could not be reprinted economically using traditional technology. The Cambridge Library Collection extends this activity to a wider range of books which are still of importance to researchers and professionals, either for the source material they contain, or as landmarks in the history of their academic discipline.

Drawing from the world-renowned collections in the Cambridge University Library, and guided by the advice of experts in each subject area, Cambridge University Press is using state-of-the-art scanning machines in its own Printing House to capture the content of each book selected for inclusion. The files are processed to give a consistently clear, crisp image, and the books finished to the high quality standard for which the Press is recognised around the world. The latest print-on-demand technology ensures that the books will remain available indefinitely, and that orders for single or multiple copies can quickly be supplied.

The Cambridge Library Collection will bring back to life books of enduring scholarly value (including out-of-copyright works originally issued by other publishers) across a wide range of disciplines in the humanities and social sciences and in science and technology.

Principien der Sprachgeschichte

Hermann Paul

CAMBRIDGE UNIVERSITY PRESS

Cambridge, New York, Melbourne, Madrid, Cape Town, Singapore,
São Paolo, Delhi, Dubai, Tokyo

Published in the United States of America by Cambridge University Press, New York

www.cambridge.org
Information on this title: www.cambridge.org/9781108006194

© in this compilation Cambridge University Press 2009

This edition first published 1880
This digitally printed version 2009

ISBN 978-1-108-00619-4 Paperback

PRINCIPIEN

DER

SPRACHGESCHICHTE

VON

HERMANN PAUL,

PROFESSOR DER DEUTSCHEN SPRACHE UND LITERATUR
AN DER UNIVERSITÄT FREIBURG.

HALLE.

MAX NIEMEYER.

1880.

Inhalt.

Cap. I.

Einleitung.

Die sprache ist wie jedes erzeugniss menschlicher cultur ein gegenstand der geschichtlichen betrachtung; aber wie jedem zweige der geschichtswissenschaft so muss auch der sprachgeschichte eine wissenschaft zur seite stehen, welche sich mit den allgmeinen lebensbedingungen des geschichtlich sich entwickelnden objectes beschäftigt, welche die in allem wechsel sich gleich bleibenden factoren nach ihrer natur und wirksamkeit untersucht. Es fehlt für diese wissenschaft eine allgemein gültige und passende bezeichnung. Unter sprachphilosophie versteht man in der regel doch etwas anderes. Und ausserdem dürfte es vielleicht aus einem grunde geraten sein diesen ausdruck lieber zu vermeiden. Unser unphilosophisches zeitalter wittert darunter leicht metaphysische speculationen, von denen die historische sprachforschung keine notiz zu nehmen brauche. In wahrheit aber ist das, was wir im sinne haben, nicht mehr und nicht minder philosophie als etwa die physik oder die physiologie. Am allerwenigsten darf man diesem allgemeinen teil der sprachwissenschaft den historischen als den empirischen gegenüberstellen. Der eine ist gerade so empirisch wie der andere.

Nur selten genügt es zum verständniss der geschichtlichen entwickelung eines gegenstandes die gesetze einer einzelnen einfachen experimentalwissenschaft zu kennen; vielmehr liegt es in der natur aller geschichtlichen bewegung, zumal wo es sich um irgend einen zweig menschlicher cultur handelt, dass dabei sehr verschiedenartige kräfte,

2

deren wesen zu ergründen die aufgabe sehr verschiedener wissenschaften ist, gleichzeitig in stätiger wechselwirkung ihr spiel treiben. Es ist somit natürlich, dass eine solche allgemeine wissenschaft, wie sie einer jeden historischen wissenschaft als genaues pendant gegenübersteht, nicht ein derartig abgeschlossenes ganzes darstellen kann, wie die sogenannten exacten naturwissenschaften, die mathematik oder die psychologie. Vielmehr bildet sie ein conglomerat, das aus verschiedenen reinen gesetzwissenschaften oder in der regel aus segmenten solcher wissenschaften zusammengesetzt ist. Man wird vielleicht bedenken tragen einer solchen zusammenstellung, die immer den charakter des zufälligen an sich trägt, den namen einer wissenschaft beizulegen. Aber mag man darüber denken, wie man will, das geschichtliche studium verlangt nun einmal die vereinigte beschäftigung mit so disparaten elementen als notwendiges hülfsmittel, wo nicht selbständige forschung, so doch aneignung der von andern gewonnenen resultate. Man würde aber auch sehr irren, wenn man meinte, dass mit der einfachen zusammensetzung von stücken verschiedener wissenschaften schon diejenige art der wissenschaft gegeben sei, die wir hier im auge haben. Nein, es bleiben ihr noch aufgaben, um welche sich die gesetzeswissenschaften, die sie als hülfsmittel benutzt, nicht bekümmern. Diese vergleichen ja die einzelnen vorgänge unbekümmert um ihr zeitliches verhältniss zu einander lediglich aus dem gesichtspunkte die übereinstimmungen und abweichungen aufzudecken und mit hülfe davon das in allem wechsel der erscheinungen ewig sich gleich bleibende zu finden. Der begriff der entwickelung ist ihnen völlig fremd, ja er scheint mit ihren principien unvereinbar, und sie stehen daher in schroffem gegensatze zu den geschichtswissenschaften. Diesen gegensatz zu vermitteln ist eine betrachtungsweise erforderlich, die mit mehr recht den namen einer geschichtsphilosophie verdienen würde, als das, was man gewöhnlich damit bezeichnet. Ihr ist das schwierige problem gestellt: wie ist unter der voraussetzung constanter kräfte und verhältnisse, die unverrückbar die gleichen bleiben, sich weder vermehren noch vermindern, doch eine geschichtliche entwickelung möglich, ein fortgang von den einfachsten und primitivsten zu den complicierteſten gebilden? Ihr verfahren unterscheidet sich noch in einer andern hinsicht von dem der gesetzeswissenschaften, worauf ich schon oben hindeutete. Während diese naturgemäß immer die wirkung jeder einzelnen kraft aus dem allgemeinen getriebe zu isolieren streben, um sie für sich in ihrer reinen natur zu erkennen, und dann durch aneinanderreihen des gleichartigen ein system aufbauen, so hat im gegenteil die geschichtsphilosophische betrachtung gerade das ineinandergreifen der einzelnen kräfte ins auge zu fassen, zu untersuchen, wie auch die verschiedenartigsten, um deren verhältniss zu einander sich die gesetzeswissenschaften so wenig als möglich kümmern, durch stätige wechselwirkung einem gemeinsamen ziele zusteuern können. Selbstverständlich muss man, um das ineinandergreifen des mannigfaltigen zu verstehen, möglichst klar darüber sein, welche einzelnen kräfte dabei tätig sind, und welches die natur ihrer wirkungen ist. Dem zusammenfassen muss das isolieren vorausgegangen sein. Denn so lange man noch mit unaufgelösten complicationen rechnet, ist man noch nicht zu einer wissenschaftlichen verarbeitung des stoffes durchgedrungen. Es ist somit klar dass die geschichtsphilosophie in unserm sinne zwar auf der basis der experimentellen gesetzeswissenschaften (wozu ich natürlich auch die psychologie rechne) ruht, aber doch auch ein gewichtiges mehr enthält, was uns eben berechtigt ihr eine selbständige stellung neben jenen anzuweisen.

Diese grosse wissenschaft theilt sich in so viele zweige, als es zweige der speciellen geschichte gibt, geschichte hier im weitesten sinne genommen und nicht auf die entwickelung des menschengeschlechtes beschränkt. Es ist von vornherein zu vermuten, dass es gewisse allgemeine grundbedingungen geben wird, welche für jede art der geschichtlichen entfaltung die notwendige unterlage bilden; noch sicherer aber ist, dass durch die besondere natur eines jeden objectes seine entwickelung in besonderer weise bedingt sein muss. Wer es unternimmt die principien irgend einer einzelnen geschichtlichen disciplin aufzustellen, der muss auf die übrigen, zumal die nächstverwandten zweige der geschichtswissenschaft beständige rücksicht nehmen,

1*

um so die allgemeinsten leitenden gesichtspunkte zu erfassen
und nicht wider aus den augen zu verlieren. Aber er muss
sich auf der andern seite davor hüten sich in blosse allgemein-
heiten zu verirren und darüber die genaue anpassung an den
speciellen fall zu versäumen, oder die auf andern gebieten gewonnenen resultate in bildlicher anwendung zu übertragen,
wodurch die eigentlich zu ergründenden reellen verhältnisse
nur verdeckt werden. Erst durch die begründung solcher principien-
wissenschaften erhält die specielle geschichtsfor-
schung ihren rechten wert. Erst dadurch erhebt sie sich
über die aneinanderreihung scheinbar zufälliger daten und
nähert sich in bezug auf die allgemeingültige bedeutung ihrer
resultate den gesetzeswissenschaften, die ihr gar zu gern die
ebenbürtigkeit streitig machen möchten. Wenn so die prin-
cipienwissenschaft als das höchste ziel erscheint, auf welches
alle anstrengungen der specialwissenschaft gerichtet sind, so
ist auf der andern seite wider die erstere die unentbehrliche
leiterin der letzteren, ohne welche sie mit sicherheit keinen
schritt tun kann, der über das einfach gegebene hinausgeht,
welches doch niemals anders vorliegt als einerseits fragmentarisch, anderseits in verwickelten complicationen, die erst
gelöst werden müssen. Die aufhellung der bedingungen
des geschichtlichen werdens ist zugleich die methoden-
lehre, die bei der feststellung jedes einzelnen factums
zu befolgen ist.

Man hat sich bisher keineswegs auf allen gebieten der
historischen forschung mit gleichem ernst und gleicher gründ-
lichkeit um die principienfragen bemüht. Für die historischen zweige der naturwissenschaft ist dies in viel
höherem masse geschehen als für die culturgeschichte.
Ursache ist einerseits, dass sich bei der letzteren viel grössere
schwierigkeiten in den weg stellen. Sie hat es im allgemeinen mit viel complicierteren factoren zu tun, deren gewirr,
so lange es nicht aufgelöst ist, eine exacte erkenntniss des
causalzusammenhangs unmöglich macht. Dazu kommt, dass
ihre wichtigste unterlage, die experimentelle psychologie eine
wissenschaft von sehr jungem datum ist, die man nur eben
angefangen hat in beziehung zur geschichte zu setzen. Ander-

seits aber ist in dem selben masse, wie die schwierigkeit eine
grössere, das bedürfniss ein geringeres oder mindestens
weniger fühlbares gewesen. Für die geschichte des menschengeschlechts haben immer von gleichzeitigen zeugen herstam-
mende, wenn auch vielleicht erst mannigfach vermittelte be-
richte über die tatsachen als eigentliche quelle gegolten und
erst in zweiter linie denkmäler, producte der menschlichen
cultur, die annähernd die gestaltung bewahrt haben, welche ihnen
dieselbe gegeben hat. Ja man spricht von einer historischen
und einer prähistorischen zeit, und bestimmt die grenze durch
den beginn der historischen überlieferung. Für die erstere ist
daher das bild einer geschichtlichen entwickelung bereits gegeben, so entstellt es auch sein mag, und es ist leicht begreiflich, wenn die wissenschaft mit einer kritischen reinigung dieses
bildes sich genug getan zu haben glaubt und sogar geflissentlich
alle darüber hinaus gehende speculation von sich abweist.
Ganz anders verhält es sich mit der prähistorischen periode
der menschlichen cultur und gar mit der entwickelungsgeschichte
der organischen und anorganischen natur, die in unendlich viel
ferner liegende zeiten zurückgreift. Hier ist auch kaum das
geringste geschichtliche element als solches gegeben. Alle versuche einer geschichtlichen erfassung bauen sich, abgesehen
von dem wenigen, was von den beobachtungen früherer zeiten
überliefert ist, lediglich aus rückschlüssen auf. Und es ist überhaupt gar kein resultat zu gewinnen ohne erledigung der principiellen fragen, ohne feststellung der allgemeinen bedingungen
des geschichtlichen werdens. Diese principiellen fragen haben
daher immer im mittelpunkte der untersuchung gestanden, um
sie hat sich immer der kampf der meinungen gedreht. Gegenwärtig ist es das gebiet der organischen natur, auf welchem
er am lebhaftesten geführt wird, und es muss anerkannt werden,
dass hier die für das verständniss aller geschichtlichen entwickelung, auch der des menschengeschlechtes fruchtbarsten
gedanken zuerst zu einer gewissen klarheit gediehen sind.
Die tendenz der wissenschaft geht jetzt augen-
scheinlich dahin diese speculative betrachtungsweise
auch auf die culturgeschichte auszudehnen, und wir
sind überzeugt, dass diese tendenz mehr und mehr durchdringen wird trotz allem activen und passiven widerstande,

der dagegen geleistet wird. Dass eine solche behandlungs-
weise für die culturwissenschaft nicht gleich unentbehrliches
bedürfniss ist wie für die naturwissenschaft, und dass man
von ihr für die erstere nicht gleich weit gehende erfolge
erwarten darf wie für die letztere, haben wir ja bereitwillig zugegeben. Aber damit sind wir nicht der verpflich-
tung enthoben genau zu prüfen, wie weit wir gelangen
können, und selbst das eventuelle negative resultat dieser
prüfung, die genaue fixierung der schranken unserer erkenntniss
ist unter umständen von grossem werte. Wir haben aber auch
noch gar keine ursache daran zu verzweifeln, dass sich nicht
wenigstens für gewisse gebiete auch bedeutende positive resultate
gewinnen liessen. Am wenigsten aber darf man den metho-
logischen gewinn geringschätzen, der aus einer klarlegung
der principienfragen erwächst. Man befindet sich in einer selbsttäuschung, wenn man meint das einfachste historische factum
ohne eine zutat von speculation constatieren zu können. Man
speculiert eben nur unbewust und es ist einem glücklichen
instincte zu verdanken, wenn das richtige getroffen wird. Wir
dürfen wol behaupten, dass bisher auch die gangbaren methoden
der historischen forschung mehr durch instinct gefunden sind
als durch eine auf das innerste wesen der dinge eingehende
allseitige reflexion. Und die natürliche folge davon ist, dass
eine menge willkürlichkeiten mit unterlaufen, woraus endloser
streit der meinungen und schulen entsteht. Hieraus gibt es
nur einen ausweg: man muss mit allem ernst die zurückführung
dieser methoden auf die ersten grundprincipien in angriff
nehmen und alles daraus beseitigen, was sich nicht aus diesen
ableiten lässt. Diese principien aber ergeben sich, soweit sie
nicht rein logischer natur sind, eben aus der untersuchung des
wesens der historischen entwickelung.

Es gibt keinen zweig der cultur, bei dem sich die
bedingungen der entwickelung mit solcher exactheit
erkennen lassen als bei der sprache, und daher keine
culturwissenschaft, deren methode zu solchem grade
der vollkommenheit gebracht werden kann wie die der
sprachwissenschaft. Keine andere hat bisher so weit über
die grenzen der überlieferung hinausgreifen können, keine andere
ist in dem masse speculativ und constructiv verfahren. Diese

eigentümlichkeit ist es hauptsächlich, wodurch sie als nähere
verwandte der historischen naturwissenschaften erscheint, was
zu der verkehrtheit verleitet hat sie aus dem kreise der culturwissenschaften ausschliessen zu wollen. Trotz dieser stellung,
welche die sprachwissenschaft schon seit ihrer begründung ein-
nimmt, scheint noch viel daran zu fehlen, dass ihre methode
schon bis zu demjenigen grade der vollkommenheit ausgebildet
wäre, dessen sie fähig ist. Eben jetzt sucht sich eine
richtung bahn zu brechen, die auf eine tiefgreifende
umgestaltung der methode hindrängt. Bei dem streite,
der sich darüber entsponnen hat, ist deutlich zu tage getreten,
wie gross noch bei vielen sprachforschern die unklarheit über die
elemente ihrer wissenschaft ist. Eben dieser streit ist auch die
nächste veranlassung zur entstehung dieser abhandlung. Sie will
ihr möglichstes dazu beitragen eine klärung der anschauungen
herbeizuführen und eine verständigung wenigstens unter allen
denjenigen zu erzielen, welche einen offenen sinn für die wahrheit mitbringen. Es ist zu diesem zwecke erforderlich möglichst
allseitig die bedingungen des sprachlebens darzulegen und somit
überhaupt die grundlinien für eine theorie der sprachentwickelung zu ziehen.

Wir scheiden die historischen wissenschaften im weiteren
sinne in die beiden hauptgruppen: historische naturwissenschaften und culturwissenschaften. Als das charakteristische kennzeichen der cultur müssen wir die betätigung
psychischer factoren bezeichnen. Dies scheint mir die
einzig mögliche exacte abgrenzung des gebietes gegen die
objecte der reinen naturwissenschaft zu sein. Demnach müssen
wir allerdings auch eine tierische cultur anerkennen, die entwickelungsgeschichte der kunsttriebe und der gesellschaftlichen organisation bei den tieren zu den culturwissenschaften
rechnen. Für die richtige beurteilung dieser verhältnisse dürfte
das nur förderlich sein.
Das psychische element ist der wesentlichste factor in aller culturbewegung, um den sich alles dreht,
und die psychologie ist daher die vornehmste basis
aller in einem höheren sinne gefassten culturwissen-

schaft. Das psychische ist darum aber nicht der einzige factor; es gibt keine cultur auf rein psychischer unterlage, und es ist daher mindestens sehr ungenau die culturwissenschaften als geisteswissenschaften zu bezeichnen. In wahrheit gibt es nur éine reine geisteswissenschaft, das ist die psychologie als gesetzwissenschaft. Sowie wir das gebiet der historischen entwickelung betreten, haben wir es neben den psychischen mit physischen kräften zu tun. Der menschliche geist muss immer mit dem menschlichen leibe und der umgebenden natur zusammenwirken um irgend ein culturproduct hervorzubringen, und die beschaffenheit desselben, die art, wie es zu stande kommt, hängt eben so wol von physischen als von psychischen bedingungen ab; die einen wie die andern zu kennen ist notwendig für ein vollkommenes verständniss des geschichtlichen werdens. Es bedarf daher neben der psychologie auch einer kenntniss der gesetze, nach denen sich die physischen factoren der cultur bewegen. Auch die naturwissenschaften und die mathematik sind eine notwendige basis der culturwissenschaften, Wenn uns das im allgemeinen nicht zum bewustsein kommt, so liegt das daran, dass wir uns gemeiniglich mit der unwissenschaftlichen beobachtung des täglichen lebens begnügen und damit auch bei dem, was man gewöhnlich unter geschichte versteht, leidlich auskommen. Ist es doch dabei mit dem psychischen auch nicht anders und namentlich bis auf die neueste zeit nicht anders gewesen. Aber undenkbar ist es, dass man ohne eine summe von erfahrungen über die physische möglichkeit oder unmöglichkeit eines vorganges irgend ein ereigniss der geschichte zu verstehen oder irgend welche art von historischer kritik zu üben im stande wäre. Es ergibt sich demnach als eine hauptaufgabe für die principienlehre der culturwissenschaft, die allgemeinen bedingungen darzulegen, unter denen die psychischen und physischen factoren, ihren eigenartigen gesetzen folgend, dazu gelangen zu einem gemeinsamen zwecke zusammenzuwirken.

Etwas anders stellt sich die aufgabe der principienlehre von folgendem gesichtspunkte aus dar. Die culturwissenschaft ist immer gesellschaftswissenschaft. Erst gesellschaft ermöglicht die cultur, erst gesellschaft macht den menschen

zu einem geschichtlichen wesen. Gewiss hat auch eine ganz
isolierte menschenseele ihre entwickelungsgeschichte, auch rücksichtlich des verhältnisses zu ihrem leibe und ihrer umgebung,
aber selbst die begabteste vermöchte es nur zu einer sehr primitiven ausbildung zu bringen, die mit dem tode abgeschnitten wäre.
Erst durch die übertragung dessen, was ein individuum gewonnen hat, auf andere individuen und durch das zusammenwirken mehrerer individuen zu dem gleichen zwecke wird ein
wachstum über diese engen schranken hinaus ermöglicht. Auf
das princip der arbeitsteilung und arbeitsvereinigung ist
nicht nur die wirtschaftliche, sondern jede art von cultur basiert.
Die eigentümlichste aufgabe, welche der culturwissenschaftlichen
principienlehre zufällt und wodurch sie ihre selbständigkeit
gegenüber den grundlegenden gesetzeswissenschaften behauptet,
dürfte demnach darin bestehen, dass sie zu zeigen hat, wie
die wechselwirkung der individuen auf einander vor sich geht,
wie sich der einzelne zur gesammtheit verhält, empfangend
und gebend, bestimmt und bestimmend, wie die jüngere generation
die erbschaft der älteren antritt.

Nach dieser seite hin kommt übrigens der culturgeschichte
schon die entwickelungsgeschichte der organischen
natur sehr nahe. Jeder höhere organismus kommt durch association einer menge von zellen zu stande, die nach dem principe
der arbeitsteilung zusammenwirken und diesem principe gemäss
in ihrer configuration differenziert sind. Auch schon innerhalb der
einzelzelle, des elementarsten organischen gebildes, ist dies princip
wirksam, und durch dasselbe erhaltung der form im wechsel
des stoffes möglich. Jeder organismus geht früher oder später
zu grunde, kann aber ablösungen aus seinem eigenen wesen
hinterlassen, in denen das formative princip, nach welchem er
selbst gebildet war, lebendig fortwirkt, und dem jeder fortschritt, welcher ihm in seiner eigenen bildung gelungen ist, zu
gute kommt, falls nicht störende einflüsse von aussen dazwischen
treten.

Es dürfte scheinen, als ob unsere principienlehre der gesellschaftswissenschaft ungefähr das gleiche sei wie das, was Lazarus und Steinthal völkerpsychologie nennen und was sie in
ihrer zeitschrift zu vertreten suchen. Indessen fehlt viel, dass
beides sich deckte. Aus unsern bisherigen erörterungen geht

schon hervor, dass unsere wissenschaft sich sehr viel mit nicht-
psychologischem zu befassen hat. Wir können die einwirkungen,
welche der einzelne von der gesellschaft erfährt und die er
seinerseits in verbindung mit den andern ausübt, unter vier
hauptcategorieen bringen. Erstens: es werden in ihm psychische
gebilde, vorstellungscomplexe erzeugt, zu denen er, ohne dass
ihm von den andern vorgearbeitet wäre, niemals oder nur sehr
viel langsamer gelangt wäre. Zweitens: er lernt mit den verschiedenen teilen seines leibes gewisse zweckmässige bewegungen
ausführen, die eventuell zur bewegung von fremden körpern,
werkzeugen dienen; auch von diesen gilt, dass er sie ohne das
vorbild anderer vielleicht gar nicht, vielleicht langsamer gelernt
hätte. Wir befinden uns also hier auf physiologischem gebiete,
aber immer zugleich auf psychologischem. Die bewegung an
sich ist physiologisch, aber die erlangung des vermögens zu
willkürlicher regelung der bewegung, worauf es hier eben
ankommt, beruht auf der mitwirkung psychischer factoren.
Drittens: es werden mit hülfe des menschlichen leibes bear-
beitete oder auch nur von dem orte ihrer entstehung zu irgend
einem dienste verrückte naturgegenstände, die dadurch zu werkzeugen oder capitalien werden, von einem individuum auf das
andere, von der älteren generation auf die jüngere übertragen,
und es findet eine gemeinsame beteiligung verschiedener individuen bei der bearbeitung oder verrückung dieser gegenstände statt. Viertens: die individuen üben auf einander einen
physischen zwang aus, der allerdings eben so wol zum nach-
teil wie zum vorteil des fortschritts sein kann, aber vom wesen
der cultur nicht zu trennen ist.

Von diesen vier categorieen ist es jedenfalls nur die erste,
mit welcher sich die völkerpsychologie im sinne von Lazarus-
Steinthal beschäftigt. Es könnte sich also damit auch nur
ungefähr derjenige teil unserer principienlehre decken, der sich
auf diese erste categorie bezieht. Aber abgesehen davon, dass
dieselbe nicht bloss isoliert von den übrigen betrachtet werden
darf, so bleibt auch ausserdem das, was ich im sinne habe,
sehr verschieden von dem, was Lazarus und Steinthal in der
einleitung zu ihrer zeitschrift (Bd. I, s. 1—73) als die aufgabe
der völkerpsychologie bezeichnen.

So sehr ich das verdienst beider männer um die psychologie

und speciell um die psychologische betrachtungsweise der geschichte anerkennen muss, so scheinen mir doch die in dieser einleitung aufgestellten begriffsbestimmungen nicht haltbar, zum teil verwirrend und die realen verhältnisse verdeckend. Der grundgedanke, welcher sich durch das ganze hindurchzieht, ist der, dass die völkerpsychologie sich gerade so teils zu den einzelnen völkern, teils zu der menschheit als ganzes verhalte wie das, was man schlechthin psychologie nennt, zum einzelnen menschen. Eben dieser grundgedanke beruht meiner überzeugung nach auf mehrfacher logischer unterschiebung. Und die ursache dieser unterschiebung glaube ich darin sehen zu müssen, dass der fundamentale unterschied zwischen gesetzwissenschaft und geschichtswissenschaft nicht festgehalten[1]) wird, sondern beides immer unsicher in einander überschwankt.

---

[1]) Angedeutet ist dieser unterschied allerdings, s. 25 ff., wo zwischen den 'synthetischen, rationalen' und den 'beschreibenden' disciplinen der naturwissenschaft unterschieden und eine entsprechende einteilung der völkerpsychologie versucht wird. Aber völlige verwirrung herrscht z. b. s. 15 ff. Aus der tatsache, dass es nur zwei formen alles seins und werdens gibt, natur und geist, folgern die verfasser, dass es nur zwei classen von realen wissenschaften geben könne, eine, deren gegenstand die natur, und eine, deren gegenstand der geist sei. Dabei wird also nicht berücksichtigt, dass es auch wissenschaften geben könne, die das ineinanderwirken von natur und geist zu betrachten haben. Noch bedenklicher ist es, wenn sie dann fortfahren: 'Demnach stehen sich gegenüber naturgeschichte und geschichte der menschheit.' Hier muss zunächst geschichte in einem ganz andern sinne gefasst sen, als den man gewöhnlich mit dem worte verbindet, als wissenschaft von dem geschehen, den vorgängen. Wie kommt aber mit einem male 'mensch' an die stelle von 'geist'. Beides ist doch weit entfernt sich zu decken. Weiter wird zwischen natur und geist der unterschied aufgestellt, dass die natur sich in ewigem kreislauf ihrer gesetzmässigen processe bewege, wobei die verschiedenen läufe vereinzelt, jeder für sich blieben, wobei immer nur das schon dagewesene widererzeugt würde und nichts neues entstünde, während der geist in einer reihe zusammenhängender schöpfungen lebe, einen fortschritt zeige. Diese unterscheidung, in dieser allgemeinheit hingestellt, ist zweifellos unzutreffend. Auch die natur, die organische mindestens sicher, bewegt sich in einer reihe zusammenhängender schöpfungen, auch in ihr gibt es einen fortschritt. Anderseits bewegt sich auch der geist (das ist doch auch die anschauung der verfasser) in einem gesetzmässigen ablauf, in einer ewigen widerholung der gleichen

Der begriff der völkerpsychologie selbst schwankt zwischen zwei wesentlich verschiedenen auffassungen. Einerseits wird sie als die lehre von den allgemeinen bedingungen des geistigen lebens in der gesellschaft gefasst, anderseits als charakteristik der geistigen eigentümlichkeit der verschiedenen völker und untersuchung der ursachen, aus denen diese eigentümlichkeit entsprungen ist. S. 25 ff. werden diese beiden verschiedenen auffassungen der wissenschaft als zwei teile der gesammtwissenschaft hingestellt, von denen der erste die synthetische grundlage des zweiten bildet. Nach keiner von beiden auffassungen steht die völkerpsychologie in dem angenommenen verhältniss zur individualpsychologie.

Halten wir uns zunächst an die zweite, so kann der charakteristik der verschiedenen völker doch nur die charakteristik verschiedener individuen entsprechen. Dass nennt man aber nicht psychologie. Die psychologie hat es niemals mit der concreten gestaltung einer einzelnen menschenseele, sondern nur mit dem allgemeinen wesen der seelischen vorgänge zu tun. Was berechtigt uns daher den namen dieser wissenschaft für die beschreibung einer concreten gestaltung der geistigen eigentümlichkeit eines volkes zu gebrauchen? Was die verf. im sinne haben, ist nichts anderes als ein teil, und zwar der wichtigste, aber eigentlich nicht isolierbare teil dessen, was man sonst culturgeschichte oder philologie genannt hat, nur auf psychologische grundlage gestellt, wie sie heutzutage für alle culturgeschichtliche forschung verlangt werden muss. Es ist aber keine gesetzwissenschaft wie die psychologie und keine principienlehre oder, um den ausdruck der verf. zu gebrauchen, keine synthetische grundlage der culturgeschichte.

grundprocesse. Es sind hier zwei gegensätze confundiert, die völlig auseinander gehalten werden müssen, der zwischen natur und geist einerseits und der zwischen gesetzmässigem process und geschichtlicher entwickelung anderseits. Nur von dieser confusion aus ist es zu begreifen, dass es die verf. überhaupt haben in frage ziehen können, ob die psychologie zu den natur- oder zu den geisteswissenschaften gehöre, und dass sie schliesslich dazu kommen ihr eine mittelstellung zwischen beiden anzuweisen. Diese confusion ist freilich die hergebrachte, von der man sich aber endlich losreissen sollte nach den fortschritten, welche die psychologie einerseits, die wissenschaft von der organischen natur anderseits gemacht hat.

Die unrichtige parallelisierung hat noch zu weiteren be-
denklichen consequenzen geführt. Es handelt sich nach den
verfassern in der völkerpsychologie 'um den geist der gesammtheit, der noch verschieden ist von allen zu derselben
gehörenden einzelnen geistern, und der sie alle beherrscht' (s. 5).
Weiter heisst es (s. 11): Die verhältnisse, welche die völkerpsychologie betrachtet, liegen teils im volksgeiste, als einer
einheit gedacht, zwischen den elementen desselben (wie z. b.
das verhältniss zwischen religion und kunst, zwischen staat und
sittlichkeit, sprache und intelligenz u. dgl. m.), teils zwischen
den einzelgeistern, die das volk bilden. Es treten also hier
die selben grundprocesse hervor, wie in der individuellen psychologie, nur complicierter oder ausgedehnter'. Das heisst durch
hypostasierung einer reihe von abstractionen das wahre wesen
der vorgänge verdecken. Alle psychischen processe vollziehen
sich in den einzelgeistern und nirgends sonst. Weder volks-
geist noch elemente des volksgeistes wie kunst, religion etc.
haben eine concrete existenz und folglich kann auch nichts in
ihnen und zwischen ihnen vorgehen. Daher weg mit diesen
abstractionen. Denn 'weg mit allen abstractionen' muss für uns
das losungswort sein, wenn wir irgendwo die factoren des
wirklichen geschehens zu bestimmen versuchen wollen. Ich
will den verfassern keinen grossen vorwurf machen wegen eines
fehlers, dem man in der wissenschaft noch auf schritt und tritt
begegnet, und vor dem sich der umsichtigste und am tiefsten
eindringende nicht immer bewahrt. Mancher forscher, der sich
auf der höhe des neunzehnten jahrhunderts fühlt, lächelt wol
vornehm über den streit der mittelalterlichen nominalisten und
realisten, und begreift nicht wie man hat dazu kommen können,
die abstractionen des menschlichen verstandes für realiter
existierende dinge zu erklären. Aber die unbewussten realisten
sind bei uns noch lange nicht ausgestorben, nicht einmal unter
den naturforschern. Und vollends unter den culturforschern
treiben sie ihr wesen recht munter fort, und darunter namentlich diejenige classe, welche es allen übrigen zuvorzutun wähnt,
wenn sie nur in Darwinistischen gleichnissen redet. Doch ganz
abgesehen von diesem unfug, die zeiten der scholastik, ja sogar
die der mythologie liegen noch lange nicht soweit hinter uns,
als man wol meint, unser sinn ist noch gar zu sehr in den

14

banden dieser beiden befangen, weil sie unsere sprache beherrschen, die gar nicht von ihnen loskommen kann. Wer nicht die nötige gedankenanstrengung anwendet um sich von der herrschaft des wortes zu befreien, wird sich niemals zu einer unbefangenen anschauung der dinge aufschwingen. Die psychologie ward zur wissenschaft in dem augenblicke, wo sie die abstractionen der seelenvermögen nicht mehr als etwas reelles anerkannte. So wird es vielleicht noch auf manchen gebieten gelingen bedeutendes zu gewinnen lediglich durch beseitigung der zu realitäten gestempelten abstractionen, die sich störend zwischen das auge des beobachters und die concreten erscheinungen stellen.

Diese bermerkungen bitte ich nicht als eine blosse abschweifung zu betrachten. Sie deuten auf das, was wir selbst im folgenden rücksichtlich der sprachentwickelung zu beobachten haben, was dagegen die darstellung von Lazarus-Steinthal gar nicht als etwas zu leistendes erkennen lässt. Wir gelangen von hier aus auch zur kritik der ersten auffassung des begriffs völkerpsychologie.

Da wir natürlich auch hier nicht mit einem gesammtgeiste und elementen dieses gesammtgeistes rechnen dürfen, so kann es sich in der 'völkerpsychologie' jedenfalls nur um verhältnisse zwischen den einzelgeistern handeln. Aber auch für die wechselwirkung dieser ist die behauptung, dass dabei die selben grundprocesse hervortreten wie in der individuellen psychologie, nur in einem ganz bestimmten verständniss zulässig, worüber es einer näheren erklärung bedürfte. Jedenfalls verhält es sich nicht so, dass die vorstellungen, wie sie innerhalb einer seele auf einander wirken, so auch über die schranken der einzelseele hinaus auf die vorstellungen anderer seelen wirkten. Ebensowenig wirken etwa die gesammten vorstellungscomplexe der einzelnen seelen in einer analogen weise auf einander wie innerhalb der seele des individuums die einzelnen vorstellungen. Vielmehr ist es eine tatsache von fundamentaler bedeutung, die wir niemals aus dem auge verlieren dürfen, dass alle rein psychische wechselwirkung sich nur innerhalb der einzelseele vollzieht. Aller verkehr der seelen unter einander ist nur ein indirecter, auf physischem wege vermittelter. Fassen wir daher die

psychologie im Herbartschen sinne als die wissenschaft von
dem verhalten der vorstellungen zu einander, so kann es nur
eine individuelle psychologie geben, der man keine völkerpsychologie oder wie man es sonst nennen mag gegenüber
stellen darf.

Man fügt nun aber wol in der darstellung der individuellen psychologie diesem allgemeinen einen zweiten speciellen
teil hinzu, welcher die entwicklungsgeschichte der complicierteren vorstellungsmassen behandelt, die wir erfahrungsmässig
in uns selbst und den von uns zu beobachtenden individuen.
in wesentlich übereinstimmender weise finden. Dagegen ist
nichts einzuwenden, so lange man sich nur des fundamentalen
gegensatzes bewusst bleibt, der zwischen beiden teilen besteht.
Der zweite ist nicht mehr gesetzwissenschaft, sondern geschichte.
Es ist leicht zu sehen, dass diese complicierteren gebilde nur
dadurch haben entstehen können, dass das individuum mit
einer reihe von andern individuen in gesellschaft lebt. Und
um tiefer in das geheimniss ihrer entstehung einzudringen, muss
man sich die verschiedenen stadien, welche sie nach und nach
in den früheren individuen durchlaufen haben, zu veranschaulichen suchen. Von hier aus sind offenbar Lazarus und Steinthal zu dem begriff der völkerpsychologie gelangt. Aber ebensowenig wie eine historische darstellung, welche schildert, wie
diese entwicklung wirklich vor sich gegangen ist, mit recht
psychologie genannt wird, ebensowenig wird es die principien-
wissenschaft, welche zeigt, wie im allgemeinen eine derartige
entwickelung zu stande kommen kann. Was an dieser entwickelung psychisch ist, vollzieht sich innerhalb der einzelseele
nach den allgemeinen gesetzen der individuellen psychologie.
Alles das aber, wodurch die wirkung des einen individuums
auf das andere ermöglicht wird, ist nicht psychisch.

Wenn ich von den verschiedenen stadien in der entwickelung der psychischen gebilde gesprochen habe, so habe ich mich
der gewöhnlichen bildlichen ausdrucksweise bedient. Nach
unsern bisherigen auseinandersetzungen ist nicht daran zu
denken, dass ein gebilde, wie es sich in der einen seele gestaltet hat, wirklich die reale unterlage sein kann, aus der ein
gebilde der andern entspringt. Vielmehr muss jede seele
ganz von vorn anfangen. Man kann nichts schon gebildetes

16

in sie hineinlegen, sondern alles muss in ihr von den ersten
anfängen an neu geschaffen werden, die primitiven vorstellungen
durch physiologische erregungen, die vorstellungscomplexe durch
verhältnisse, in welche die primitiven vorstellungen innerhalb
der seele selbst zu einander getreten sind. Um die einer
in ihr selbst entsprungenen entsprechende vorstel-
lungsverbindung in einer anderen seele hervorzu-
rufen kann die seele nichts anderes tun, als vermittelst
der motorischen nerven ein physisches product zu erzeugen, welches seinerseits wider vermittelst erregung
der sensitiven nerven des andern individuums in der
seele desselben die entsprechenden vorstellungen hervorruft, und zwar entsprechend associiert. Die wichtigsten unter den diesem zwecke dienenden physischen producten
sind eben die sprachlaute. Andere sind die sonstigen töne,
ferner mienen, gebährden, bilder etc.

Was diese physischen producte befähigt als mittel zur
übertragung von vorstellungen auf ein anderes individuum zu dienen ist entweder eine innere, directe beziehung zu den
betreffenden vorstellungen (man denke z. b. an einen schmerzens-
schrei, eine gebährde der wut) oder eine durch ideenassociation vermittelte verbindung, wobei also die in directer
beziehung zu dem physischen werkzeuge stehende vorstellung
das bindeglied zwischen diesem und der mitgeteilten vorstellung
bildet; das ist der fall bei der sprache.

Durch diese art der mitteilung kann kein vorstellungsinhalt
in der seele neu geschaffen werden. Der inhalt, um den es
sich handelt, muss vielmehr schon vorher darin sein, durch
physiologische erregungen hervorgerufen. Die wirkung der
mitteilung kann nur die sein, dass gewisse in der seele ruhende
vorstellungsmassen dadurch erregt, eventuell auf die schwelle
des bewusstseins gehoben werden, wodurch unter umständen
neue verbindungen zwischen denselben geschaffen oder alte befestigt werden.

Der vorstellungsinhalt selbst ist also unübertrag-
bar. Alles, was wir von dem eines andern individuums
zu wissen glauben, beruht nur auf schlüssen aus
unserem eigenen. Wir setzen dabei voraus, dass die fremde
seele in dem selben verhältniss zur aussenwelt steht wie die

unsrige, dass die nämlichen physischen eindrücke in ihr die
gleichen vorstellungen erzeugen wie in der unsrigen, und dass
diese vorstellungen sich in der gleichen weise verbinden.
Ein gewisser grad von übereinstimmung in der geistigen und
körperlichen organisation, in der umgebenden natur und den
erlebnissen ist demnach die vorbedingung für die möglichkeit
einer verständigung zwischen verschiedenen individuen. Je
grösser die übereinstimmung, desto leichter die verständigung.
Umgekehrt bedingt jede verschiedenheit in dieser beziehung
nicht nur die möglichkeit, sondern die notwendigkeit des nicht-
verstehens, des unvollkommenen verständnisses oder des miss-
verständnisses.

Am weitesten reicht die verständigung durch diejenigen
physischen mittel, welche in directer beziehung zu den mitgeteilten vorstellungen stehen; denn diese fliesst häufig schon aus
dem allgemein übereinstimmenden in der menschlichen natur.
Dagegen, wo die beziehung eine indirecte ist, wird vorausgesetzt, dass in den verschiedenen seelen die gleiche association
geknüpft ist, was übereinstimmende erfahrung voraussetzt.
Man muss es demnach als selbstverständlich voraussetzen, dass
alle mitteilung unter den menschen mit der ersteren art begonnen hat und erst von da zu der letzteren übergegangen ist.
Zugleich muss hervorgehoben werden, dass die mittel der ersten
art bestimmt beschränkte sind, während sich in bezug auf die
der zweiten ein unbegrenzter spielraum darbietet, weil bei
willkürlicher association unendlich viele combinationen möglich sind.

Fragen wir nun, worauf es denn eigentlich beruht, dass
das individuum, trotzdem es sich seinen vorstellungskreis selbst
schaffen muss, doch durch die gesellschaft eine bestimmte richtung seiner geistigen entwickelung erhält und eine weit höhere
ausbildung, als es im sonderleben zu erwerben vermöchte, so
müssen wir als den wesentlichen punkt bezeichnen die verwandlung indirecter associationen in directe. Diese
verwandlung vollzieht sich innerhalb der einzelseele, das gewonnene resultat aber wird auf andere seelen übertragen, natürlich durch physische vermittelung in der geschilderten weise.
Der gewinn besteht also darin, dass in diesen anderen seelen
die vorstellungsmassen nicht wider den gleichen umweg zu

machen brauchen um an einander zu kommen wie in der
ersten seele. Ein gewinn ist also das namentlich dann, wenn
die vermittelnden verbindungen im vergleich zu der schliesslich resultierenden verbindung von untergeordnetem werte sind.
Durch solche ersparniss an arbeit und zeit, zu welcher ein individuum dem andern verholfen hat, ist dieses widerum im
stande, das ersparte zur herstellung einer weiteren verbindung
zu verwenden, zu der das erste individuum die zeit nicht mehr
übrig hatte.

Mit der überlieferung einer aus einer indirecten in eine
directe verwandelten verbindung ist nicht auch die ideenbewe-
gung überliefert, welche zuerst zur entstehung dieser verbindung geführt hat. Wenn z. b. jemandem der Pythagoräische
lehrsatz überliefert wird, so weiss er dadurch nicht, auf welche
weise derselbe zuerst gefunden ist. Er kann dann einfach
bei der ihm gegebenen directen verbindung stehen bleiben, er
kann auch durch eigene schöpferische combination den satz
mit andern ihm schon bekannten mathematischen sätzen vermitteln, wobei er allerdings ein sehr viel leichteres spiel hat
als der erste finder. Sind aber, wie es hier der fall ist, verschiedene vermittelungen möglich, so braucht er nicht gerade
auf die selbe zu verfallen wie der erste finder.

Es erhellt also, dass bei diesem wichtigen process, indem der anfangs- und endpunkt einer vor-
stellungsreihe in directer verknüpfung überliefert
werden, die mittelglieder, welche ursprünglich diese
verknüpfung herstellen halfen, zu einem grossen
teile für die folgende generation verloren gehen
müssen. Das ist in vielen fällen eine heilsame entlastung
von unnützem ballast, wodurch der für eine höhere entwickelung notwendige raum geschaffen wird. Aber die erkenntniss
der genesis wird dadurch natürlich ausserordentlich erschwert.

Nach diesen für alle culturentwickelung geltenden bemerkungen, deren specielle anwendung auf die sprachgeschichte
uns weiter unten zu beschäftigen hat, wollen wir jetzt versuchen die wichtigsten eigentümlichkeiten hervorzuheben,
wodurch sich die sprachwissenschaft von andern
culturwissenschaften unterscheidet. Indem wir die
factoren ins auge fassen, mit denen sie zu rechnen hat, wird

es uns schon hier gelingen unsere behauptung zu rechtfertigen, dass die sprachwissenschaft unter allen historischen wissenschaften die sichersten und exactesten resultate zu liefern im stande ist.

Jede erfahrungswissenschaft erhebt sich zu um so grösserer exactheit, je mehr es ihr gelingt in den erscheinungen, mit denen sie es zu schaffen hat, die wirksamkeit der einzelnen factoren isoliert zu betrachten. Hierin liegt ja eigentlich der specifische unterschied der wissenschaftlichen betrachtungsweise von der populären. Die isolierung gelingt natürlich um so schwerer, je verschlungener die complicationen, in denen die erscheinungen an sich gegeben sind. Nach dieser seite hin sind wir bei der sprache besonders günstig gestellt. Das gilt allerdings nicht, wenn man den ganzen materiellen inhalt ins auge fasst, der in ihr niedergelegt ist. Da findet man allerdings, dass alles, was irgendwie die menschliche seele berührt hat, die leibliche organisation, die umgebende natur, die gesammte cultur, alle erfahrungen und erlebnisse wirkungen in der sprache hinterlassen haben, dass sie daher von diesem gesichtspunkte aus betrachtet, von den allermannigfachsten, von allen irgend denkbaren factoren abhängig ist. Aber diesen materiellen inhalt zu betrachten ist nicht die eigentümliche aufgabe der sprachwissenschaft. Sie hat nur die verhältnisse zu betrachten, in welche dieser vorstellungsinhalt zu bestimmten lautgruppen tritt. So kommen von den oben s. 9 angegebenen vier kategorieen der gesellschaftlichen einwirkung für die sprache nur die ersten beiden in betracht. Man braucht auch vornehmlich nur zwei gesetzeswissenschaften als unterlage der sprachwissenschaft, die psychologie und die physiologie, und zwar von der letzteren nur gewisse teile. Was man gewöhnlich unter lautphysiologie versteht, begreift allerdings nicht alle physiologischen vorgänge in sich, die zur sprechtätigkeit gehören, nämlich nicht die erregung der motorischen nerven, wodurch die sprachorgane in bewegung gesetzt werden. Es würde ferner auch die akustik, sowol als teil der physik wie als teil der physiologie in betracht kommen. Die akustischen vorgänge aber sind nicht unmittelbar von den psychischen beeinflusst, sondern nur mittelbar, durch die lautphysiologischen. Durch diese sind sie derartig bestimmt, dass nach dem einmal gegebenen anstosse ihr verlauf im allgemeinen keine ablenkungen mehr erfährt, wenigstens keine solche, die für das wesen der sprache von belang sind. Unter diesen umständen ist ein tieferes eindringen in diese vorgänge für das verständniss der sprachentwickelung jedenfalls nicht in dem masse erforderlich wie die erkenntniss der bewegungen der sprechorgane. Damit soll nicht behauptet werden, dass nicht vielleicht auch einmal aus der akustik manche aufschlüsse zu holen sein werden.

Die verhältnissmässige einfachheit der sprachlichen vorgänge tritt deutlich hervor, wenn wir etwa die wirtschaftlichen damit vergleichen. Hier handelt es sich um eine wechselwirkung sämmtlicher physischen und psychischen factoren, zu denen der mensch in irgend eine beziehung tritt. Auch den ernstesten bemühungen wird es niemals gelingen die rolle, welche jeder einzelne unter diesen factoren dabei spielt, vollständig klar zn legen.

Ein weiterer punkt von belang ist folgender. Jede sprachliche schöpfung ist stets nur das werk éines individuums. Es können mehrere das gleiche schaffen. Aber der akt des schaffens ist darum kein anderer und das product kein anderes. Niemals schaffen mehrere individuen etwas zusammen, mit vereinigten kräften, mit verteilten rollen. Ganz anders ist das wider auf wirtschaftlichem oder politischem gebiete. Wie es innerhalb der wirtschaftlichen und politischen entwickelung selbst immer schwieriger wird die verhältnisse zu durchschauen, je mehr vereinigung der kräfte, je mehr verteilung der rollen sich herausbildet, so sind auch die einfachsten verhältnisse auf diesen gebieten schon weniger durchsichtig als die sprachlichen. Allerdings insofern, als eine sprachliche schöpfung auf ein anderes individuum übertragen und von diesem umgeschaffen wird, als dieser process sich immer von neuem widerholt, findet allerdings auch hier eine arbeitsteilung und arbeitsvereinigung statt, ohne die ja, wie wir gesehen haben, überhaupt keine cultur zu denken ist. Und wo in unserer überlieferung eine anzahl von zwischenstufen fehlen, da ist auch der sprachforscher in der lage verwickelte complicationen auflösen zu müssen, die nicht sowol durch das zusammenwirken als durch das nacheinanderwirken verschiedener individuen entstanden sind.

Es ist ferner auch nach dieser seite hin von grosser wichtigkeit, dass die sprachlichen gebilde ohne absicht geschaffen werden, und ohne dass sich das individuum seiner schöpferischen tätigkeit bewusst wird. In dieser hinsicht unterscheidet sich die sprachbildung namentlich von aller künstlerischen production. Die unabsichtlichkeit, wie wir sie hier als characteristicum hinstellen, ist freilich nicht so allgemein anerkannt und ist noch im einzelnen zu erweisen. So viel aber muss jeder ohne weiteres zugeben, dass man sich die mittel einer sprache aneignen und täglich davon gebrauch machen kann, ohne je über deren natur und einrichtung zu reflectieren. In eben dieser aneignung und täglichen verwendung vollzieht sich nun aber auch die umgestaltung, die vermehrung und verminderung der sprachmittel. Es bedarf dazu nicht eines processes, der noch ausserdem hinzukommen müsste. Es ist ein verhängnissvoller irrtum, wenn man zur erklärung des werdens der sprache andere factoren bemüht als diejenigen, die man immerfort an sich selbst und andern tätig sehen kann. So wenig ist zur umgestaltung der sprache reflexion nötig, dass es vielmehr die abwesenheit der reflexion ist, aus welcher sie begriffen werden muss. Nach zwecken wird nichts geschaffen. Der zweck spielt in der sprachwissenschaft keine andere rolle, als diejenige welche ihm Darwin in der zoologie angewiesen hat: die grössere oder geringere zweckmässigkeit der zufällig entstandenen gebilde ist entscheidend für erhaltung oder untergang derselben.

Man muss freilich unterscheiden zwischen der natürlichen entwickelung der sprache und der künstlichen, die durch ein bewusstes regelndes eingreifen zu stande kommt. Solche absichtlichen bemühungen beziehen sich fast ausschliesslich auf die herstellung einer gemeinsprache in einem dialectisch gespaltenen gebiete. Wir müssen im folgenden zunächst gänzlich von denselben abstrahieren, um das reine walten der natürlichen entwickelung kennen zu lernen, und erst dann ihre wirksamkeit in einem besondern abschnitte behandeln. Zu diesem verfahren sind wir nicht nur berechtigt, son-

dern auch verpflichtet. Wir würden sonst ebenso handeln wie
der zoologe oder der botaniker, der um die entstehung der
heutigen tier- oder pflanzenwelt zu erklären, überall mit der
annahme künstlicher züchtung und veredlung operierte. Der
vergleich ist in der tat in hohem grade zutreffend. Wie der
viehzüchter oder der gärtner niemals etwas rein willkürlich
aus nichts erschaffen können, sondern mit allen ihren versuchen auf eine nur innerhalb bestimmter schranken mögliche
umbildung des natürlich erwachsenen angewiesen sind, so entsteht auch eine künstliche sprache nur auf grundlage einer
natürlichen. So wenig durch irgend welche veredlung die
wirksamkeit derjenigen factoren aufgehoben werden kann,
welche die natürliche entwickelung bestimmen, so wenig kann
das auf sprachlichem gebiete durch absichtliche regelung geschehen. Sie wirken trotz alles eingreifens ungestört weiter
fort, und alles, was, auf künstlichem wege gebildet, in die
sprache aufgenommen ist, verfällt dem spiel ihrer kräfte.

Es wäre nun zu zeigen, inwiefern die absichtslosigkeit
der sprachlichen vorgänge es erleichtert, ihr wesen zu durchschauen. Zunächst folgt daraus wider, dass dieselben verhält--
nissmässig einfach sein müssen. Bei jeder veränderung kann
nur ein kurzer schritt getan werden. Wie wäre das anders
möglich, wenn sie ohne berechnung erfolgt und, wie es meistens
der fall ist, ohne dass der sprechende eine ahnung davon hat,
dass er etwas nicht schon vorher dagewesenes hervorbringt?
Freilich kommt es dann aber auch darauf an die indicien,
durch welche sich diese vorgänge documentieren, möglichst
schritt für schritt zu verfolgen. Aus der einfachheit der sprachlichen vorgänge folgt nun aber auch, dass sich dabei die individuelle eigentümlichkeit nicht stark geltend machen kann.
Die einfachsten psychischen processe sind ja bei allen individuen die gleichen, ihre besonderheiten beruhen nur auf verschiedenartiger combination dieser einfachen processe. Die
grosse gleichmässigkeit aller sprachlichen vorgänge
in den verschiedensten individuen ist die wesentlichste basis für eine exact wissenschaftliche erkenntniss derselben.

So fällt denn auch die erlernung der sprache in eine
frühe entwickelungsperiode, in welcher überhaupt bei allen

psychischen processen noch wenig absichtlichkeit und bewustsein, noch wenig individualität vorhanden ist. Und ebenso
verhält es sich mit derjenigen periode in der entwickelung des
menschengeschlechts, welche die sprache zuerst geschaffen hat.
Wäre die sprache nicht so sehr auf grundlage des gemeinsamen in der menschlichen natur aufgebaut, so wäre sie auch
nicht das geeignete werkzeug für den allgemeinen verkehr.
Umgekehrt, dass sie als solches dient, hat zur notwendigen
consequenz, dass sie alles rein individuelle, was sich ihr doch
etwa aufzudrängen versucht, zurückstösst, dass sie nichts auf-
nimmt und bewahrt, als was durch die übereinstimmung einer
anzahl mit einander in verbindung befindlicher individuen
sanctioniert wird.

Unser satz, dass die unabsichtlichkeit der vorgänge eine
exacte wissenschaftliche erkenntniss begünstige, ist leicht aus
der geschichte der übrigen culturzweige zu bestätigen. Die
entwickelung der socialen verhältnisse, des rechts, der religion,
der poesie und aller übrigen künste zeigt um so mehr gleich-
förmigkeit, macht um so mehr den eindruck der naturnotwen-
digkeit, je primitiver die stufe ist, auf der man sich befindet.
Während sich auf diesen gebieten immer mehr absichtlichkeit,
immer mehr individualismus geltend gemacht hat, ist die
sprache nach dieser seite hin viel mehr bei dem ursprünglichen zustande stehen geblieben. Sie erweist sich auch dadurch als der urgrund aller höheren geistigen entwickelung im
einzelnen menschen wie im ganzen geschlecht.

Unsere aufgabe wird nun hauptsächlich darin bestehen,
allgemeine kategorieen zu finden, unter welche sich die einzelnen durch überlieferung gegebenen sprachlichen vorgänge
möglichst vollständig unterbringen lassen. Diese vorgänge
müssen analysiert werden auf grundlage der resultate der
psychologie und physiologie. Diese analyse allein darf massgebend für ihre classification sein, nicht die in der grammatik
bestehende tradition. Nur vermöge solcher analyse sind wir
im stande allgemein gültige principien aufzustellen, für welche
die einzelnen facta mit ihrer zufälligen besonderheit nur als
exemplificationen dienen.

Es kann nicht zweifelhaft sein, wo wir mit unserer beobachtung anzufangen haben. Jedenfalls da, wo sie sich ihrem objecte am unmittelbarsten gegenüber stellen kann, wo sie sich am meisten der experimentellen beobachtung nähert, wie sie von den gesetzwissenschaften angewendet wird. Es gibt immer wenigstens ein kleines stück geschichte, welches der einzelne selbst erlebt, und auf grund dessen er bewust oder unbewust alles dasjenige beurteilt, wovon ihm eine kenntniss erst durch irgend welche vermittelung zugeführt wird. Ohne sorgfältige achtsamkeit auf unsere eigene sprechtätigkeit und die unserer verkehrsgenossen ist gar keine anschauung von der entwickelungsweise der sprache zu gewinnen.

Wir würden aber anderseits doch zu keiner eigentlich geschichtlichen auffassung gelangen, wenn es uns nicht vergönnt wäre über das gebiet unserer eigenen erfahrung durch eine reihe von generationen hindurch zurückzugreifen. Nur so erst werden uns die consequenzen klar, wie sie allmählig aus einer häufung minimaler veränderungen entspringen, an denen wir gewöhnlich achtlos vorübergehen. Wir brauchen also sprachen als beobachtungsmaterial, deren entwickelung wir an der hand der überlieferung möglichst weit zurück verfolgen können. Der vorteil, welchen uns die überlieferung der vergangenheit gegenüber unserer unmittelbaren erfahrung gewährt, ist aber stets mit einem nachteile verbunden. Sie kann sich niemals in bezug auf sicherheit und vollständigkeit mit der letzteren messen. Selbst wenn wir von den mannigfachen fälschungen absehen, denen die überlieferung ausgesetzt ist, so ist schon an sich die schrift nur ein mangelhaftes surrogat für die gesprochenen laute. Und selbstverständlich bleibt auch die reichlichste überlieferung fragmentarisch. Es ist aber für die beurteilung einer jeden einzelheit von höchster wichtigkeit einerseits möglichst das gesammte gleichzeitig vorhandene sprachmaterial zu überschauen, anderseits die entwickelung möglichst durch alle stadien hindurch zu verfolgen. So müssen sich die unmittelbare und die durch die überlieferung vermittelte beobachtung wechselseitig ergänzen, und jede muss von der andern borgen, was ihr selbst abgeht.

Wenn aber auch der mangel der unsicherheit und unvoll-

ständigkeit von der historischen überlieferung unzertrennbar
ist, so zeigt er sich doch in sehr verschiedenem grade. Selbstverständlich finden wir da, wo wir am wenigsten unter diesem
mangel zu leiden haben, das geeignetste material um daraus
unsere allgemeinen grundsätze zu abstrahieren. Wir sind um
so günstiger daran, je reichlicher, je ununterbrochener uns die
quellen fliessen. Nach dieser rücksicht hat sich der forscher
die sprachen und die perioden auszusuchen, an denen er seine
methodische schulung gewinnen will. Ich darf von vornherein
den anspruch stellen, dass jeder, der gegen die von mir
im folgenden aufgestellten principien widerspruch
erhebt, dies auf grundlage einer erfahrung tue, die
er aus der continuierlich zu verfolgenden sprachentwickelung geschöpft hat. Wer sich nicht auf diesen
standpunkt stellt, mit dem noch zu streiten scheint mir nicht
der mühe wert.

In der regel sind es die jüngsten sprachperioden,
in denen man nach dieser seite hin am besten daran ist. Gewöhnlich wenigstens werden die quellen um so reichlicher, je
mehr man sich der gegenwart nähert. Dazu kommt noch ein
anderer schätzbarer vorzug. Der gegenwärtige sprachzustand,
welcher unmittelbar und vollständig zu beobachten ist, wirft
natürlich das meiste licht zurück auf die zunächst vorhergehenden stadien der entwickelung. Dies ist ausser dem
wunsche möglichst allgemein verständlich zu sein die ursache,
warum ich meine beispiele überwiegend den modernen sprachen,
namentlich dem neuhochdeutschen entlehne. Aber auch gerade unsere ältesten quellen bestätigen die aus den modern-
sten gewonnenen auschauungen, namentlich in bezug auf die
consequenz der lautgesetze und die wirkungen der analogie.
Ueberraschende aufschlüsse gewähren oft vereinzelte denkmäler, welche der breiteren entfaltung der literatur etwas
vorangehen.

Es wird der allgemeingültigkeit unserer principien,
glaube ich, keinen eintrag tun, dass das material, aus dem sie
abstrahiert sind, einem verhältnissmässig engen gebiete entlehnt ist, fast ausschliesslich dem kreise des indogermanischen.
Die ursache ist einfach die, dass ich keinen andern sprach-
stamm genügend kenne, um mir ein urteil über die darin vor-

kommenden tatsachen zu erlauben. Es wäre vielleicht nicht
so schwer gewesen aus sprachwissenschaftlichen werken eine
anzahl von beispielen zusammenzuraffen. Ich habe es aber
gerade deshalb unterlassen, weil ich von der überzeugung
durchdrungen bin, dass alles in der sprache aus dem ganzen
heraus beurteilt werden muss. Ich halte es in der tat in
methodischer hinsicht für unendlich viel lehrreicher
auch nur einen einzelnen dialect bis in das kleinste
hinein zu studieren und durch die verschiedenen stadien seiner entwickelung schritt für schritt zú verfolgen, als sich die kenntniss einer menge von einzelheiten aus den verschiedensten sprachen anzueignen. Ich schmeichle mir zwar nicht mit der hoffnung,
dass es mir auf diesem wege gelungen ist alle möglichen
arten der sprachlichen veränderung erschöpfend darzustellen.
Es fragt sich aber, wieweit das, was man etwa vermissen
wird, aus den indogermanischen sprachen überhaupt nicht zu
gewinnen war oder nur von mir nicht daraus gewonnen ist·
Principien, die wirklich aus der übereinstimmung der geistigen
und leiblichen organisation und aus den allgemeinen verkehrs-
bedingungen herfliessen, müssen sich auch überall geltend
machen und aus jeder sprache zu abstrahieren sein. Nur die
besonderen erscheinungsformen kehren nicht überall wider.
Gewiss aber würde es höchst wünschenswert sein, wenn von
competenter seite eine reihe anderer sprachstämme zum sub-
strate derartiger untersuchungen gemacht würden, wie ich sie
hier anzustellen unternehme. Und bereitwillig würde ich eine
daraus gewonnene vervollständigung und berichtigung meiner
aufstellungen entgegennehmen.

Cap. II.

Allgemeines über das wesen der sprachentwickelung.

Es ist von fundamentaler bedeutung für den geschichtsforscher, dass er sich umfang und natur des gegenstandes genau klar macht, dessen entwickelung er zu untersuchen hat. Man hält das leicht für eine selbstverständliche sache, in bezug auf welche man gar nicht irre gehen könne. Und doch liegt gerade hier der punkt, in welchem die sprachwissenschaft die versäumniss von decennien eben erst anfängt nachzuholen.

Die historische grammatik ist aus der älteren bloss descriptiven grammatik hervorgegangen, und sie hat noch sehr vieles von derselben beibehalten. Wenigstens in der zusammenfassenden darstellung hat sie durchaus die alte form bewahrt. Sie hat nur eine reihe von descriptiven grammatiken parallel an einander gefügt. Das vergleichen, nicht die darlegung der entwickelung ist zunächst als das eigentliche charakteristikum der neuen wissenschaft aufgefasst. Man hat die vergleichende grammatik, die sich mit dem gegenseitigen verhältniss verwandter sprachfamilien beschäftigt, deren gemeinsame quelle für uns verloren gegangen ist, sogar in gegensatz zu der historischen gesetzt, die von einem durch die überlieferung gegebenen ausgangspunkte die weiterentwickelung verfolgt. Und noch immer liegt vielen sprachforschern und philologen der gedanke sehr fern, dass beides nur einunddieselbe wissenschaft ist, mit der gleichen aufgabe, der gleichen methode, nur dass das verhältniss zwischen dem durch überlieferung gegebenen und der combinatorischen tätigkeit sich verschieden gestaltet. Aber auch auf dem ge-

biete der historischen grammatik im engeren sinne hat man
die selbe art des vergleichens angewandt: man hat descriptive
grammatiken verschiedener perioden an einander gereiht. Zum
teil ist es das praktische bedürfniss, welches für systematische
darstellung ein solches verfahren gefordert hat und bis zu
einem gewissen grade immer fordern wird. Es ist aber nicht
zu läugnen, dass auch die ganze anschauung von der sprachentwickelung unter dem banne dieser darstellungsweise gestanden hat und zum teil noch steht.

Die descriptive grammatik verzeichent, was von grammatischen formen und verhältnissen innerhalb einer sprachgenossenschaft zu einer gewissen zeit üblich ist, was von
einem jeden gebraucht werden kann, ohne vom andern miss-
verstanden zu werden und ohne ihn fremdartig zu berühren.
Ihr inhalt sind nicht tatsachen, sondern nur eine abstraction aus den beobachteten tatsachen. Macht man
solche abstractionen innerhalb der selben sprachgenossenschaft
zu verschiedenen zeiten, so werden sie verschieden ausfallen.
Man erhält durch vergleichung die gewissheit, dass sich um-
wälzungen vollzogen haben, man entdeckt wol auch eine gewisse regelmässigkeit in dem gegenseitigen verhältniss, aber
über das eigentliche wesen der vollzogenen umwälzung wird
man auf diese weise nicht aufgeklärt. Der causalzusammenhang bleibt verschlossen, so lange man nur mit diesen
abstractionen rechnet, als wäre die eine wirklich aus der andern entstanden. Denn zwischen abstractionen gibt es
überhaupt keinen causalnexus, sondern nur zwischen
realen objecten und tatsachen. So lange man sich mit
der descriptiven grammatik bei den ersteren beruhigt, ist man
noch sehr weit entfernt von einer wissenschaftlichen erfassung
des sprachlebens.

Das wahre object für den sprachforscher sind
vielmehr sämmtliche äusserungen der sprachtätigkeit
an sämmtlichen individuen in ihrer wechselwirkung
auf einander. Alle lautcomplexe, die irgend ein einzelner je
gesprochen, gehört oder vorgestellt hat mit den damit associierten vorstellungen, deren symbole sie gewesen sind, alle die
mannigfachen beziehungen, welche die sprachelemente in den
seelen der einzelnen eingegangen sind, fallen in die sprach-

geschichte, müssten eigentlich alle bekannt sein, um ein voll-
ständiges verständniss der entwickelung zu ermöglichen. Man
halte mir nicht entgegen, dass es unnütz sei eine aufgabe hinzustellen, deren unlösbarkeit auf der hand liegt. Es ist schon
deshalb von wert sich das idealbild einer wissenschaft in
seiner ganzen reinheit zu vergegenwärtigen, weil wir uns dadurch des abstandes bewusst werden, in welchem unser können
dazu steht, weil wir daraus lernen, dass und warum wir uns
in so vielen fragen bescheiden müssen, weil dadurch die super-
klugheit gedemütigt wird, die mit einigen geistreichen gesichtspunkten die compliciertesten historischen entwickelungen
begriffen zu haben meint. Eine unvermeidliche notwendigkeit
aber ist es für uns, uns eine allgemeine vorstellung von dem
spiel der kräfte in diesem ganzen massenhaften getriebe zu
machen, die wir beständig vor augen haben müssen, wenn wir
die wenigen dürftigen fragmente, die uns daraus wirklich gegeben sind, richtig einzuordnen versuchen wollen.

Nur ein teil dieser wirkenden kräfte tritt in die erscheinung. Nicht bloss das sprechen und hören sind sprach-
geschichtliche vorgänge, auch nicht bloss weiterhin die dabei
erregten vorstellungen und die beim leisen denken durch das
bewustsein ziehenden sprachgebilde. Vielleicht der bedeutendste
fortschritt, den die neuere psychologie gemacht hat, besteht in
der erkenntniss, dass eine grosse menge von psychischen
vorgängen sich unbewust vollziehen, und dass alles,
was je im bewustsein gewesen ist, als ein wirksames
moment im unbewusten bleibt. Diese erkenntniss ist auch
für die sprachwissenschaft von der grössten tragweite und ist
von Steinthal in ausgedehntem masse für dieselbe verwertet
worden. Alle äusserungen der sprachtätigkeit fliessen
aus diesem dnnkeln raume des unbewusten in der
seele. In ihm liegt alles, was der einzelne von
sprachlichen mitteln zur verfügung hat, und wir dürfen sagen sogar etwas mehr, als worüber er unter
gewöhnlichen umständen verfügen kann, als ein
höchst compliciertes psychisches gebilde, welches
aus mannigfach unter einander verschlungenen vorstellungsgruppen besteht. Wir haben hier nicht die allgemeinen gesetze zu betrachten, nach welchen diese gruppen

sich bilden. Ich verweise dafür auf Steinthals Einleitung in
die psychologie und sprachwissenschaft. Es kommt hier nur
darauf an uns ihren inhalt und ihre wirksamkeit zu veranschaulichen.

Sie sind ein product aus alledem, was früher einmal durch
hören anderer, durch eigenes sprechen und durch denken in
den formen der sprache in das bewustsein getreten ist. Durch
sie ist die möglichkeit gegeben, dass das, was früher einmal
im bewustsein war, unter günstigen bedingungen wider in dasselbe zurücktreten kann, also auch, dass das, was früher einmal verstanden oder gesprochen ist, wider verstanden oder
gesprochen werden kann. Man muss nach dem schon erwähnten allgemeinen gesetze daran festhalten, dass schlechthin
keine durch die sprachtätigkeit in das bewustsein
eingeführte vorstellung spurlos verloren geht, mag
die spur auch häufig so schwach sein, dass ganz besondere
umstände, wie sie vielleicht nie eintreten, erforderlich sind, um
ihr die fähigkeit zu geben wider bewust zu werden. Die vorstellungen werden gruppenweise ins bewustsein eingeführt und
bleiben daher als gruppen im unbewusten. Es associieren sich
die vorstellungen auf einander folgender klänge, nach einander
ausgeführter bewegungen der sprechorgane zu einer reihe. Die
klangreihen und die bewegungsreihen associieren sich unter
einander. Mit beiden associieren sich die vorstellungen, für
die sie als symbole dienen, nicht bloss die vorstellungen von
wortbedeutungen, sondern auch die vorstellungen von syntaktischen verhältnissen. Und nicht bloss die einzelnen wörter,
sondern grössere lautreihen, ganze sätze associieren sich unmittelbar mit dem gedankeninhalt, der in sie gelegt worden
ist. Diese wenigstens ursprünglich durch die aussenwelt gegebenen gruppen organisieren sich nun in der seele jedes individuums zu weit reicheren und verwickelteren verbindungen,
die sich nur zum kleinsten teile bewusst vollziehen und dann
auch unbewusst weiter wirken, zum bei weitem grösseren
teile niemals wenigstens zu klarem bewustsein gelangen und
nichtsdestoweniger wirksam sind. So associieren sich die verschiedenen gebrauchsweisen, in denen man ein wort, eine
redensart kennen gelernt hat, unter einander. So associieren
sich die verschiedenen casus des gleichen nomens, die ver-

schiedenen tempora, modi, personen des gleichen verbums, die
verschiedenen ableitungen aus der gleichen wurzel vermöge
der verwandtschaft des klanges und der bedeutung; ferner alle
wörter von gleicher function, z. b. alle substantiva, alle adjectiva, alle verba; ferner die mit gleichen suffixen gebildeten
ableitungen aus verschiedenen wurzeln; ferner die ihrer function
nach gleichen formen verschiedener wörter, also z. b. alle plurale, alle genitive, alle passiva, alle perfecta, alle conjunctive,
alle ersten personen; ferner die wörter von gleicher flexionsweise, z. b. im nhd. alle schwachen verba im gegensatz zu
den starken, alle masculina, die den plural mit umlaut bilden
im gegensatz zu den nicht umlautenden; auch wörter von nur
partiell gleicher flexionsweise können sich im gegensatz zu
stärker abweichenden zu gruppen zusammenschliessen; ferner
associieren sich in form oder function gleiche satzformen.
Und so gibt es noch eine menge arten von zum teil mehrfach
vermittelten associationen, die eine grössere oder geringere bedeutung für das sprachleben haben. Alle diese associationen
können ohne bewustsein zu stande kommen und sich wirksam
erweisen, und sie sind durchaus nicht mit den kategorieen zu
verwechseln, die durch die grammatische reflexion abstrahiert
werden, wenn sie sich auch gewöhnlich mit diesen decken.

Es ist ebenso bedeutsam als selbstverständlich, dass dieser organismus von vorstellungsgruppen sich bei
jedem individuum in stetiger veränderung befindet.
Erstlich verliert jedes einzelne moment, welches keine kräftigung durch erneuerung des eindruckes oder durch widereinfüh-
rung in das bewustsein empfängt, fort und fort an stärke.
Zweitens wird durch jede tätigkeit des sprechens, hörens oder
denkens etwas neues hinzugefügt. Selbst bei genauer widerholung einer früheren tätigkeit erhalten wenigstens bestimmte
momente des schon bestehenden organismus eine kräftigung.
Und selbst, wenn jemand schon eine reiche betätigung hinter
hich hat, so ist doch immer noch gelegenheit genug zu etwas
neuem geboten, ganz abgesehen davon, dass etwas bisher in
der sprache nicht übliches eintritt, mindestens zu neuen variationen der alten elemente. Drittens werden sowol durch die
abschwächung als durch die verstärkung der alten elemente
als endlich durch den hinzutritt neuer die associationsverhält-

nisse innerhalb des organismus allemal verschoben. Wenn daher auch der organismus bei dem erwachsenen im gegensatz zu dem entwickelungsstadium der frühesten kindheit eine gewisse stabilität hat, so bleibt er doch immer noch mannigfaltigen schwankungen ausgesetzt.

Ein anderer gleich selbstverständlicher, aber auch gleich wichtiger punkt, auf den ich hier hinweisen muss, ist folgender: der organismus der auf die sprache bezüglichen vorstellungsgruppen entwickelt sich bei jedem individuum auf eigentümliche weise, gewinnt daher auch bei jedem eine eigentümliche gestalt. Selbst wenn er sich bei verschiedenen ganz aus den gleichen elementen zusammensetzen sollte, so werden doch diese elemente in verschiedener reihenfolge in verschiedener gruppierung, mit verschiedener intensität, dort zu häufigeren, dort zu selteneren malen in die seele eingeführt sein, und wird sich danach ihr gegenseitiges machtverhältniss und damit ihre gruppierungsweise verschieden gestalten, selbst wenn wir die verschiedenheit in den allgemeinen und besondern fähigkeiten der einzelnen gar nicht berücksichtigen.

Schon bloss aus der beachtung der unendlichen veränderlichkeit und der eigentümlichen gestaltung eines jeden einzelnen organismus ergibt sich die notwendigkeit einer unendlichen veränderlichkeit der sprache im ganzen und eines ebenso unendlichen wachstums der dialectischen verschiedenheiten.

Die geschilderten psychischen organismen sind die eigentlichen träger der historischen entwickelung. Das wirklich gesprochene hat gar keine entwickelung. Es ist eine irreführende ausdrucksweise, wenn man sagt, dass ein wort aus einem in einer früheren zeit gesprochenen worte entstanden sei. Als physiologisch-physikalisches product geht das wort spurlos unter, nachdem die dabei in bewegung gesetzten körper wider zur ruhe gekommen sind. Und ebenso vergeht der physische eindruck auf den hörenden. Wenn ich die selben bewegungen der sprechorgane, die ich das erste mal gemacht habe, ein zweites, drittes, viertes

mal widerhole, so besteht zwischen diesen vier gleichen bewegungen keinerlei physischer causalnexus, sondern sie sind
unter einander nur durch den psychischen organismus vermittelt. Nur in diesem bleibt die spur alles geschehenen, wodurch weiteres geschehen veranlasst werden kann, nur in diesem sind die bedingungen geschichtlicher entwickelung gegeben.

Das physische element der sprache hat lediglich
die function die einwirkung der einzelnen psychischen organismen auf einander zu vermitteln, ist
aber für diesen zweck unentbehrlich, weil es, wie
schon im cap. 1 nachdrücklich hervorgehoben ist, keine
directe einwirkung einer seele auf die andere gibt.
Wiewol an sich nur rasch vorüberrauschende erscheinung, ver-
hilft es doch durch sein zusammenwirken mit den psychischen
organismen diesen zu der möglichkeit auch nach ihrem untergange wirkungen zu hinterlassen. Da ihre wirkung mit dem
tode des individuums aufhört, so würde die entwickelung einer
sprache auf die dauer einer generation beschränkt sein, wenn
nicht nach und nach immer neue individuen dazu träten, in
denen sich unter der einwirkung der schon bestehenden neue
sprachorganismen erzeugten. Dass die träger der historischen entwickelung einer sprache stets nach ablauf
eines verhältnissmässig kurzen zeitraumes sämmtlich untergegangen und durch neue ersetzt sind, ist
wider eine höchst einfache, aber darum nicht minder
beherzigenswerte und nicht minder häufig über-
sehene wahrheit.

Sehen wir nun, wie sich bei dieser natur des objects die
aufgabe des geschichtsforschers stellt. Da es ihm eigentümlich ist nicht die allgemeine gesetzmässigkeit des geschehens
zu zeigen, sondern die bedingtheit des späteren geschehens
durch das frühere, so muss er seine aufmerksamkeit auch in
erster linie auf die aus dem früheren geschehen resultierenden
und das spätere bedingenden producte richten, d. h. also hier
auf die geschilderten psychischen organismen. Um diese muss
sich alles drehen. Die sprachgeschichte wird nicht
eher ihre aufgabe erfüllen, als bis sie sich in eine
entwickelungsgeschichte dieser organismen verwan-

delt hat. Die einzelnen äusserungen der sprechtätigkeit dagegen, sowol diejenigen, die im bewustsein der seele, als diejenigen, die an den physischen organen zur erscheinung kommen, sind immer nur von dem gesichtspunkte aus zu betrachten, inwiefern sie den psychischen organismus umgestalten.

Wie sehr noch die aus der bloss descriptiven grammatik
überkommenen anschauungen die sprachwissenschaft beherrschen, ersieht man aus der art und weise, wie von einer veränderung der sprache gesprochen wird. Nach allgemeinem
sprachgebrauche hat man dabei immer die abstraction des der
zeit üblichen im auge. Findet man, dass diese abstraction zu
zwei verschiedenen zeiten in irgend einem punkte verschieden
ausfällt, so sagt man, die sprache habe sich in diesem punkte
verändert. Wir müssen uns schon diesem sprachgebrauche
anbequemen, dürfen aber dabei nicht aus dem auge verlieren,
dass eine solche veränderung nichts anderes bedeutet als ein
indicium dafür, dass in allen oder wenigstens in den meisten
der dem gebiete angehörigen psychischen organismen eine entsprechende veränderung sich in gleicher weise vollzogen hat,
oder dass die organismen der jüngern generation sich gleich
von vornherein in dem betreffenden punkte anders gestaltet
haben als die der ältern. Und wir dürfen ferner nicht aus
dem auge verlieren, dass in den einzelnen organismen noch
eine menge von veränderungen vor sich gehen, die sich nicht
durch solche indicien manifestieren, und dass auch diese für
das verständniss der gewöhnlich sogenannten sprachveränderungen mit herangezogen werden müssen. Von diesen erfahren wir in der regel nur etwas durch beobachtung dessen,
was täglich in uns und um uns vorgeht, während von den tatsachen der vergangenheit nur solche zu unserer kenntniss gelangen (auch diese natürlich nur zum kleinsten teile), die sich
an grösseren gruppen von individuen gleichmässig vollzogen
haben, sei es spontan, sei es, dass der anstoss dazu von den
einen auf die andern übertragen ist.
Versuchen wir eine classification der sprachlichen
veränderungen aufzustellen, so liegt es nahe sich an die
jetzt übliche einteilung der grammatik in lautlehre,

flexionslehre, wortbildungslehre und syntax zu halten. Hierbei
fehlt aber zunächst ein grosses gebiet, welches nicht nach
einer inneren berechtigung, sondern nur nach einem äusseren
herkommen aus der grammatik wegzubleiben pflegt, nämlich
die lehre von der bedeutungsentwickelung. Weiter ist nicht
zu verkennen, dass die grenzlinien zwischen diesen gebieten
nicht überall scharf inne gehalten werden können. Man würde
in verlegenheit sein um eine definition von flexion und wortbildung, die wirklich in keinem falle einen zweifel über die
zugehörigkeit zu der einen oder der andern übrig liesse.
Jedenfalls müsste man dabei das verhalten des sprachgefühls
mit in die definition aufnehmen, und das sprachgefühl wechselt
in bezug auf die nämlichen formen im laufe der zeit. Die
wissenschaftliche grammatik redet von der bildung eines prä-
sens-, perfect-, aoriststammes etc. und kann doch wider nicht
umhin diese 'stammbildung' in der flexionslehre zu behandeln.
Die nominalformen des verbums stehen in zu enger beziehung
zu den sonstigen verbalformen, als dass das sprachgefühl nicht
eine einreihung unter dieselben verlangen sollte, und doch
stehen sie in ihrer bildung auf ganz gleicher stufe mit andern
wörtern, die schlechthin als nomina angesehen werden müssen,
vgl. z. b. nhd. *alt — gebracht, eigen — geworden, das wesen —
werden*. Die adverbia sind fast durchweg casus von nominibus. Auch die schranken zwischen wortbildung und syntax
werden mannigfach durchbrochen. Es ist eine jetzt so gut
wie allgemein anerkannte tatsache, dass überhaupt alle wortbildung und alle flexion aus syntaktischen verbindungen entsprossen ist. Und noch innerhalb der periode, deren entwickelung wir an der hand der überlieferung verfolgen können, ist
der übergang eines syntaktischen complexes in einen unlös-
baren wortkörper eine sehr häufige erscheinung, die wir noch
genauer zu erörtern haben werden. Wir können z. b. jetzt
nicht umhin *landsmann, rindsbraten* oder *rinderbraten, augen-
weide, edelmann, kahlkopf* ebensowol als composita anzusehen wie *landmann, rindfleisch, augapfel, amtmann, kohlkopf*.
Auch die bedeutungsentwickelung steht in engster beziehung
zu wortbildung und syntax. Es liegt an einer bedeutungsveränderung, wenn die alten participia *bescheiden, gediegen*
nicht mehr als verbalformen, sondern als reine adjectiva

empfunden werden. Es ist eine bedeutungsveränderung, wenn das subst. *weil(e)*, das pronomen *dass*, die adverbia *als, da, wenn* zu conjunctionen, die substantiva *kraft, laut, trotz*, das participium *während* zu präpositionen werden. Eine bedeutungsveränderung ist fast mit jedem zusammenwachsen einer syntaktischen verbindung verknüpft. Wir haben bisher nur die verhältnisse der indogermanischen sprachen im auge gehabt. Gehen wir über den kreis derselben hinaus, so wird die scheidung von flexion und wortbildung und vielfach auch die beider von der syntax geradezu zu völliger unmöglichkeit.

Diese ganze einteilung schmeckt auch noch viel zu sehr nach der descriptiven grammatik. Sie bezieht sich auf abstractionen. Wir aber müssen auch hierin von den realen factoren des sprachlebens ausgehen. Dann gelangen wir zu einer nicht unwesentlich abweichenden gruppierung.

Wir müssen wol zunächst positive und negative, schöpferische und vernichtende vorgänge unterscheiden. Völlig vernichtet kann eine sprachliche schöpfung innerhalb des seelenlebens eines individuums nicht werden, wol aber von anderen vorstellungsmassen so sehr gehemmt, dass sie nicht wider ins bewustsein gehoben werden kann. Dann sagt man im gemeinen leben, sie sei vergessen. Solches vergessen eines einzelnen oder einiger vereinzelten individuen ist für die entwickelung der sprache im ganzen irrelevant, nicht aber das vergessen einer grösseren menge mit einander im verkehre stehender individuen, welches sich in engerem oder weiterem kreise bis zu einem allgemeinen steigern kann. Etwas von diesem vergessen eigentlich ganz verschiedenes ist das unterbleiben der überlieferung auf die jüngere generation. Wir pflegen aber auch dann zu sagen, dass etwas vergessen sei, wenn es auch von keinem einzigen der dermaligen träger des sprachlebens je gewusst ist. Wir sind eben zu sehr gewohnt die sprache als etwas von diesen trägern unabhängiges zu betrachten, dass wir die überlieferung als etwas selbsverständliches unbeachtet lassen, dass wir nicht diese als eine tatsache der sprachgeschichte registrieren, sondern im gegenteil ihr unterbleiben. Die überlieferung einer sprachlichen schöpfung von der älteren generation auf die jüngere muss natürlich so lange stattfinden, als jene im verkehre mit dieser

dieselbe zur anwendung bringt. Die wirkung der überlieferung
kann aber dabei bis zu einem so geringen grade von intensität herabsinken, dass sie nicht ausreicht die jüngere generation
zur verwendung des überkommenen zu veranlassen. So steht
in der regel zwischen einer früheren generation, der etwas
noch ganz geläufig ist, und einer späteren, die es gar nicht
mehr kennt, eine mittlere, die nur noch ein passives, kein
aktives verhältniss mehr dazu hat.

Die positiven vorgänge werden wir unter zwei
hauptkategorieen zu bringen haben: ursprüngliche
schöpfung und umgestaltung des früher geschaffenen.
Ich verbinde mit der bezeichnung 'ursprüngliche schöpfung'
nicht den begriff, dass neue elemente in der seele geschaffen
werden müssten, die vorher nicht darin waren. Es kommt
vielmehr dabei nur darauf an, dass zwei disparate vorstellungsgruppen zum ersten male ohne vermittelung anderer vorstellungen in eine verbindung sprachlicher natur treten. Diese
beiden gruppen sind einerseits die vorstellungen von lauten
und den zur hervorbringung derselben gehörigen bewegungen,
anderseits das, was man die bedeutung nennt. Weder die
eine noch die andere ist für sich etwas sprachliches, erst aus
der verbindung beider entspringt eine sprachliche schöpfung.
Wird also eine solche verbindung hergestellt, ohne dass eine
andere derartige schon bestehende verbindung zu hülfe genommen wird, so nennen wir dies urschöpfung.

Es gibt zwei arten von urschöpfung. Erstens: die
verbindung eines einzelnen wortes, einer als unteilbar gedachten lautgruppe mit einer vorstellung, die dann dessen bedeutung ausmacht. Zweitens die verbindung einer nebeneinanderstellung mehrerer wörter mit einer beziehung zwischen den
bedeutungen dieser wörter. Diese zweite art können wir also
als syntaktische urschöpfung bezeichnen. Irgend eine
weitere art von urschöpfung anzunehmen haben wir keine veranlassung, wie sich aus dem verlaufe unserer untersuchung
noch bestimmter ergeben wird.

Dem gegenüber bezeichnen wir alle erst durch vermittlung schon bestehender hergestellte vorstellungsgruppen als umgestaltungen. Wir accommodieren uns
dabei zwar eigentlich nur dem gewöhnlichen sprachgebrauch.

Hier scheint sich zunächst die einteilung in zwei hauptarten
von vorgängen als das natürliche zu ergeben. Nämlich entweder wird an eine lautgruppe eine neue bedeutung
durch vermittlung einer andern schon damit verbundenen angeknüpft, oder an eine bedeutung eine neue
lautgruppe, wider durch vermittlung einer schon damit verbundenen. Der erstere vorgang ergibt, wie wir noch
sehen werden, im zusammenwirken mit dem eben geschilderten
negativen vorgange des vergessens das, was man gewöhnlich
bedeutungswandel nennt. Den letzteren bezeichnet man
als lautwandel. Es gehört dazu aber auch ein negativer
vorgang, ohne den der positive überhaupt nicht eintritt, wie
weiter unten genauer zu erörtern sein wird. Auch der lautwandel ist ein psychischer process. Denn, wie wir gesehen haben, alle sprachliche entwickelung vollzieht sich nur
auf psychischem gebiete. Aber die psychische entwickelung
vollzieht sich mit hülfe einer reihe von physiologischen vorgängen, die als solche isoliert dastehen. Insofern und mit
rücksicht darauf, dass die dabei in betracht kommenden vorstellungen alle eine beziehung auf physiologische tätigkeit haben,
kann man wol den lautwandel als einen physiologischen
vorgang in gegensatz zu den sonstigen rein psychologischen
vorgängen der sprachgeschichte stellen. Doch bleibt diese be-
zeichnungsweise, deren ich mich selbst früher bedient habe,
auf jeden fall eine ungenaue.

Bei beiden, dem lautwandel und dem bedeutungswandel hält sich die veränderung immer innerhalb des einen der beiden grossen vorstellungskreise,
aus deren berührungen sich die sprachlichen schöpfungen bilden. Jeder bedeutungswandel setzt voraus, dass
die auf die lautgestalt bezügliche vorstellungsgruppe noch als
die gleiche empfunden wird, und ebenso jeder lautwandel, dass
die bedeutung unverändert geblieben ist. Das ist ein satz,
den wir schon unabhängig von aller erfahrung aufstellen
können, als eine einfache logische consequenz aus unserer
definition. Das schliesst natürlich nicht aus, dass sich mit der
zeit sowol der laut als die bedeutung ändern können. Aber
beide vorgänge stehen dann in keinem causalzusammenhange
mit einander; es ist nicht etwa der eine durch den andern

veranlasst oder beide durch die gleiche ursache. Wird dagegen durch denselben akt ein neuer lautcomplex geschaffen
und zugleich eine neue bedeutung damit associiert, so gehört
der vorgang eben unter die kategorie der urschöpfung. Ist
der neue lautcomplex nur partiell von dem älteren verschieden, so bleibt es immer eine partielle urschöpfung, und diese
ist aus den gleichen gesichtspunkten zu beurteilen wie die
totale. Es ist eine noch weiter unten zu erörternde frage, wie
weit eine solche partielle urschöpfung wirklich statt hat.
Schon hier aber müssen wir uns verwahren gegen jede vermischung dieses vorganges mit der einseitigen veränderung
von laut oder bedeutung.

Mit den beiden besprochenen vorgängen sind aber die
möglichen sprachlichen umgestaltungen keineswegs erschöpft.
Sie sind nur die primitivsten darunter, weil sie sich auf die
einfachsten vorstellungsverbindungen beziehen. Indem aber
diese einfachen verbindungen zu sehr complicierten producten
zusammentreten, ergeben sich auch viel compliciertere arten
von veränderungen. Dabei treten nicht nur die schon angeführten einfachen vorgänge in complicationen auf, die aufzu-
lösen einige schwierigkeiten macht, sondern es wird dadurch
auch eine von diesen ganz verschiedene neue art von vorgängen erst ermöglicht, deren eigentümliches wesen
eben darin besteht, dass sie aus dem wirken einer
verbindung von parallelen verbindungen entspringen.
Wir bezeichnen die daraus entstehenden erzeugnisse mit dem
namen analogiebildungen.

Es wird nun im folgenden unsere aufgabe sein,
einerseits diese grundprocesse in ihren verschiedenen erscheinungsformen näher zu charakterisieren,
anderseits zu zeigen, wie sie sich wechselseitig bedingen, und wie mit hülfe dieser wechselwirkung
das complicierte system auch der vollendetsten
sprache sich auferbaut ohne jede zutat zweckvoller
berechnung.

Cap. III.

Der lautwandel.

Um die erscheinung zu begreifen, die man als lautwandel zu bezeichnen pflegt, muss man sich die physischen und psychischen processe klar machen, welche immerfort bei der hervorbringung der lautcomplexe stattfinden. Sehen wir, wie wir hier dürfen und müssen, von der function ab, welcher dieselben dienen, so ist es folgendes, was in betracht kommt: erstens die bewegungen der sprechorgane, wie sie vermittelst erregung der motorischen nerven und der dadurch hervorgerufenen muskeltätigkeit zu stande kommen; zweitens die reihe von empfindungen, von welchen diese bewegungen notwendigerweise begleitet sind, das bewegungsgefühl, wie es Steinthal nennt; drittens die in den hörern, wozu unter normalen verhältnissen allemal auch der sprechende selbst gehört, erzeugten tonempfindungen. Diese empfindungen sind natürlich nicht bloss physiologische, sondern auch psychologische processe. Auch nachdem die physische erregung geschwunden ist, hinterlassen sie eine bleibende psychische wirkung, erinnerungsbilder, die von der höchsten wichtigkeit für den lautwandel sind. Denn sie allein sind es, welche die an sich vereinzelten physiologischen vorgänge unter einander verbinden, einen causalzusammenhang zwischen der frühern und spätern production des gleichen lautcomplexes herstellen. Das erinnerungsbild, welches die empfindung der früher ausgeführten bewegungen hinterlassen hat, ist es, vermittelst dessen die reproduction der gleichen bewegungen möglich ist. Bewegungsgefühl und tonempfindung brauchen in keinem innern zusammenhange unter einander zu stehen. Beide gehen aber eine äusserliche association ein, indem der sprechende zugleich sich selbst reden hört. Durch das blosse anhören anderer wird das bewegungsgefühl nicht gegeben, und somit auch nicht die fähigkeit den gehörten lautcomplex zu reproducieren, weshalb es denn immer erst eines suchens, einer einübung bedarf, um im stande zu sein einen laut, den man bis dahin nicht zu sprechen gewohnt ist, nachzusprechen.

Es fragt sich, welchen inhalt das bewegungsgefühl und die tonempfindung haben, und bis zu welchem grade die einzelnen momente dieses inhalts bewust werden. Vielleicht hat nichts so sehr die richtige einsicht in die natur des lautwandels verhindert, als dass man in dieser hinsicht die weite und die deutlichkeit des bewustseins überschätzt hat. Es ist ein grosser irrtum, wenn man meint, dass um den klang eines wortes in seiner eigentümlichkeit zu erfassen, so dass eine erregung der damit associierten vorstellungen möglich wird, die einzelnen laute, aus denen das wort sich zusammensetzt, zum bewustsein gelangen müsten. Es ist sogar, um einen ganzen satz zu verstehen, nicht immer nötig, dass die einzelnen wörter ihrem klange und ihrer bedeutung nach zum bewustsein kommen. Die selbsttäuschung, in der sich die grammatiker bewegen, rührt daher, dass sie das wort nicht als einen teil der lebendigen, rasch vorüberrauschenden rede betrachten, sondern als etwas selbständiges, über das sie mit musse nachdenken, so dass sie zeit haben es zu zergliedern. Dazu kommt, dass nicht vom gesprochenen, sondern vom geschriebenen worte ausgegangen wird. In der schrift scheint allerdings das wort in seine elemente zerlegt, und es scheint erforderlich, dass jeder, der schreibt, diese zerlegung vornimmt. In wahrheit verhält es sich aber doch etwas anders. Gewiss muss bei der erfindung der buchstabenschrift und bei jeder neuen anwendung derselben auf eine bisher nicht darin aufgezeichnete sprache eine derartige zerlegung vorgenommen sein. Auch muss fortwährend mit jeder erlernung der schrift eine übung im buchstabieren gesprochener wörter hand in hand gehen. Aber nachdem eine gewisse fertigkeit erlangt ist, ist der process beim schreiben nicht gerade der, dass jedes wort zunächst in die einzelnen laute zerlegt würde und dann für

jeden einzelnen laut der betreffende buchstabe eingesetzt.
Schon die schnelligkeit, mit der sich der vorgang vollzieht,
schliesst die möglichkeit aus, dass seine einzelnen momente
zu klarem bewustsein gelangen, und zeigt zugleich, dass das
zu einem regelmässigen ablauf nicht nötig ist. Es tritt aber
auch ein wirklich abgekürztes verfahren ein, wodurch die
schrift sich bis zu einem gewissen grade von der sprache
emancipiert, ein vorgang, den wir später noch näher zu betrachten haben werden. Und sehen wir nun gar ein wenig
genauer zu, wie es mit dieser zergliederungskunst des schrift-
kundigen steht, so wird uns gerade daraus recht deutlich ent-
gegentreten, wie übel es mit dem bewustsein von den elementen des wortlautes bestellt ist. Wir können täglich die erfahrung machen, dass die vielfachen discrepanzen zwischen schrift
und aussprache von den angehörigen der betreffenden sprach-
gemeinschaft zum grossen teil unbemerkt bleiben und erst dem
fremden auffallen, ohne dass auch er in der regel sich rechen-
schaft zu geben vermag, worauf sie beruhen. So ist ein jeder
nicht lautphysiologisch geschulte Deutsche der überzeugung,
dass er schreibt, wie er spricht. Wenn er aber auch dem
Engländer und Franzosen gegenüber eine gewisse berechtigung
zu dieser überzeugung hat, so fehlt es doch, von feinheiten abgesehen, nicht an fällen, in denen die aussprache ziemlich stark
von der schreibung abweicht. Dass der schlussconsonant in
tag, feld, lieb ein anderer laut ist als der, welcher in *tages,
feldes, liebes* gesprochen wird, dass das *n* in *anger* einen wesentlich andern laut bezeichnet als in *land*, ist wenigen einge-
fallen. Dass man im allgemeinen in *ungnade* gutturalen, in
unbillich labialen nasal spricht, daran denkt niemand. Vollends
wird man erstaunt angesehen, wenn man ausspricht, dass in
lange kein *g*, in der zweiten silbe von *legen, reden, ritter,
schütteln* kein *e* gesprochen werde, dass der schlussconsonant
von *leben* nach der verbreiteten aussprache kein *n*, sondern
ein *m* gleichfalls ohne vorhergehendes *e* sei. Ja man kann
darauf rechnen, dass die meisten diese tatsachen bestreiten
werden, auch nachdem sie darauf aufmerksam gemacht worden sind. Wenigstens habe ich diese erfahrung vielfach gemacht, auch an philologen. Wir sehen daraus, wie sehr die
analyse des wortes etwas bloss mit der schrift angelerntes ist,

und wie gering das gefühl für die wirklichen elemente des gesprochenen wortes ist. Eine wirkliche zerlegung des wortes in seine elemente ist nicht bloss sehr schwierig, sie ist geradezu unmöglich. Das wort ist nicht eine aneinandersetzung einer bestimmten anzahl selbständiger laute, von denen jeder durch ein zeichen des alphabetes ausgedrückt werden könnte, sondern es ist im grunde immer eine continuierliche reihe von unendlich vielen lauten, und durch die buchstaben werden immer nur einzelne charakteristische punkte dieser reihe in unvollkommener weise angedeutet. Das übrige, was unbezeichent bleibt, ergibt sich allerdings aus der bestimmung dieser punkte bis zu einem gewissen grade mit notwendigkeit, aber auch nur bis zu einem gewissen grade. Am deutlichsten lässt sich diese continuität an den sogenannten diphthongen erkennen, die eine solche reihe von unendlich vielen elementen darstellen, vgl. Sievers Lautphysiologie § 16, 1 a. Durch Sievers ist überhaupt zuerst die bedeutung der übergangslaute nachdrücklich hervorgehoben. Aus dieser continuität des wortes aber folgt, dass eine vorstellung von den einzelnen teilen nicht etwas von selbst gegebenes sein kann, sondern erst die frucht eines, wenn auch noch so primitiven, wissenschaftlichen nachdenkens, wozu zuerst das praktische bedürfniss der lautschrift geführt hat.

Was von dem lautbilde gilt, das gilt natürlich auch von dem bewegungsgefühle. Ja wir müssen hier noch weiter gehen. Es kann gar keine rede davon sein, dass der einzelne eine vorstellung von den verschiedenen bewegungen hätte, die seine organe beim sprechen machen. Man weiss ja, dass dieselben erst durch die sorgfältigste wissenschaftliche beobachtung ermittelt werden können, und dass über viele punkte auch unter den forschern controversen bestehen. Selbst die oberflächlichsten und gröbsten anschauungen von diesen bewegungen kommen erst durch eine mit absicht darauf gelenkte aufmerksamkeit zu stande. Sie sind auch ganz überflüssig um mit aller exactheit laute und lautgruppen hervorzubringen, auf die man einmal eingeübt ist. Der hergang scheint folgender zu sein. Jede bewegung erregt in bestimmter weise gewisse sensitive nerven und ruft so eine

empfindung hervor, welche sich mit der leitung der bewegung
von ihrem centrum durch die motorischen nerven associiert.
Ist diese association hinlänglich fest geworden und das von
der empfindung hinterlassene erinnerungsbild hinlänglich stark,
was in der regel erst durch einübung erreicht wird (d. h. durch
mehrfache widerholung der gleichen bewegung, vielleicht mit
vielen missglückten versuchen untermischt), dann vermag das
erinnerungsbild der empfindung die damit associierte bewegung
als reflex zu reproducieren, und wenn die dabei erregte empfindung zu dem erinnerungsbilde stimmt, dann hat man auch die
versicherung, dass man die nämliche bewegung wie früher
ausgeführt hat.

Man könnte aber immerhin einräumen, dass der grad der
bewustheit, welchen die einzelnen momente des lautbildes und
des bewegungsgefühles durch erlernung der schrift und sonst
durch reflexion erlangen, ein viel grösserer wäre, als er wirklich ist; man könnte einräumen, dass zur erlernung der muttersprache sowol wie jeder fremden ein ganz klares bewustsein
dieser elemente erforderlich wäre, wie denn unzweifelhaft ein
höherer grad von klarheit erforderlich ist als bei der anwendung des eingeübten: daraus würde aber nicht folgen, dass es
nun auch immerfort wider in der täglichen rede zu demselben
grade der klarheit kommen müsste. Vielmehr liegt es in der
natur des psychischen organismus, dass alle anfangs nur bewust wirkenden vorstellungen durch übung die fähigkeit erlangen auch unbewust zu wirken, und dass erst eine solche
unbewuste wirkung einen so raschen ablauf der vorstellungen
möglich macht, wie er in allen lagen des täglichen lebens und
auch beim sprechen erfordert wird. Selbst der lautphysiologe
von beruf wird sehr vieles sprechen und hören, ohne dass bei
ihm ein einziger laut zu klarem bewustsein gelangt.

Für die beurteilung des natürlichen, durch keine art von
schulmeisterei geregelten sprachlebens muss daher durchaus an
dem grundsatze festgehalten werden, dass die laute ohne
klares bewustsein erzeugt und percipiert werden.
Hiermit fallen alle erklärungstheorieen, welche in den seelen
der individuen eine vorstellung von dem lautsystem der sprache
voraussetzen, wohin z. b. mehrere hypothesen über die germanische lautverschiebung gehören.

Anderseits aber schliesst die unbewustheit der elemente nicht eine genaue controlle aus. Man kann un-
zählige male eine gewohnte lautgruppe sprechen oder hören,
ohne jemals daran zu denken, dass es eben diese, so und so
zusammengesetzte gruppe ist; sobald aber in einem elemente
eine abweichung von dem gewohnten eintritt, die nur sehr geringfügig zu sein braucht, wird sie bemerkt, wofern keine besondern hemmungen entgegenstehen, wie überhaupt jede abweichung von dem gewohnten unbewusten verlauf der vorstellungen zum bewustsein zu gelangen pflegt. Natürlich ist mit
dem bewustsein der abweichung nicht auch schon das bewustsein der natur und ursache der abweichung gegeben.

Die möglichkeit der controlle reicht soweit wie
das unterscheidungsvermögen. Dieses aber geht nicht
bis ins unendliche, während die möglichkeit der abstufung in den bewegungen der sprechorgane und
natürlich auch in den dadurch erzeugten lauten allerdings eine unendliche ist. So liegt zwischen *a* und *i* sowol wie zwischen *a* und *u* eine unbegränzte zahl möglicher
stufen des vocalklanges. Ebenso lassen sich die articulations-
stellen sämmtlicher zungen-gaumenlaute in dem bilde einer
continuierten linie darstellen, auf welcher jeder punkt der bevorzugte sein kann. Zwischen ihnen und den lippenlauten ist
allerdings kein so unmerklicher übergang möglich; doch stehen
die denti-labialen in naher beziehung zu den denti-lingualen
(*th* — *f*). Ebenso ist auch der übergang von verschlusslaut zu
reibelaut und umgekehrt allmählig zu bewerkstelligen; denn
vollständiger verschluss und möglichste verengung liegen unmittelbar beisammen. Vollends alle unterschiede der quantität, der tonhöhe, der energie in der articulation oder in der
exspiration sind in unendlich vielen abstufungen denkbar. Und
so noch vieles andere. Dieser umstand ist es vor allem, durch
welchen der lautwandel begreiflich wird.

Bedenkt man nun, dass es nicht bloss auf die unterschiede
in denjenigen lauten ankommt, in die man gewöhnlich ungenauer weise das wort zerlegt, sondern auch auf die unterschiede in den übergangslauten, im accent, im tempo etc., bedenkt man ferner, dass immer ungleiche teilchen je mit einer
reihe von gleichen teilchen zusammengesetzt sein können, so

46

erhellt, dass eine ausserordentlich grosse mannigfaltigkeit der lautgruppen möglich ist, auch bei verhältnissmässig geringer differenz. Deshalb können
auch recht merklich verschiedene gruppen wegen ihrer überwiegenden ähnlichkeit immer noch als wesentlich identisch
empfunden werden, und dadurch ist das verständniss zwischen
angehörigen verschiedener dialecte möglich, so lange die verschiedenheiten nicht über einen gewissen grad hinausgehen.
Deshalb kann es aber auch eine anzahl von variationen
geben, deren verschiedenheit man entweder gar nicht oder nur
bei besonders darauf gerichteter aufmerksamkeit wahrzunehmen
im stande ist.

Die frühe kindheit ist für jeden einzelnen ein·sta-
dium des experimentierens, in welchem er durch mannigfache bemühungen allmählig lernt, das ihm von seiner umgebung vorgesprochene nachzusprechen. Ist dies erst in möglichster vollkommenheit gelungen, so tritt ein verhältnissmässiger stillstand ein. Die früheren bedeutenden schwankungen hören auf, und es besteht fortan eine grosse gleichmässigkeit in der aussprache, sofern nicht durch starke einwirkungen fremder dialecte oder einer schriftsprache störungen
eintreten. Die gleichmässigkeit kann aber niemals eine absolute werden. Geringe schwankungen in der aussprache des
gleichen wortes an der gleichen satzstelle sind unausbleiblich.
Denn überhaupt bei jeder bewegung des körpers, mag
sie auch noch so genau eingeübt, mag das bewegungsgefühl auch noch so vollkommen entwickelt
sein, bleibt doch noch etwas unsicherheit übrig, bleibt
es doch noch bis zu einem gewissen, wenn auch noch
so geringen grade dem zufall überlassen, ob sie mit
absoluter exactheit ausgeführt wird, oder ob eine
kleine ablenkung von dem regelrechten wege nach
der einen oder andern seite eintritt. Auch der geübteste
schütze verfehlt zuweilen das ziel und würde es in den meisten
fällen verfehlen, wenn dasselbe nur ein wirklicher punkt ohne
alle ausdehnung wäre, und wenn es an seinem geschosse auch
nur einen einzigen punkt gäbe, der das ziel berühren könnte.
Mag jemand auch eine noch so ausgeprägte handschrift haben,
deren durchstehende eigentümlichkeiten sofort zu erkennen

sind, so wird er doch nicht die gleichen buchstaben und buch-
stabengruppen jedesmal in völlig gleicher weise producieren.
Nicht anders kann es sich mit den bewegungen verhalten,
durch welche die laute erzeugt werden. Diese variabilität
der aussprache, die wegen der engen grenzen, in
denen sie sich bewegt, unbeachtet bleibt, enthält den
schlüssel zum verständniss der sonst unbegreiflichen
tatsache, dass sich allmählig eine veränderung des
usus in bezug auf die lautliche seite der sprache
vollzieht, ohne dass diejenigen, an welchen die veränderung vor sich geht, die geringste ahnung davon
haben.

Würde das bewegungsgefühl als erinnerungsbild immer
unverändert bleiben, so würden sich die kleinen schwankungen
immer um den selben punkt mit dem selben maximum des abstandes bewegen. Nun aber ist dies gefühl das product aus
sämmtlichen früheren bei ausführung der betreffenden bewegung empfangenen eindrücken, und zwar verschmelzen nach
allgemeinem gesetze nicht nur die völlig identischen, sondern
auch die unmerklich von einander verschiedenen eindrücke mit
einander. Ihrer verschiedenheit entsprechend muss sich auch
das bewegungsgefühl mit jedem neuen eindruck etwas umgestalten, wenn auch noch so unbedeutend. Es ist dabei noch
von wichtigkeit, dass immer die späteren eindrücke stärker
nachwirken als die früheren. Man kann daher das bewegungsgefühl nicht etwa dem durchschnitt aller während des ganzen
lebens empfangenen eindrücke gleichsetzen, sondern die an
zahl geringeren können das gewicht der häufigeren durch ihre
frische übertragen. Mit jeder verschiebung des bewegungsgefühls ist aber auch, vorausgesetzt, dass die weite der möglichen divergenz die gleiche bleibt, eine verschiebung der grenz-
punkte dieser divergenz gegeben.

Denken wir uns nun eine linie, in der jeder punkt genau
fixiert ist, als den eigentlich normalen weg der bewegung, auf
den das bewegungsgefühl hinführt, so ist natürlich der abstand
von jedem punkte, der als maximum bei der wirklich ausgeführten bewegung ohne widerspruch mit dem bewegungsgefühl
statthaft ist, im allgemeinen nach der einen seite gerade so
gross als nach der entgegengesetzten. Daraus folgt aber nicht,

dass die wirklich eintretenden abweichungen sich nach zahl und grösse auf beide seiten gleichmässig verteilen müssen. Diese abweichungen, die durch das bewegungsgefühl nicht bestimmt sind, haben natürlich auch ihre ursachen, und zwar ursachen, die vom bewegungsgefühle ganz unabhängig sind. Treiben solche ursachen genau gleichzeitig mit genau gleicher stärke nach entgegengesetzten richtungen hin, so heben sich ihre wirkungen gegenseitig auf, und die bewegung wird mit vollster exactheit ausgeführt. Dieser fall wird nur äusserst selten eintreten. Bei weitem in den meisten fällen wird sich das übergewicht nach der einen oder der andern seite neigen. Es kann aber das verhältniss der kräfte nach umständen mannigfach wechseln. Ist dieser wechsel für die eine seite so günstig wie für die andere, wechselt im durchschnitt eine schwankung nach der einen seite immer mit einer entsprechenden nach der andern, so werden auch die minimalen verschiebungen des bewegungsgefühls immer alsbald wider paralysiert. Ganz anders aber gestalten sich die dinge, wenn die ursachen, die nach der einen seite drängen, das übergewicht über die entgegengesetzt wirkenden haben, sei es in jedem einzelnen falle, sei es auch nur in den meisten. Mag die anfängliche abweichung auch noch so gering sein, indem sich dabei auch das bewegungsgefühl um ein minimum verschiebt, so wird das nächste mal schon eine etwas grössere abweichung von dem ursprünglichen möglich und damit wider eine verschiebung des bewegungsgefühls, und so entsteht durch eine summierung von verschiebungen, die man sich kaum klein genug vorstellen kann, allmählig eine merkliche differenz, sei es, dass die bewegung stätig in einer bestimmten richtung fortschreitet, sei es, dass der fortschritt immer wider durch rückschritte unterbrochen wird, falls nur die letzteren seltener und kleiner sind als die ersteren.

Die ursache, warum die neigung zur abweichung nach der einen seite hin grösser ist als nach der andern, kann kaum anders worin gesucht werden, als dass die abweichung nach der ersteren den organen des sprechenden in irgend welcher hinsicht bequemer ist. Das wesen dieser grösseren oder geringeren bequemlichkeit zu untersuchen ist eine rein physiologische aufgabe. Damit soll nicht gesagt sein, dass sie nicht

auch physiologisch bedingt ist. Accent und tempo, die dabei
von so entscheidender bedeutung sind, auch die energie der
muskeltätigkeit sind wesentlich von psychischen bedingungen
abhängig, aber ihre wirkung auf die lautverhältnisse ist doch
etwas physiologisches. Bei der progressiven assimilation kann
es nur die vorstellung des noch zu sprechenden lautes sein,
was auf den vorhergehenden einwirkt; aber das ist ein gleichmässig durchgehendes psychisches verhältniss von sehr einfacher art, während alle specielle bestimmung des assimilations-
processes auf einer untersuchung über die physische erzeugung
der betreffenden laute basiert werden muss.

Für die aufgabe, die wir uns hier gestellt haben, genügt
es auf einige allgemeine gesichtspunkte hinzuweisen. Es gibt
eine grosse zahl von fällen, in denen sich schlechthin sagen
lässt: diese lautgruppe ist bequemer als jene. So sind ital.
otto, cattivo zweifellos bequemer zu sprechen als lat. *octo*, nhd.
empfangen, als ein nicht von ausgleichung betroffenes **ent-
fangen* sein würde. Vollständige und partielle assimilation ist
eine in allen sprachen widerkehrende erscheinung. Wenn es
sich dagegen um den einzellaut handelt, so lassen sich kaum
irgend welche allgemeine grundsätze über grössere oder geringere bequemlichkeit des einen oder andern aufstellen, und
alle aus beschränkten gebieten abstrahierten theorieen darüber
zeigen sich in ihrer nichtigkeit einer reicheren erfahrung gegenüber. Und auch für die combination mehrerer laute lassen
sich keineswegs ´durchweg allgemeine bestimmungen geben.
Zunächst hängt die bequemlichkeit zu einem guten teile von
den quantitätsverhältnissen und von der accentuation, der ex-
spiratorischen wie der musikalischen ab. Für die lange silbe
ist etwas anderes bequem als für die kurze, für die betonte
etwas anderes als für die unbetonte, für den circumflex etwas
anderes als für den gravis oder acut. Weiter aber richtet
sich die bequemlichkeit nach einer menge von verhältnissen,
die für jedes individuum verschieden sein, aber auch grösseren
gruppen in gleicher oder ähnlicher weise zukommen können,
ohne von andern geteilt zu werden. Insbesondere wird dabei
ein punkt zu betonen sein. Es besteht in allen sprachen eine
gewisse harmonie des lautsystems. Man sieht daraus, dass
die richtung, nach welcher ein laut ablenkt, mitbedingt sein

muss durch die richtung der übrigen laute. Wie Sievers hervorgehoben hat, kommt dabei sehr viel auf die sogenannte indifferenzlage der organe an. Jede verschiedenheit derselben
bedingt natürlich auch eine verschiedenheit in bezug auf die
bequemlichkeit der einzelnen laute. Eine allmählige verschiebung der indifferenzlage wird ganz nach analogie dessen, was
wir oben über die des bewegungsgefühles gesagt haben, zu
beurteilen sein.

Es ist von grosser wichtigkeit sich stets gegenwärtig zu
halten, dass die bequemlichkeit bei jeder einzelnen
lautproduction immer nur eine sehr untergeordnete
nebenursache abgibt, während das bewegungsgefühl
immer das eigentlich bestimmende bleibt. Einer der
gewöhnlichsten irrtümer, dem man immer wider begegnet, besteht darin, dass eine in einem langen zeitraume durch massenhafte kleine verschiebungen entstandene veränderung auf einen
einzigen akt des bequemlichkeitsstrebens zurückgeführt wird.
Dieser irrtum hängt zum teil mit der art zusammen, wie laut-
regeln in der praktischen grammatik und danach auch vielfach in grammatiken, die den anspruch auf wissenschaftlich-
keit erheben, gefasst werden. Man sagt z. b.: wenn ein tönender consonant in den auslaut tritt, so wird er in dieser sprache
zu dem entsprechenden tonlosen (vgl. mhd. *mîde — meit, rîbe —
reip*), als ob man es mit einer jedesmal von neuem eintretenden veränderung zu tun hätte, die dadurch veranlasst wäre,
dass dem auslaut der tonlose laut bequemer liegt. In wahrheit aber ist es dann das durch die überlieferung ausgebildete
bewegungsgefühl, welches den tonlosen laut erzeugt, während
die allmählige reducierung des stimmtons bis zu gänzlicher
vernichtung und die etwa damit verbundene verstärkung des
exspirationsdruckes einer vielleicht schon längst vergangenen
zeit angehören. Ganz verkehrt ist es auch, das eintreten eines
lautwandels immer auf eine besondere trägheit, lässigkeit oder
unachtsamkeit zurückzuführen und das unterbleiben desselben
anderswo einer besondern sorgfalt und aufmerksamkeit zuzuschreiben. Wol mag es sein, dass das bewegungsgefühl nicht
überall zu der gleichen sicherheit ausgebildet ist. Aber irgend
welche anstrengung zur verhütung eines lautwandels gibt es
nirgends. Denn die betreffenden haben gar keine ahnung da-

von, dass es etwas derartiges zu verhüten gibt, sondern leben
immer in dem guten glauben, dass sie heute so sprechen, wie
sie vor jahren gesprochen haben, und dass sie bis an ihr ende
so weiter sprechen werden. Würde jemand im stande sein
die organbewegungen, die er vor vielen jahren zur hervorbringung eines wortes gemacht hat, mit den gegenwärtigen zu
vergleichen, so würde ihm vielleicht ein unterschied auffallen.
Dazu gibt es aber keine möglichkeit. Der einzige massstab,
mit dem er messen kann, ist immer das bewegungsgefühl, und
dieses ist entsprechend modificiert, ist so, wie es zu jener zeit
gewesen ist, nicht mehr in der seele.

Eine controlle aber gibt es dennoch, wodurch der
eben geschilderten entwickelung des einzelnen individuums eine mächtige hemmung entgegengesetzt
wird: das ist das lautbild. Während sich das bewegungsgefühl nur nach den eigenen bewegungen bildet, gestaltet sich
das lautbild ausser aus dem selbstgesprochenen auch aus allem
dem, was man von denjenigen hört, mit denen man in verkehrsgemeinschaft steht. Träte nun eine merkliche verschiebung des bewegungsgefühles ein, der keine entsprechende verschiebung des lautbildes zur seite stünde, so würde sich eine
discrepanz ergeben zwischen dem durch ersteres erzeugten
laute und dem aus den früheren empfindungen gewonnenen
lautbilde. Eine solche discrepanz wird vermieden, indem
sich das bewegungsgefühl nach dem lautbilde corri-
giert. Dies geschieht in der selben weise, wie sich zuerst in
der kindheit das bewegungsgefühl nach dem lautbilde regelt.
Es gehört eben zum eigensten wesen der sprache als
eines verkehrsmittels, dass der einzelne sich in
steter übereinstimmung mit seinen verkehrsgenossen
fühlt. Natürlich besteht kein bewustes streben danach, sondern die forderung solcher übereinstimmung bleibt als etwas
selbstverständliches unbewust. Dieser forderung kann auch
nicht mit absoluter exactheit nachgekommen werden. Wenn
schon das bewegungsgefühl des einzelnen seine bewegungen nicht völlig beherrschen kann und selbst
kleinen schwankungen ausgesetzt ist, so muss der
freie spielraum für die bewegung, der innerhalb
einer gruppe von individuen besteht, natürlich noch

grösser sein, indem es dem bewegungsgefühle jedes
einzelnen doch niemals gelingen wird dem lautbilde,
das ihm vorschwebt, vollständig genüge zu leisten.
Und dazu kommt noch, dass auch dies lautbild wegen der bestehenden differenzen in den lautempfindungen sich bei jedem
einzelnen etwas anders gestalten muss und gleichfalls beständigen
digen schwankungen unterworfen ist. Aber über ziemlich
enge grenzen hinaus können auch diese schwankungen innerhalb einer durch intensiven verkehr
verknüpften gruppe nicht gehen. Sie werden auch hier
unmerklich oder, wenn auch bei genauerer beobachtung bemerkbar, so doch kaum definierbar oder gar, selbst mit den
mitteln des vollkommensten alphabetes, bezeichenbar sein.
Wir können das nicht nur a priori vermuten, sondern an den
lebenden mundarten tatsächlich beobachten, natürlich nicht an
solchen, die einen abgestuften einfluss der schriftsprache zeigen.
Finden sich auch hie und da bei einem einzelnen, z. b. in
folge eines organischen fehlers stärkere abweichungen, so
macht das für das ganze wenig aus.

So lange also der einzelne mit seiner tendenz
zur abweichung für sich allein den verkehrsgenossen
gegenüber steht, kann er dieser tendenz nur in ver-
schwindend geringem masse nachgeben, da ihre wirkungen immer wider durch regulierende gegenwir-
kungen paralysiert werden. Eine bedeutendere verschiebung kann nur eintreten, wenn sie bei sämmtlichen individuen einer gruppe durchdringt, die,
wenigstens im verhältniss zu der intensität des verkehrs im innern, nach aussen hin einen gewissen
grad von abgeschlossenheit hat. Die möglichkeit eines
solchen vorganges liegt in denjenigen fällen klar auf der hand,
wo die abweichung allen oder so gut wie allen sprechorganen
bequemer liegt als die genaue innehaltung der richtung des
bewegungsgefühls. Sehr kommt dabei mit in betracht, dass
die schon vorhandene übereinstimmung in accent, tempo etc.
in die gleichen bahnen treibt. Das selbe gilt von der übereinstimmung in der indifferenzlage. Aber das reicht zur erklärung bei weitem nicht aus. Wir sehen ja, dass von dem selben ausgangspunkte aus sehr verschiedenartige entwickelungen

eintreten, und zwar ohne immer durch accentveränderungen
oder sonst irgend etwas bedingt zu sein, was seinerseits psychologische veranlassung hat. Und wir müssen immer wider
fragen: wie kommt es, dass gerade die individuen dieser gruppe
die und die veränderung gemeinsam durchmachen. Man hat
zur erklärung die übereinstimmung in klima, bodenbeschaffen-
heit und lebensweise herbeigezogen. Es ist aber davon zu
sagen, dass bisher auch nicht einmal der anfang zu einer me-
thodischen materialiensammlung gemacht ist, aus der sich die
abhängigkeit der sprachentwickelung von derartigen einflüssen
wahrscheinlich machen liesse. Was im einzelnen in dieser
hinsicht behauptet ist, lässt sich meist sehr leicht ad absurdum
führen. Kaum zu bezweifeln ist es, dass eigentümlichkeiten
der sprechorgane sich vererben, und nähere oder weitere verwandtschaft ist daher gewiss mit zu den umständen zu rechnen,
die eine grössere oder geringere übereinstimmung im bau der
organe bedingen. Aber sie ist es nicht allein, wovon der letztere abhängt. Und ebensowenig hängt die sprachentwickelung
allein vom bau der organe ab. Ueberdies aber tritt die dialectische scheidung und zusammenschliessung sehr vielfach mit
der leiblichen verwandtschaft in widerspruch. Man wird
sich demnach immer vergeblich abmühen, wenn man
versucht das zusammentreffen aller individuen einer
gruppe lediglich als etwas spontanes zu erklären,
und dabei den andern neben der spontaneität wirkenden factor übersieht, den zwang der verkehrsgemeinschaft.

Gehen wir davon aus, dass jedes individuum besonders
veranlagt und in besonderer weise entwickelt ist, so ist damit
zwar die möglichkeit ausserordentlich vieler variationen gegeben, nimmt man aber jedes einzelne moment, was dabei in
betracht kommt, isoliert, so ist die zahl der möglichen variationen doch nur eine geringe. Betrachten wir die veränderungen jedes einzelnen lautes für sich, und unterscheiden wir
an diesem wider verschiebung der articulationsstelle, übergang
von verschluss zu engenbildung und umgekehrt, verstärkung
oder schwächung des exspirationsdruckes u. s. f., so werden wir
häufig in der lage sein nur zwei möglichkeiten der abweichung
zu erhalten. So kann z. b. das *a* sich zwar nach und nach

in alle möglichen vocale wandeln, aber die richtung in der es
sich bewegt, kann zunächst doch nur entweder die auf *i* oder
die auf *u* sein. Nun kann es zwar leicht sein, dass sich die
zwei oder drei möglichen richtungen in einem grossen sprachgebiete, alles zusammengefasst, ungefähr die wage halten. Es
ist aber sehr unwahrscheinlich, dass das an allen verschiedenen
punkten zu jeder zeit der fall sein sollte. Der fall, dass in
einem durch besonders intensiven verkehr zusammengehaltenen
gebiete die eine tendenz das übergewicht erlangt, kann sehr
leicht eintreten lediglich durch das spiel des zufalls, d. h. auch
wenn die übereinstimmung der mehrheit nicht durch einen
nähern innern zusammenhang gegenüber den ausserhalb der
gruppe stehenden individuen bedingt ist, und wenn die ursachen, die nach dieser bestimmten richtung treiben, bei den
einzelnen vielleicht ganz verschiedene sind. Das übergewicht
einer tendenz in einem solchen beschränkten kreise genügt um
die entgegenstehenden hemmungen zu überwinden. Es wird
die veranlassung, dass sich der verschiebung des bewegungsgefühles, wozu die majorität neigt, eine verschiebung des lautbildes nach der entsprechenden richtung zur seite stellt. Der
einzelne ist ja in bezug auf gestaltung seiner lautvorstellungen
nicht von allen mitgliedern der ganzen sprachgenossenschaft
abhängig, sondern immer nur von denen, mit welchen er in
sprachlichen verkehr tritt, und widerum von diesen nicht in
gleicher weise, sondern in sehr verschiedenem masse je nach
der häufigkeit des verkehres und nach dem grade, in welchem
sich ein jeder dabei betätigt. Es kommt nicht darauf an, von
wie vielen menschen er diese oder jene eigentümlichkeit der
aussprache hört, sondern lediglich darauf, wie oft er sie hört.
Dabei ist noch zu berücksichtigen, dass dasjenige, was von der
gewöhnlich vernommenen art abweicht, wider unter sich verschieden sein kann, und dass dadurch die von ihm ausgeübten
wirkungen sich gegenseitig stören. Ist nun aber durch beseitigung der vermittelst des verkehres geübten hemmung eine
definitive verschiebung des bewegungsgefühles eingetreten, so
ist bei fortwirken der tendenz eine weitere kleine abweichung
nach der gleichen seite ermöglicht. Mittlerweile wird aber
auch die minorität von der bewegung mit fortgerissen. Genau
dieselben gründe, welche der minderheit nicht gestatten in fort-

schrittlicher bewegung sich zu weit vom allgemeinen usus zu
entfernen, gestatten ihr auch nicht hinter dem fortschritt der
mehrheit erheblich zurückzubleiben. Denn die überwiegende
häufigkeit einer aussprache ist der einzige masstab für ihre
correctheit und mustergültigkeit. Die bewegung geht also
in der weise vor sich, dass immer ein teil etwas vor
dem durchschnitt voraus, ein anderer etwas hinter
demselben zurück ist, alles aber in so geringem abstande von einander, dass niemals zwischen individuen, die in gleich engem verkehr unter einander
stehn, ein klaffender gegensatz hervortritt.

Es bleibt uns jetzt noch die wichtige frage zu beantworten, um die neuerdings so viel gestritten ist: wie steht
es um die consequenz der lautgesetze? Zunächst müssen
wir uns klar machen, was wir denn überhaupt unter
einem lautgesetze verstehen. Das wort 'gesetz' wird in
sehr verschiedenem sinne angewendet, wodurch leicht verwirrung entsteht.[1]) In dem sinne, wie wir in der physik oder
chemie von gesetzen reden, in dem sinne, den ich im auge
gehabt habe, als ich die gesetzeswissenschaften den geschichtswissenschaften gegenüber stellte, ist der begriff 'lautgesetz'
nicht zu verstehen. Das lautgesetz sagt nicht aus, was
unter gewissen allgemeinen bedingungen immer
wider eintreten muss, sondern es constatiert nur die
gleichmässigkeit innerhalb einer gruppe bestimmter
historischer erscheinungen.

Bei der aufstellung von lautgesetzen ist man immer von
einer vergleichung ausgegangen. Man hat die verhältnisse
eines dialectes mit denen eines andern, einer älteren entwickelungsstufe mit denen einer jüngeren verglichen. Man hat auch
aus der vergleichung der verschiedenen verhältnisse innerhalb
des selben dialectes und der selben zeit lautgesetze abstrahiert.
Von der letzteren art sind die regeln, die man auch in die

---

[1]) Vgl. darüber besonders L. Tobler, Ueber die anwendung des begriffs von gesetzen auf die sprache, Vierteljahrsschrift f. wissenschaftl.
philosophie III, s. 32 ff.

praktische grammatik aufzunehmen pflegt. So ein satz, den
ich wörtlich Krügers griechischer grammatik entlehne: ein *t*-
laut vor einem andern geht regelmässig in σ über; beispiele:
ἀνυσϑῆναι von ἀνύτω, ἐρεισϑῆναι von ἐρείδω, πεισϑῆναι von
πείϑω. Ich habe schon oben s. 50 hervorgehoben, dass man
sich durch derartige regeln nicht zu der anschauung verführen
lassen darf, dass die betreffenden lautübergänge sich immer
von neuem vollziehen, indem man die eine form aus der andern bildet. Würde z. b. ein Grieche den inf. aor. pass. von
ἀνύτω wirklich neu gebildet haben, so ist zunächst die frage,
ob ἀνυσϑῆναι herausgekommen sein würde, und nicht vielmehr
*ἀνυτϑῆναι. Wäre es aber der fall gewesen, so hätte er
nicht eine lautliche verwandlung mit dem τ vorgenommen,
sondern er wäre dazu, natürlich ihm selber unbewust, durch
die analogie anderer ihm bekannter aoriste von verben mit
t-laut geführt. Tritt bei neubildungen ein σ an die stelle des
τ, so ist das nicht ein lautgesetz, sondern ein bil-
dungsgesetz, wenn es auch einem lautgesetze seinen ursprung verdankt. Ein lautgesetz kann sich zwar durch
die hinterlassenen wirkungen in den neben einander
bestehenden verhältnissen einer sprache reflectieren, aber als lautgesetz bezieht es sich niemals auf
diese, sondern immer nur auf eine in einer ganz
bestimmten periode vollzogene historische entwickelung.

Wenn wir daher von consequenter wirkung der lautgesetze reden, so kann das nur heissen, dass bei dem lautwandel innerhalb des selben dialectes alle einzelnen fälle, in denen die gleichen lautlichen bedingungen vorliegen, gleichmässig behandelt werden.
Entweder muss also, wo früher einmal der gleiche laut bestand, auch auf den späteren entwickelungsstufen immer der
gleiche laut bleiben, oder, wo eine spaltung in verschiedene
laute eingetreten ist, da muss eine bestimmte ursache, und
zwar eine ursache rein lautlicher natur wie einwirkung um-
gebender laute, accent, silbenstellung u. dgl. anzugeben sein,
warum in dem einen falle dieser, in dem andern jener laut
entstanden ist. Man muss dabei natürlich sämmtliche momente
der lauterzeugung in betracht ziehen.

Es ist nach den vorangegangenen erörterungen nicht
schwer, die notwendigkeit dieser consequenz darzutun
oder, genauer genommen, allerdings nur die einschränkung
der abweichungen von solcher consequenz auf so
enge grenzen, dass unser unterscheidungsvermögen
nicht mehr ausreicht.

Dass zunächst an dem einzelnen individuum die entwickelung sich consequent vollzieht, muss für jeden selbstverständlich sein, der überhaupt das walten allgemeiner gesetze
in allem geschehen anerkennt. Das bewegungsgefühl bildet
sich ja nicht für jedes einzelne wort besonders, sondern überall,
wo in der rede die gleichen elemente widerkehren, wird ihre
erzeugung auch durch das gleiche bewegungsgefühl geregelt.
Verschiebt sich daher das bewegungsgefühl durch das aussprechen eines elementes in irgend einem worte, so ist diese
verschiebung auch massgebend für das nämliche element in
einem anderen worte. Die aussprache dieses elementes in
den verschiedenen wörtern schwankt daher gerade nur so wie
die in dem nämlichen worte innerhalb der selben engen
grenzen. Schwankungen der aussprache, die durch schnelleres
oder langsameres, lauteres oder leiseres, sorgfältigeres oder
nachlässigeres sprechen veranlasst sind, werden immer das
selbe element in gleicher weise treffen, in was für einem worte
es auch vorkommen mag, und sie müssen sich immer in entsprechenden abständen vom normalen bewegen.

Soweit es sich um die entwickelung an dem einzelnen individuum handelt, ist es hauptsächlich ein einwand, der
immer gegen die consequenz der lautgesetze vorgebracht wird.
Man behauptet, dass das etymologische bewustsein, die
rücksicht auf die verwandten formen die wirkung eines
lautgesetzes verhindere. Wer das behauptet, muss sich zunächst klar machen, dass damit die wirksamkeit desjenigen
factors, der zum lautwandel treibt, nicht verneint werden
kann, nur dass ein factor ganz anderer natur gesetzt wird, der
diesem entgegenwirkt. Es ist durchaus nicht gleichgültig, ob
man annimmt, dass ein factor bald wirkt, bald nicht wirkt,
oder ob man annimmt, dass er unter allen umständen wirksam ist und seine wirkung nur durch einen andern factor
paralysiert wird. Wie lässt sich nun aber das chronologische

verhältniss in der wirkung dieser factoren denken? Wirken
sie beide gleichzeitig, so dass es zu gar keiner veränderung
kommt, oder wirkt der eine nach dem andern, so dass die
wirkung des letzteren immer wider aufgehoben wird? Das
erstere wäre nur unter der voraussetzung denkbar, dass der
sprechende etwas von der drohenden veränderung wüsste und
sich im voraus davor zu hüten suchte. Dass davon keine
rede sein kann, glaube ich zur genüge auseinandergesetzt zu
haben. Gesteht man aber zu, dass die wirkung des lautlichen
factors zuerst sich geltend macht, dann aber durch den andern factor wider aufgehoben wird, den wir als analogie im
folgenden noch näher zu charakterisieren haben werden, so ist
damit eben die consequenz der lautgesetze zugegeben. Man
kann vernünftigerweise höchstens noch darüber streiten, ob es
die regel ist, dass sich die analogie schon nach dem eintritt
einer ganz geringen differenz zwischen den etymologisch zusammenhängenden formen geltend macht, oder ob sie sich erst
wirksam zu zeigen pflegt, wenn der riss schon klaffend geworden ist. Im princip ist das kein unterschied. Dass jedenfalls
das letztere sehr häufig ist, lässt sich aus der erfahrung erweisen, worüber weiter unten. Es liegt aber auch in der
natur der sache, dass differenzen, die noch nicht als solche
empfunden werden, auch das gefühl für die etymologie nicht
beeinträchtigen und von diesem nicht beeinträchtigt werden.

Somit kann also nur noch die frage sein, ob der verkehr der verschiedenen individuen unter einander
die veranlassung zu inconsequenzen geben kann.
Denkbar wäre das nur so, dass der einzelne gleichzeitig unter
dem einflusse mehrerer gruppen von personen stünde, die sich
durch eine verschiedene lautentwickelung deutlich von einander gesondert hätten, und dass er nun einige wörter von
dieser, andere von jener gruppe erlernte. Das setzt aber ein
durchaus exceptionelles verhältniss voraus. Normaler weise
gibt es innerhalb derjenigen verkehrsgenossenschaft, innerhalb
deren der einzelne aufwächst, mit der er in sehr viel innigerem
verbande steht als mit der weiteren umgebung, keine derartige
differenzen. Wo nicht in folge besonderer geschichtlicher veranlassungen grössere gruppen von ihrem ursprünglichen wohn-
sitze losgelöst und mit andern zusammengewürfelt werden, wo

die bevölkerung höchstens durch geringe ab- und zuzüge modificiert, aber der hauptmasse nach constant bleibt, da können sich ja keine differenzen entwickeln, die als solche percipiert werden. Spricht A auch einen etwas anderen laut als B an der entsprechenden stelle, so verschmilzt doch die perception des einen lautes ebensowol wie die des anderen mit dem lautbilde, welches der hörende schon in seiner seele trägt, und es kann denselben daher auch nur das gleiche bewegungsgefühl correspondieren. Es ist gar nicht möglich, dass sich für zwei so geringe differenzen zwei verschiedene bewegungsgefühle bei dem gleichen individuum herausbilden. Es würde in der regel selbst dann nicht möglich sein, wenn die äussersten extreme, die innerhalb eines kleinen verkehrsgebietes vorkommen, das einzig existierende wären. Würde aber auch der hörende im stande sein den unterschied zwischen diesen beiden zu erfassen, so würde doch die reihe von feinen vermittelungsstufen, die er immer fort daneben hört, es ihm unmöglich machen eine grenzlinie aufrecht zu erhalten. Mag er also auch immerhin das eine wort häufiger und früher von leuten hören, die nach diesem extreme zuneigen, das andere häufiger und früher von solchen, die nach jenem extreme zuneigen, so kann das niemals für ihn die veranlassung werden, dass sich ihm beim nachsprechen die erzeugung eines lautes in dem einen worte nach einem andern bewegungsgefühl regelt, als die erzeugung eines lautes in dem andern worte, wenn das gleiche individuum an beiden stellen einen identischen laut setzen würde.

Innerhalb des gleichen dialects entwickelt sich also niemals eine inconsequenz, sondern nur in folge einer dialectmischung oder, wie wir richtiger zu sagen haben werden, in folge der entlehnung eines wortes aus einem fremden dialecte. In welcher ausdehnung und unter welchen bedingungen eine solche eintritt, werden wir später zu untersuchen haben. Bei der aufstellung der lautgesetze haben wir natürlich mit dergleichen scheinbaren inconsequenzen nicht zu rechnen.

Kaum der erwähnung wert sind die versuche, die man gemacht hat, den lautwandel aus willkürlichen launen oder aus einem verhören zu erklären. Ein vereinzeltes

verhören kann unmöglich bleibende folgen für die sprachgeschichte haben. Wenn ich ein wort von jemand, der den
gleichen dialect spricht wie ich, oder einen andern, der mir
vollständig geläufig ist, nicht deutlich percipiere, aber aus dem
sonstigen zusammenhange errate, was er sagen will, so ergänze
ich mir das betreffende wort nach dem erinnerungsbilde, das
ich davon in meiner seele habe. Ist der zusammenhang nicht
ausreichend aufklärend, so werde ich vielleicht ein falsches
ergänzen, oder ich werde nichts ergänzen und mich beim
nichtverstehen begnügen oder noch einmal fragen. Aber wie
ich dazu kommen sollte zu meinen ein wort von abweichen-
dem klange gehört zu haben und mir doch dieses wort an
stelle des wolbekannten unterschieben zu lassen, ist mir gänzlich unerfindlich. Einem kinde allerdings, welches ein wort
noch niemals gehört hat, wird es leichter begegnen, dass es
dasselbe mangelhaft auffasst und dann auch mangelhaft wider-
gibt. Es wird aber auch das richtiger aufgefasste vielfach
mangelhaft widergeben, weil das bewegungsgefühl noch nicht
gehörig ausgebildet ist. Seine auffassung wie seine widergabe
wird sich rectificieren, wenn es das wort immer wider von
neuem hört, wo nicht, so wird es dasselbe vergessen. Das
verhören hat sonst mit einer gewissen regelmässigkeit nur da
statt, wo sich leute mit einander unterhalten, die verschiedenen
dialectgebieten oder verschiedenen sprachen angehören, und
die gestalt, in welcher fremdwörter aufgenommen werden, ist
allerdings vielfach dadurch beeinflusst, mehr aber gewiss durch
den mangel eines bewegungsgefühls für die dem eigenen dialecte fehlenden laute.

Cap. IV.

Bildung der auf die sprache bezüglichen vorstellungsgruppen und wirksamkeit dieser gruppen.

Wie schon mehrfach hervorgehoben ist, beruht jeder zusammenhang einer späteren sprachtätigkeit mit einer früheren auf dem bestande gewisser vorstellungsgruppen, die sich in dem dunkeln raume des unbewusten gelagert haben. Diese gruppen sind die eigentlich wirksamen mächte bei jedem akte des sprachlebens, der nicht im eigentlichsten sinne eine neuschöpfung ist. Von grosser wichtigkeit ist es nun zu unterscheiden zwischen solchen gruppen, die gewissermassen von aussen gegeben sind, indem die räumliche und zeitliche anordnung der objecte eine entsprechende anordnung der auf sie bezüglichen vorstellungen hervorruft, und solchen, die sich erst durch gegenseitige attraction der vorstellungen in der seele herausbilden. Ist nur die erstere art von gruppen wirksam, so können wir das sprechen als eine blosse reproduction betrachten. Wirkt aber auch die andere, so müssen wir eine productive tätigkeit der seele anerkennen.

Die perception durch das gehör liefert der seele reihen von lautbildern, also worte, wortgruppen, sätze. Durch eigene übung im sprechen kommen reihen von bewegungsgefühlen hinzu, die sich mit den entsprechenden lautbilderreihen verbinden. Und weiter reihen sich daran die vorstellungen und vorstellungsgruppen an, die wir als die bedeutung der wörter und sätze bezeichnen. Es ist aber immer nur die im einzelnen falle stattfindende concrete beziehung, die unmittelbar durch gleichzeitige perception mit den lautbilderreihen verknüpft wird. Dagegen werden auf diesem wege in der regel keine vorstellungen über den umfang der beziehungen gegeben, in die ein wort oder eine redewendung dem usus nach gesetzt werden kann. Und noch weniger wird durch einfache perception irgend eine art von grammatischer kategorie oder grammatischem system geschaffen. Alle verbindungen, welche über das beschriebene mass hinausgehen, entstehen erst allmählig dadurch, dass die neu aufgenommenen gruppen von früher aufgenommenen attrahiert werden vermöge partieller gleichheit ihrer elemente.

Betrachten wir zunächst die art, wie wir die bedeutung eines wortes erlernen. Auf einer hochentwickelten stufe des bewustseins kann das unter umständen durch eine gegebene definition geschehen, so namentlich bei erlernung einer künstlich geschaffenen wissenschaftlichen oder technischen terminologie. Beim kinde aber ist diese art der aneignung unmöglich, da sie schon die beherrschung einer reichlichen menge von sprachmitteln voraussetzt, und auch bei dem erwachsenen, der ein neues wort oder ein altes in einer neuen bedeutung kennen lernt, ist der gang gewöhnlich ein anderer. Man hört diesen bestimmten gegenstand als tisch oder stuhl, als grün oder rot bezeichnen; man hört diese bestimmte tätigkeit als laufen oder springen, diese bestimmte handlungsweise eines bestimmten menschen als tugend oder laster bezeichnen. Man hört dann die nämlichen bezeichnungen auch für andere oder unter andern umständen wahrgenommene gegenstände, eigenschaften und tätigkeiten gebrauchen. Und so schliessen sich nach und nach alle mit der nämlichen lautreihe verknüpften, aber aus verschiedenen anschauungen abstrahierten vorstellungen an einander an. So setzt schon die erfassung dessen, was das lexikon mit sicherheit als eine einfache bedeutung eines wortes bezeichnen würde, eine gruppenbildung durch psychologische attraction voraus; wie viel mehr die ausbildung des gefühls für den zusammenhang mehrfacher, zum teil weit auseinanderliegender bedeutungen, z. b. *fuchs* in der grundbedeutung, *fuchs* = pferd von bestimmter farbe, *fuchs* = rothaariger

mensch, *fuchs* = verschlagener mensch, *fuchs* = goldstück,
fuchs = angehender student. Zusammengeschlossen und zusammengehalten wird eine solche gruppe einerseits unter allen
umständen durch die gleichheit des lautbildes, anderseits eventuell durch das, was die einzelnen glieder der gruppe an inhalt mit einander gemein haben. Es kann das von grösserem
oder geringerem umfange sein, kann aber auch, wie noch
später näher zu erörtern ist, ganz fehlen.

Durch die selbe art von gruppenbildung entsteht das gefühl für etymologischen zusammenhang und für die
bildungsgesetze der sprache. Bei grammatischer aneignung einer fremden sprache lernt man paradigmen auswendig,
lernt auch eventuell wie diese oder jene wortklasse aus einer
andern gebildet wird. Aber dem kinde, das die muttersprache
erlernt, sagt niemand, dass *gastes* der gen. sg., *gaste* der dat.
sg., *gäste* der nom. pl. zu dem nom. sg. *gast* sei, dass *führer*
ein nomen agentis, *führung* ein nomen actionis aus *führen* gebildet, dass *befahren* ein compositum aus *be-* und *fahren* sei,
etc., niemand sagt ihm überhaupt, dass eine beziehung zwischen den betreffenden formen stattfindet. Vielmehr werden
alle beziehungen derselben auf einander erst von innen heraus
geschaffen. Es ist die partielle gleichheit des lautes und der
function, wonach sich einerseits gruppen wie *führen — führer
führung, gast — gastes, gaste — gäste* etc., anderseits solche wie
führung — leitung — bereitung, gastes — armes — spruches etc.
zusammenschliessen. Und zwar entstehen auf diese weise
parallelreihen, z. b. *gast — gastes — gaste = arm — armes
arme = spruch — spruches — spruche*, und diese parallelreihen
haben die eigentümlichkeit, dass sich gewissermassen durch
querschnitte widerum parallelreihen ergeben, also *gast — arm
— spruch = gastes — armes — spruches = gaste — arme —
spruche*. Es besteht also eine analogie zwischen den
reihen, die sich durch die mathematische formel
einer proportion ausdrücken lässt: $a : b = \alpha : \beta$, und
dem gemäss auch $a : \alpha = b : \beta$.

Um das gefühl für den etymologischen zusammenhang zu
erzeugen bedarf es dieser proportion nicht; es braucht sich
nur die gleichheit des stofflichen elementes z. b. in *führen —
führer — führung* geltend zu machen, und die entsprechenden

reihen wie *leiten — leiter — leitung* können ganz aus dem spiele
bleiben. Dagegen das gefühl für das flexions- und
wortbildungssystem beruht ganz auf proportionen.
Es genügt z. b. nicht, um das bildungsprincip der nomina
agentis auf *-ung* der seele einzufügen, dass sich eine anzahl
solcher nomina an einander schliessen, sondern es muss auch
eine anzahl davon in psychologische beziehung zu den betreffenden verben gesetzt werden und diese beziehungen müssen
an einander geschlossen werden.

Der reihenparallelismus findet übrigens nicht nur in bezug
auf die lautform, sondern auch in bezug auf die function
statt, und es gibt einen parallelismus, der lediglich auf der
function und nicht auf der bedeutung beruht, z. b. lat. *lupus* :
lupi = *homo* : *hominis* oder *lupus* : *homo* = *lupi* : *hominis* etc.

Bei der bildung der auf das wortbildungs- und flexions-
system bezüglichen vorstellungsgruppen findet eine gewisse
analyse der formen statt, wodurch kategorieen entstehen,
die den grammatischen begriffen von wurzel, stamm und suffix
analog sind. Dabei aber muss daran festgehalten werden,
erstens, dass diese kategorieen als solche durchaus unbewust
bleiben; zweitens, dass sie nichts mit der ursprünglichen bildungsweise der formen zu schaffen haben, sondern sich lediglich danach richten, was für eine lautreihe auf dem dermaligen
stande der sprache durch eine anzahl von formen gleichmässig
durchgeht, so dass also z. b. im nhd. *tag-*, *hirt-* als nominalstämme erscheinen, eben so *trag-* und *brenn-* als verbal- und
präsensstämme, *trug-* und *brannt-* als präteritalstämme von
tragen und *brennen*; drittens, dass die durch analyse sich ergebenden elemente niemals als etwas zu selbständigem dasein
berechtigtes, sondern nur als in bestimmter verbindungsweise
mögliches empfunden werden.

Was die function der ableitungs- und flexionssuffixe betrifft, so verhält es sich damit natürlich wie mit
der bedeutung des stofflichen elementes eines wortes. So
lernt man z. b. mit der form des gen. die vorstellung verbinden, dass dadurch der besitzer eines gegenstandes angezeigt
wird, wenn aus einer anzahl von fällen, in denen man genitive
so hat verwenden hören, vorstellungen zurückbleiben, die sich
unter einander verbinden. Die verschiedenen functionen eines

casus, eines modus etc. werden unter allen umständen wie die
verschiedenen bedeutungen eines wortes durch die gleichheit
der lautform mit einander verbunden, und ebenso ausserdem
eventuell durch das allen functionen gemeinsame. Und so
geht es endlich auch mit den verschiedenen verbindungs-
weisen der wörter zu sätzen.

Natürlich entstehen auf diese weise engere und weitere gruppen, wobei der umfang der gruppe in dem selben
masse wächst wie der umfang des gemeinsamen inhalts
abnimmt.

Partielle gleichheit des inhalts ist die allgemeine vorbedingung für jede gegenseitige attraction von vorstellungen.
Aber nicht alle partiell gleichen vorstellungen
müssen sich attrahieren. Eine neu hinzukommende vorstellung wird in dem augenblicke, wo sie ins bewustsein tritt,
den älteren bestand ähnlicher vorstellungen nur soweit erregen und sich mit ihm verbinden, als dieser schon im unbewusten einen bestimmten grad von macht besitzt. Diese
macht hängt zunächst ab von der intensität, dem grade der
bewustheit und des interesses, mit dem die betreffende vorstellung anfänglich aufgenommen ist. Da aber jede vorstellung
mit der zeit an stärke einbüsst, so kommt ferner sehr viel
darauf an, wie lange zeit seit der ersten aufnahme verstrichen
ist, ob und wie oft sie durch einen neuen anstoss von aussen
aufgefrischt ist, und in wie kurzen oder langen zwischen-
räumen diese auffrischungen erfolgt sind. Endlich aber wenn
mehrere der schon in der seele ruhenden vorstellungen mit der
neu hinzutretenden partiell gleichen inhalt haben, so kommt
es einerseits darauf an, bei welcher der umfang des gleichen
ein grösserer ist, anderseits, welche an sich die grössere macht
besitzt; und indem dann die begünstigtere am stärksten erregt
wird und in folge davon den weiteren ablauf der vorstellungen
im bewustsein bestimmt, kann es geschehen, dass die weniger
begünstigte gar nicht zur geltung kommt und keine verbindung
mit der neu aufgenommenen eingeht.

Was eben von den vorstellungen gesagt ist, gilt natürlich
auch von den schon durch attraction gebildeten ver-
bänden. Wie die entstehung einer verbindung von vorstellungen um so leichter ist, je grösser der gemeinsame inhalt,

so auch die erhaltung; je fester aber die verbindung, um
so mächtiger die gruppe als solche. Weiterhin aber
hängt die macht einer gruppe am meisten davon ab, wie
häufig sie erregt wird, und die häufigkeit der erregung bestimmt sich widerum einerseits danach,
wie viele verschiedene vorstellungen auftreten, die
ihrem inhalte nach sich in die gruppe einfügen, anderseits danach, wie oft die einzelnen vorstellungen
sich widerholen. Demnach sind in der sprache im allgemeinen diejenigen klassen, welche eine grosse menge von wörtern und formen in sich schliessen, mehr begünstigt als diejenigen, die nur eine kleine zahl enthalten. Die moderne
sprachwissenschaft rühmt sich zwar in gewissem verständniss
mit recht den von der alten grammatik gemachten unterschied zwischen regelmässiger und unregelmässiger
flexion möglichst aufgehoben zu haben, sie hat aber dabei
nur zu sehr übersehen, dass dieser unterschied doch eine reale
bedeutung hat, die für die entwickelung der sprache entscheidend ist. Die macht der grossen regelmässigen klassen kann
aber doch durch die einer kleineren aufgewogen und sogar
übertragen werden, wenn letztere sehr häufig gebrauchte formen enthält.

Damit eine gruppe sich wirksam erweise, muss
sie erregt werden, und dies geschieht dadurch, dass eine
vorstellung in das bewustsein tritt, welche den inhalt, den die
einzelnen zur gruppe gehörigen vorstellungen mit einander gemein haben, oder wenigstens einen teil desselben in sich
schliesst, oder eine solche, die mit diesem gemeinsamen inhalt
früher eine verbindung eingegangen ist. Hört man z. b. das
wort *fuss*, so wird die ganze gruppe der vorstellungen erregt,
die an diese lautreihe angeknüpft sind. Stellt man sich ein
verhältniss vor, dessen ausdruck unter die functionen des dativs
gehört, so werden nicht bloss die auf die function, sondern
auch die auf die formation des dativs bezüglichen gruppen erregt. Die erregung trifft immer am stärksten den gemeinsamen inhalt, viel schwächer die verschiedenen
nicht gemeinsamen elemente, die sich gegenseitig hemmen.

Der erfolg ist daher in der regel nicht etwa der, dass die einzelnen zur gruppe zusammengeschlossenen vorstellungen nach einander durch das bewustsein ziehen. Dann wäre es nötig, dass sie nicht bloss mit einander verbunden, sondern auch nach bestimmter reihenfolge geordnet wären. Aber nur derjenige, der grammatisch geschult ist und eine anzahl paradigmen auswendig gelernt hat, trägt einen teil der hier in frage kommenden gruppen als reihen in sich. Ihm allerdings wird es leicht alle formen eines verbums aufzusagen. Dagegen dem nicht geschulten kann es höchstens mit vieler mühe und langem besinnen gelingen die formen zusammenzubringen, und er wird dann vermutlich doch manches auslassen. Ohne bewuste absicht findet eine solche reihenproduction auch bei dem grammatisch geschulten nicht statt. Vielmehr, wenn alle zu der gruppe zusammengeschossenen vorstellungen gleich stark sind, so werden ihre ungleichen elemente sich dergestalt gegenseitig hemmen, dass keines bewust wird. Sind aber bei einer von diesen vorstellungen bedingungen vorhanden, die die erhebung zur bewustheit begünstigen, so wird diese zunächst bewust werden und dann den weitern ablauf der vorstellungen im bewustsein bestimmen. Diese begünstigenden bedingungen können erst im augenblick hergestellt sein, indem noch eine anderweitige beziehung zwischen der betreffenden vorstellung und dem im bewustsein befindlichen oder eben darin gewesenen vorstellungsinhalt stattfindet; sie können aber auch in den schon bestehenden lagerungsverhältnissen der gruppe liegen. In letzterer hinsicht ist besonders hervorzuheben, dass immer die weniger selbständige vorstellung leichter die selbständigere hervorruft als umgekehrt (vgl. Steinthal, Einleitung § 117). Die abgeleitete bedeutung eines wortes erinnert viel eher an die grundbedeutung, als die grundbedeutung an eine abgeleitete, das abgeleitete wort eher an das grundwort, das compositum eher an das simplex als umgekehrt; so auch der genitiv und dativ eher an den nominativ als der nominativ an die übrigen casus, zumal im nhd., wo der nom. sing. in der regel zugleich auch als der stamm des wortes empfunden wird; ebenso beim verbum das präteritum eher an das präsens, der conjunctiv

eher an den indicativ, alle übrigen formen eher an den infinitiv als umgekehrt. Die wirksamkeit der gruppen beim sprechen
und bei dem in den formen der sprache verlau-
fenden denken besteht wesentlich darin, dass
eine vorstellung als zugehörig zu einer oder zu
mehreren gruppen erfasst wird. Wir erfassen z. b.
eine anschauung als unter die gruppe gehörig, für die wir die
bedeutung tisch haben und übertragen diese bezeichnung auf
die betreffende anschauung. Wir erfassen die rolle, welche
eine person in einer wahrgenommenen veränderung spielt, als
die einer handelnden person und ordnen sie unter die grammatische gruppe der subjecte und damit in folge der association unter die gruppe der nominative. Dies sind einfache
fälle. Complicierter wird die sache, wenn die zugehörigkeit
nicht bloss zu einer gruppe von vorstellungen, sondern zu
einer gruppe von parallelgruppen, wie sie oben geschildert
sind, erfasst wird. Es ergibt sich dann eine proportion, und
wenn in dieser proportion ein glied bisher unbekannt war, so
kann es mit hülfe der übrigen gefunden werden. Eine gleichung wird aufgelöst, und das resultat ist eine neuschöpfung
durch eigentümliche combination gedächtnissmässig überlieferter elemente.

Diese wirksamkeit der gruppen ist neben dem
lautwandel, wenigstens in den unserer beobachtung zugänglichen perioden, der wichtigste faktor in der sprachentwickelung. Man wird diesem
faktor nicht gerecht, wenn man ihn erst da anfängt zu beachten, wo er eine veränderung im
sprachusus hervorruft. Ein grundirrtum der
älteren sprachwissenschaft war es, dass sie alles,
was von diesem usus nicht abweichendes in der
sprache auftritt, als etwas bloss gedächtnissmässig reproduciertes behandelt hat, und die folge
davon ist gewesen, dass man sich auch von dem anteil dieses
faktors an der umgestaltung der sprache keine rechte vorstellung hat machen können. Zwar hat schon W. v. Humboldt

nachdrücklich betont, dass das sprechen ein immer während es schaffen ist. Aber noch heute stösst man auf lebhaften und oft recht unverständigen widerspruch, wenn man die consequenzen dieser anschauungsweise zu ziehen sucht.

Es ist für das verständniss der sprachentwickelung kaum etwas so wichtig, als dass man sich das verhältniss zwischen der bloss reproductiven und der durch combination productiven tätigkeit des sprechenden klar macht. Wir dürfen wol sagen, dass in den meisten fällen beides eng mit einander verbunden ist. Ganz gewöhnlich ist es, dass wir eine verbindung von vorstellungen wol von aussen her aufgenommen haben, dass wir aber nicht im stande sein würden sie zu reproducieren, wenn nicht eine oder mehrere gruppen, in die sie sich eingefügt hat, dazu helfen würden. Sicher aber ist, dass auch vorstellungsverbindungen, die früher niemals in der seele gewesen, oder wenn darin gewesen, so doch so verblasst sind, dass ihre wirkung gleich null ist, nicht bloss überhaupt ganz neu durch die erregung der gruppen erzeugt werden können, sondern auch immerfort zuversichtlich erzeugt werden ohne ein gefühl dafür, dass man den festen boden des erlernten verlässt. Es ist für die natur dieses vorganges ganz gleichgültig, ob dabei etwas herauskommt, was schon früher in der sprache üblich gewesen ist, oder etwas vorher noch nicht dagewesenes. Es macht auch an und für sich nichts aus, ob das neue mit dem bisher üblichen in widerspruch steht; es genügt, dass das betreffende individuum, von dem es erzeugt wird, keinen widerspruch mit dem erlernten und erinnerten empfindet. Versuchen wir uns das noch im einzelnen genauer zu veranschaulichen, wobei zugleich klar werden wird, warum die durch erregung der gruppen erzeugten producte so häufig den sprachusus überschreiten müssen.

Ohne weiteres wird zugegeben werden, dass die wenigsten sätze, die wir aussprechen, als solche auswendig gelernt sind, dass vielmehr die meisten erst im augenblicke zusammengesetzt werden. Wenn wir eine fremde sprache methodisch erlernen, so werden uns regeln gegeben, nach denen wir die einzelnen wörter zu sätzen zusammenfügen. Kein lehrer aber, der nicht ganz unpädagogisch verfährt, wird es versäumen zugleich beispiele für die regel, d. h. mit rücksicht auf die selbständig zu bildenden sätze muster zu geben. Regel und muster ergänzen sich gegenseitig in ihrer wirksamkeit, und man sieht aus diesem pädagogischen verfahren, dass dem concreten muster gewisse vorzüge zukommen müssen, die der abstracten regel abgehen. Bei dem natürlichen erlernen der muttersprache wird die regel als solche nicht gegeben, sondern nur eine anzahl von mustern. Wir hören nach und nach eine anzahl von sätzen, die auf die selbe art zusammengefügt sind und sich deshalb zu einer gruppe zusammenschliessen. Die erinnerung an den speciellen inhalt der einzelnen sätze mag dabei immer mehr verblassen, das gemeinsame element wird durch die widerholung immer von neuem verstärkt, und so wird die regel unbewust aus den mustern abstrahiert. Eben, weil keine regel von aussen gegeben wird, genügt nicht ein einzelnes muster, sondern nur eine gruppe von mustern, deren specieller inhalt gleichgültig erscheint. Denn nur dadurch entwickelt sich die vorstellung einer allgemeingültigkeit der muster, welche dem einzelnen das gefühl der berechtigung zu eigenen zusammenfügungen gibt. Wenn man eine auswendig gelernte regel häufig genug angewendet hat, so erreicht man es, dass dieselbe auch unbewust wirken kann. Man braucht sich weder die regel noch ein bestimmtes muster ins bewustsein zu rufen, und man wird doch ganz correcte sätze bilden. Man ist somit, wenigstens was das gewöhnliche verfahren bei der praktischen ausübung betrifft, auf einem abweichenden wege eben dahin gelangt, wo derjenige sich befindet, der keinen grammatischen unterricht genossen hat.

Ein hauptnachteil desjenigen, dem bloss muster überliefert sind, gegenüber demjenigen, der regel und muster zugleich überliefert bekommen hat, besteht darin, dass er nicht wie dieser von vornherein über den umfang der gültigkeit seiner muster unterrichtet ist. Wer z. b. die präposition *in* zunächst widerholt mit dem acc. verbunden hört, wird dies leicht als die allgemeine verbindungsweise von *in* auffassen, und wer es auch bald mit dem acc., bald mit dem dat. verbunden hört, wird mindestens einige zeit brauchen, bis er den unterschied richtig herausge-

funden hat, und mittlerweile vielleicht beides permiscue gebrauchen. Hier kommt man mit hülfe der regel viel schneller
zum ziele. Eine solche zusammenwerfung zweier gruppen, die
nach dem usus auseinandergehalten werden sollten, ist um so
eher möglich, je feiner die logische unterscheidung ist, die dazu erfordert wird, und je grösserer spielraum dabei der subjectiven auffassung gelassen ist. Vor allem aber ist eine
gruppe dann leicht im stande ihr muster über das gebiet einer
verwanten gruppe auszudehnen, wenn sie diese in bezug auf
die häufigkeit der vorkommenden fälle bedeutend überragt.
Und nun gibt es vollends vieles im sprachgebrauch, was überhaupt vereinzelt da steht, was sich weder unter eine mit bewustsein abstrahierte regel noch unter eine unbewust entstandene gruppe einfügt. Alles dasjenige aber, was die stütze
durch eine gruppe entbehrt oder nur in geringem masse ge-
niesst, ist, wenn es nicht durch häufige widerholung besonders
intensiv dem gedächtnisse eingeprägt wird, nicht widerstandsfähig genug gegen die macht der grösseren gruppen. So, um
ein beispiel anzuführen, ist es im deutschen wie in andern
indogermanischen sprachen die regel, dass, wo zwei objecte
von einem verbum abhangen, das eine im acc., das andere im
dat. steht. Es gibt aber daneben einige fälle, und gab früher
noch mehr, in denen ein doppelter acc. steht. Diese fälle
müssen und musten besonders erlernt werden. In folge des
widerspruchs mit der allgemeinen regel wird das sprachgefühl
unsicher, und das kann schliesslich zum untergang der vereinzelten construction führen. Man hört heutzutage fast eben so
häufig *er lehrt mir die kunst* als *er lehrt mich die kunst*, und
niemand sagt mehr *ich verhehle dich die sache* nach mittelhochdeutscher weise, sondern nur *ich verhehle dir*.

Ich kann es mir hier ersparen auf die mannigfachen wirkungen der auf die syntax bezüglichen vorstellungsgruppen
einzugehen. Auf anomalieen der construction wie ellipse, pleo-
nasmus, anakoluth, vermischung verschiedener constructionsweisen ist man ja schon lange aufmerksam gewesen. Es
kommt nur darauf an, dass man sie nicht bloss als individuelle abweichungen von der regel beachtet, sondern
in ihnen zugleich auch die ansätze zu einer veränderung
der regel selbst erkennt.

Eben so wenig wie die zusammensetzung der wörter zu
sätzen ist das finden der einzelnen wörter für die zu
bezeichnenden vorstellungen immer blosse reproduction.
In den seltensten fällen gebraucht man ein wort um genau
das selbe damit zu bezeichnen, was man früher einmal damit
bezeichnet hat oder damit hat bezeichnen hören. Vielmehr
erfasst man unaufhörlich neue vorstellungen, die man
vermöge ihrer ähnlichkeit mit dem früheren bestande, der sich um das wort gruppiert hat, an diese
und damit an das wort anfügt. Die zuversichtlich-
keit, mit der man dies tut, beruht wider auf dem frühzeitig
eben in folge der gruppenbildung entwickelten gefühle, dass
es im wesen des wortes liegt einer gruppe von ähnlichen vorstellungen als bezeichnungsmittel zu dienen.
Und widerum werden dem einzelnen keine festen grenzen
gegeben, innerhalb deren er sich bei der einreihung einer vorstellung in eine solche gruppe zu halten hat. Der weite
spielraum, welcher der subjectivität in bezug auf
das trennen, und verbinden des von aussen einge-
führten vorstellungsinhalts gelassen ist, manifestiert
sich ja vor allem in der anknüpfung dieses vorstellungsinhalts
an bestimmte worte. Es hängt von dem einzelnen subjecte
ab, wie viel es von dem gleichzeitig in die anschauung fallen-
den als etwas selbständiges auffassen will. Jeder teil eines
ganzen kann wider als ein ganzes, jede vielheit von einheiten
wider als eine einheit gefasst werden. Noch grösser ist der
spielraum in bezug auf die bildung der artbegriffe, die von
der allerverschiedensten weite sein können. Und wenn schon
in der erfassung der sinnlichen erscheinungen nach dieser seite
hin eine so grosse mannigfaltigkeit möglich ist, wie viel mehr
in allem, was das gemütsleben und die reflexion betrifft. Wenn
daher die subjectivität des einzelnen zur unterordnung unter
den allgemeinen usus gebracht werden soll, so gehört dazu,
dass dieser jedes wort in allen demselben zukommenden beziehungen widerholt anwenden hört. Wenn dies nun auch im
grossen und ganzen zu geschehen pflegt, so ist doch kaum zu
vermeiden, dass hie und da einige lücken bleiben. In folge
davon kann der vorstellungskreis, den der einzelne
mit einem worte verbindet, entweder enger oder

weiter werden, als es durch den usus gerechtfertigt ist.

Aber wenn auch der einzelne alle sprachmittel auf das
vollkommenste beherrscht und von jeglicher unsicherheit über
den usus gänzlich befreit ist, so ist ihm doch noch veranlassung genug zur neuschöpfung gegeben. Denn er wird unaufhörlich neue vorstellungscombinationen schaffen,
für die ein usueller ausdruck überhaupt noch nicht
existiert, und die er sich doch mitzuteilen gedrungen
fühlt. Der normale weg, den er dabei einschlägt, ist der,
dass er sich des vorhandenen materiales bedient, indem er
eine verwandte vorstellung unterschiebt, für die der
usuelle ausdruck vorhanden ist, und zwar immer diejenige, die ihm gerade subjectiv am nächsten liegt. So entsteht der uneigentliche, bildliche ausdruck, der ebensowol durch das praktische bedürfniss wie durch den schöpferischen drang der phantasie veranlasst sein kann.

Das gleiche wie von der wortbedeutung gilt auch von der
function der ableitungs- und flexionssilben. Bei den
letzteren muss aber noch berücksichtigt werden, dass ihre
function immer im engsten zusammenhange mit der
satzfügung steht. Das gilt übrigens auch von mehreren
klassen der selbständigen wörter, von den präpositionen
und conjunctionen, vom artikel, von den frage- und relativ-
pronominibus und den bezüglichen adverbien, von den hülfs-
zeitwörtern. Auch diese sind durchaus relativer natur und
diese relativität beeinflusst die gruppenbildung. So steht z. b.
eine präposition in beziehung zu einem bestimmten casus, eine
conjunction in beziehung zu einem bestimmten modus, und die
folge davon ist, dass sich nicht bloss die verschiedenen gebrauchsweisen einerseits der präposition oder conjugation,
anderseits des casus oder modus zu gruppen zusammenschliessen, sondern auch die verschiedenen fälle, in denen der
casus mit der präposition, der modus mit der conjunction verbunden ist, und dass sich so ein gefühl für die verbindung
von präposition und casus, conjunction und modus und für die
function dieser verbindung herausbildet. Und dieses gefühl
für die relation ist gerade so wirksam wie das gefühl für die
function des einzelnen.

Sehr bedeutend ist die schöpferische tätigkeit des individuums auch auf dem gebiete der wortbildung und noch mehr auf dem der flexion. Bei den wenigsten nominal- und verbalformen, die wir aussprechen, findet eine rein gedächtnissmässige reproduction statt, manche haben wir nie vorher gesprochen oder gehört, andere so selten, dass wir sie ohne hülfe der gruppen, an die sie sich angeschlossen haben, niemals wieder in das bewustsein würden zurückrufen können. Das gewöhnliche ist jedenfalls, dass production und reproduction zusammenwirken, und zwar in sehr verschiedenem verhältniss zu einander.

Die productive tätigkeit dabei ist gewissermassen die auflösung einer proportionsgleichung: $a : b - \alpha : x$. Zu drei bekannten grössen wird die vierte unbekannte gefunden. Wenn ich z. b. den nom. pl. *die hütten* noch nicht kenne, so bin ich im stande einen solchen zu bilden, falls ich einerseits den nom. sg. *die hütte* kenne, anderseits von andern gleichartigen substantiven sowol den nom. sg. als den nom. pl., z. b. *die stunde, die stunden.* Um die unbekannte zu finden, reicht es an sich aus, dass man ein einziges solches verhältniss kennt. Um aber die form mit dem gefühle der sicherheit zu bilden und anzuwenden, muss eine reihe solcher verhältnisse in der seele liegen. Höchstens dann kann das einfache verhältniss $a : b$ genügen, wenn α und a in einer besonders engen beziehung zu einander stehen als synonyma oder gegensätze oder in formelhafter verbindung neben einander gebraucht.

Da die meisten der in der sprache üblichen formen sich in solche verhältnissgruppen unterbringen lassen, so ist es ganz natürlich, dass mit hülfe der proportionen häufig formen geschaffen werden müssen, die schon vorher in der sprache üblich waren. Wenn das aber immer der fall sein sollte, so müssten einerseits alle nach proportion bildbaren formen schon einmal gebildet sein, anderseits müsste eine so vollkommene harmonie des formensystems bestehen, wie sie nirgends anzutreffen ist, oder es dürften wenigstens, wo verschiedene bildungsweisen neben einander bestehen, verschiedene declinations- oder conjugationsklassen, verschiedene arten ein nomen agentis aus einem verbum zu bilden etc., niemals die ent-

sprechenden formen aus verschiedenen klassen eine analoge
gestalt haben; es müsste aus jeder einzelnen form zweifellos
hervorgehen, in welche der vorhandenen klassen das betreffende
wort gehört. Sobald eine form ihrer gestalt nach mehreren klassen angehören kann, so ist es auch möglich von ihr aus die andern zugehörigen formen nach
verschiedenen proportionen zu bilden. Welche von den
verschiedenen anwendbaren proportionen dann sich geltend
macht, hängt durchaus nur von dem machtverhältniss ab,
in welchem sie zu einander stehen.

Eine proportionsbildung oder, wie man gewöhnlich sagt,
analogiebildung findet gar keine hemmung in der seele, wenn
für die function, für welche sie geschaffen wird, bisher überhaupt noch kein ausdruck vorhanden gewesen ist. Aber auch
dann nicht, wenn zwar ein abweichender ausdruck bereits
üblich, aber dem betreffenden individuum niemals überliefert
ist, was bei etwas selteneren wörtern häufig genug der fall
ist. Ist aber die übliche form einmal gedächtnissmässig aufgenommen, so ist es eine machtfrage, ob in dem augenblicke, wo eine bestimmte function ausgeübt werden soll, zu
diesem zwecke eine form durch einfache reproduction ins bewustsein gehoben wird oder mit hülfe einer proportion. Es
kann dabei der fall eintreten, dass die proportion sich zunächst geltend macht, dass aber die früher geknüpfte verbindung mit dem erinnerungsbilde der üblichen form noch stark
genug ist, um hinterher den widerspruch der neubildung mit
diesem erinnerungsbilde bemerklich zu machen. Man besinnt
sich dann, dass man etwas falsches hat sagen wollen oder
schon gesagt hat. Es ist das also eine von den verschiedenen
arten, wie man sich versprechen kann. Wir werden auch
da noch ein versprechen anerkennen müssen, wo der sprechende
auch hinterher den widerspruch mit dem erinnerungsbilde nicht
von selbst gewahr wird, aber denselben sofort erkennt, wenn
er durch eine leise hindeutung darauf aufmerksam gemacht
wird. Die macht des erinnerungsbildes kann aber auch so
gering sein, dass es gar nicht gegen die proportionsbildung
aufzukommen vermag und diese ungestört zur geltung gelangt.

Durch die wirksamkeit der gruppen ist also
jedem einzelnen die möglichkeit und die veran-

lassung über das bereits in der sprache übliche
hinauszugehen in reichlichem masse gegeben. Man
muss nun beachten, dass alles, was auf diese weise geschaffen wird, eine bleibende wirkung hinterlässt.
Wenn diese auch nicht von anfang an stark und nachhaltig
genug ist, um eine unmittelbare reproduction zu ermöglichen,
so erleichtert sie doch eine künftige widerholung des nämlichen schöpfungsprocesses, und trägt dazu bei die etwa entgegenstehenden hemmungen noch mehr zurückzudrängen. Durch
solche widerholungen kann dann hinzugefügt werden, was dem
neugeschaffenen etwa noch an macht fehlte um unmittelbar
reproduciert zu werden.

Aber jede solche überschreitung des usus erscheint, auf
ein individuum beschränkt, wo sie zu dem üblichen ein
mehr hinzufügt, ohne sich mit demselben in widerspruch zu
setzen, als eine gewisse kühnheit, wo sie aber das letztere
tut, geradezu als fehler. Ein solcher fehler kann vereinzelt
bleiben, ohne zur gewohnheit zu werden, kann auch, wenn er
zur gewohnheit geworden ist, wider abgelegt werden, indem
man sich durch den verkehr das übliche aneignet, sei es zum
ersten mal, oder sei es von neuem. Wenn er aber auch nicht
wider abgelegt wird, so geht er in der regel mit dem individuum zu grunde, wird nicht leicht auf ein anderes übertragen.
Viel leichter überträgt sich eine schöpfung, die mit keiner
früher bestehenden in conflict kommt, hier kann viel eher ein
einzelner den anstoss geben. Dagegen mit der ersetzung des
bisher üblichen durch etwas neues verhält es sich gerade wie
mit dem lautwandel. Nur wenn sich innerhalb eines
engeren verkehrskreises an einer grösseren anzahl
von individuen spontan die gleiche neuschöpfung
vollzieht, kann sich eine veränderung des usus
herausbilden. Die möglichkeit eines solchen spontanen zusammentreffens vieler individuen beruht auf der überwiegenden
übereinstimmung in der organisation der auf die sprache bezüglichen vorstellungsgruppen. Je grösser die zahl derjenigen,
bei denen die neubildung auftritt, um so leichter wird die übertragung auf andere, je mehr gewinnt das, was anfangs als
fehler erschien, an autorität.

Bemerkenswert ist ein unterschied zwischen den

durch die wirksamkeit der gruppen hervorgerufenen
veränderungen und dem lautwandel. Bei diesem ver-
schwindet das alte zugleich mit dem auftreten des neuen.
Dies gilt wenigstens schlechthin für das individuum. Innerhalb einer gruppe von individuen können allerdings die einen
noch das alte bewahren, die andern schon zum neuen fortgeschritten sein, aber nur so lange die differenz zwischen beiden
noch so gering ist, dass sie nicht als etwas verschiedenes empfunden werden. Als deutlich ausgeprägter gegensatz können
altes und neues nur so neben einander bestehen, dass sie durch
verschiedene verkehrsgenossenschaften vertreten werden, zwischen denen der verkehr viel weniger intensiv ist als innerhalb jeder einzelnen. Dagegen wo eine neue bedeutung geschaffen wird, da ist damit die alte durchaus nicht vernichtet.
Wo eine neue form geschaffen wird für eine function, die schon
früher durch eine andere vertreten war, da ist allerdings die
letztere in der seele des einzelnen individuums meist untergegangen [1]) oder dem untergange nahe; indem sie aber von
andern individuen erhalten und weiter überliefert wird, können
beide neben einander gleiche autorität erlangen und von dem
gleichen individuum verwendet werden. Entstehen der einen
und vergehen der andern sind hier zwei ganz verschiedene
processe, die allerdings, wie weiter unten zu erörtern sein
wird, in mannigfacher wechselwirkung mit einander stehen.

---

[1]) Wenn wir den verlust der fähigkeit ins bewustsein zu treten
als untergang bezeichnen, was allerdings eine sehr ungenaue bezeich-
nungsweise ist.

Cap. V.

Zerstörung und verwirrung der gruppen durch laut- und bedeutungswandel.

Die bildung der im vorigen capitel besprochenen gruppen muss, wie wir gesehen haben, von jedem individuum einer sprachgenossenschaft besonders vollzogen werden. Sie sind also durchaus subjectiver natur. Da aber die elemente, aus denen sie sich zusammensetzen, innerhalb einer bestimmten verkehrsgemeinschaft im grossen und ganzen die nämlichen sind, so muss auch die gruppenbildung bei allen der verkehrsgemeinschaft angehörigen individuen vermöge der wesentlichen übereinstimmung ihrer psychischen organisation eine analoge sein. Wie wir daher überhaupt nach einem gewissen durchschnitt das in einer bestimmten periode allgemein übliche darstellen, so sind wir auch im stande für jede entwickelungsperiode einer sprache ein im wesentlichen allgemeingültiges system der gruppierung aufzustellen. Gerade nur dieses allgemeine im wesen der elemente, aus denen sich die gruppen zusammensetzen, begründete ist es, woran sich die wissenschaftliche betrachtung halten kann, während die individuellen besonderheiten von einzelnen, in der grossen masse verschwindenden ausnahmen abgesehen, sich der beobachtung entziehen.

Vergleichen wir nun unsere abstractionen über die gruppierung aus verschiedenen zeiten mit einander, so gewahren wir beträchtliche verschiedenheiten, und zwar nicht bloss insofern, als eine anzahl elemente verloren gegangen, andere neu entstanden sind; sondern auch da, wo sich die alten ele-

mente erhalten haben[1]), gruppieren sie sich doch
anders in folge einer veränderung, welche die lautform oder die bedeutung oder beides durchgemacht
hat. Was sich früher fest aneinander schloss, hängt
jetzt nur noch lose oder gar nicht mehr zusammen.
Was früher keinen zusammenhang hatte, hat sich
jetzt zusammengefunden. Die letztere bemerkung macht
man freilich lange nicht so häufig als die erstere, wenn man
von denjenigen fällen absieht, in denen nur scheinbar die
alten elemente vorliegen. Den ersteren vorgang können wir
passend als isolierung bezeichnen, da auch die lockerung
des verbandes wenigstens eine partielle isolierung ist.
Natürlich ist auch dieser ausdruck auf dem unvermeidlichen
operieren mit abstractionen basiert. Streng genommen
dürfte man nicht sagen, dass das früher zusammen-
geschlossene sich isoliert habe, sondern nur, dass
das in den seelen einer früheren generation zusam-
mengeschlossene sich nicht auch in den seelen einer
späteren generation zusammengeschlossen hat.

Die gruppenbildung beruht auf gleichheit oder
ähnlichkeit der lautform und der bedeutung. Diese
gleichheit oder ähnlichkeit beruht bei weitem in den meisten
fällen im letzten grunde auf etymologischem zusammenhange. Aber nicht der etymologische zusammenhang
an sich ist massgebend für den zusammenschluss,
sondern auf jeder sprachstufe immer nur, soweit er
sich zur zeit in totaler oder partieller gleichheit von
laut und bedeutung zu erkennen gibt; und umgekehrt
hat jede zufällig entstandene gleichheit ganz den
selben erfolg. Aus der verkennung dieser unläugbaren tatsache fliessen so viele fehler der älteren sprachwissenschaft.

Betrachten wir zunächst den einfluss des lautwandels
auf die gruppierungsverhältnisse. Es ist viel darüber gestritten

---

[1]) Ich meine erhalten natürlich in dem uneigentlichen sinne, wie
man gewöhnlich von erhaltung in der sprachgeschichte spricht. Wie
der vorgang seinem eigentlichen wesen nach aufzufassen ist, habe ich
genugsam dargelegt.

worden, ob die lautveränderungen, namentlich das, was man
als lautverfall zu bezeichnen pflegt, einen heilsamen oder
schädlichen einfluss auf die sprache ausüben. Im allgemeinen ist man, glaube ich, jetzt geneigt sich für die erstere
auffassung zu entscheiden. Man meint, dass durch den lautverfall ein überflüssiger luxus beseitigt und nur das wesentliche beibehalten werde. Indessen, sehen wir genauer zu, so
ergibt sich, dass die dem lautverfall zugeschriebenen
günstigen wirkungen meist erst einer auf den lautwandel gefolgten geistigen verarbeitung zu verdanken sind, dass dagegen der lautwandel an sich
für den zweck der sprache in einigen fällen gleichgültig ist, in den meisten aber geradezu schädlich
und zerstörend wirkt.

Die zweckmässigkeit der lautmittel einer sprache
besteht einerseits darin, dass möglichst für jede
function eine besondere lautform da ist, dass nicht
ein und dieselbe lautform ganz verschiedenen functionen dienen muss, anderseits darin, dass das gedächtniss möglichst durch eine angemessene gruppierung unterstützt werden kann. Letzteres ist der fall,
wenn das der bedeutung nach verwandte immer auch eine
entsprechende verwandtschaft der lautform zeigt, wenn möglichst wenige lautunterschiede bestehen, die nicht auch einem
unterschiede der functionen dienen. Falls aber einmal solche
bedeutungslose verschiedenheiten bestehen, z. b. verschiedene
declinations- und conjugationsklassen, so ist es den umständen
nach für die einprägung der formen am vorteilhaftesten, wenn
die verschiedenen gruppen möglichst reinlich gesondert gehalten werden, wenn es keine formen gibt, die sich eben so gut
in die eine wie in die andere einfügen lassen, wie z. b.
lat. *senatus* und *senatum* sich sowol in die zweite als in die
vierte declination einfügen würden.

Es ist in den allgemeinen ursachen des lautwandels begründet, dass in den seltensten fällen sich ein laut
überall da, wo er in der sprache erscheint, auf die
gleiche art verändert. Selbst ein so spontaner lautwandel,
wie die urgermanische lautverschiebung hat doch gewisse hemmende schranken gefunden, die sich einer gleichmässigen durch-

führung widersetzt haben, indem z. b. in den verbindungen *sk*, *st*, *sp* die verschiebung unterblieben ist. Noch viel mehr veranlassung zur differenzierung ursprünglich gleicher laute liegt da vor, wo die veränderung durch die umgebenden laute oder durch die accentuation bedingt ist. So entstehen fast bei jedem lautwandel zwecklose unterschiede zwischen den verschiedenen ableitungen aus der selben wurzel, zwischen den verschiedenen flexionsformen des selben wortes (vgl. z. b. gr. στίζω — στίξω — στικτός — στίγμα, nhd. *sitze — sass, heiss — heitze — hitze*; *schneide — schnitt*; *friere — frost* etc.); die gleichen ableitungs- und flexionssuffixe spalten sich in verschiedene formen (vgl. z. b. die verschiedenen gestaltungen des indogermanischen suffixes *-ti-* in lat. *hostis, messis, pars*, in got. *ansts — gabaurþs — qiss*; die verschiedene behandlung der nominativendung *-r* in altn. *sonr — steinn* [aus *steinr*] — *heill — iss* — *fugl* [aus *fuglr*] etc.); ja das gleiche wort nimmt je nach der stellung im satze verschiedene form an (vgl. die mehrfachen formen griechischer präpositionen wie ἐν — ἐμ, ἐγ, σύν — σύμ — σύγ). Daraus entspringt für die folgenden generationen eine unnütze belastung des gedächtnisses. Zugleich aber ist auch die unvermeidliche folge die, dass die einzelnen formen wegen des verringerten masses der lautlichen übereinstimmung sich jetzt weniger leicht und weniger fest zu gruppen zusammenschliessen.

Der entgegengesetzte vorgang, das zusammenrücken des ursprünglich nicht zusammengehörigen, ist natürlich deshalb seltener, weil er nicht die naturgemässe folge des lautwandels ist, sondern ein zufällig unter bestimmten chancen sich ergebendes resultat. Es kommt vor, dass wörter, die etymologisch gar nicht zusammenhangen, durch secundäre entwickelung lautlich zusammenfallen oder in ein entsprechendes lautliches verhältniss zu einander treten wie die ableitungen aus der gleichen wurzel. So z. b. im nhd. *acht* (diligentia) = ahd. *ahta* — acht (proscriptio) = ahd. *âhta* — acht (octo) = ahd. *ahto, enkel* (talus) = mhd. *enkel* — *enkel* (nepos) = mhd. *enenkel, garbe* (manipulus) = mhd. *garbe* — garbe (schaafgarbe) = mhd. *garwe, kiel* (carina) = mhd. *kiel* — *kiel* (caulis pennae) = mhd. *kil, leiter* (dux) = ahd. *leitari* — *leiter* (scala) = ahd.

hleitra, *mähre* (narratio) = mhd. *mære* — mähre (equa) =
mhd. *merhe*, *rost* (rubigo) = mhd. *rost* — rost (craticula) =
mhd. *rôst* (auch im nhd. zum teil lang gesprochen), *tor* (porta)
= mhd. *tor* — *tor* (stultus) = mhd. *tôre*, *los* (solutus) = mhd.
lôs, — *los* (sors) = mhd. *lôz*, *laden* (onus imponere) = ahd. *hla-
dan* — laden (invitare) = ahd. *ladôn*, *kosten* (gustare) = ahd.
kostôn — *kosten* aus lat. *constare*, *ohm* (amphora) = mhd. *âme*
— *ohm* (avunculus) = mhd. *ôhem* aus *ôheim*, *schnur* (linea) =
mhd. *snuor* — schnur (nurus) = mhd. *snur*, *wahr* (verus) =
mhd. *wâr* — *wahrnehmen* = mhd. *war nemen*, *wahn* (opinio)
= mhd. *wân* — *wahn-* in *wahnschaffen*, *wahnsinn*, *wahnwitz* =
mhd. *wan* in *wanschaffen*, *wanwitze*; gleichgültig ist auch die
verschiedene orthographie in *heer* = mhd. *her* — *hehr* = mhd.
hêr, *waise* = mhd. *weise* — *weise* = mhd. *wîse*, rain = mhd.
rein — *Rhein* = mhd. *Rîn*, *thon* = mhd. *tâhe(n)* — *ton* = mhd.
dôn, *mahlen* = mhd. *malen* — *malen* = mhd. *mâlen*, *lehren* =
mhd. *lêren* — *leeren* = mhd. *læren*, *mehr* = mhd. *mêr* — *meer*
= mhd. *mer*.

Es verlieren ferner etymologisch zusammenhangende wörter
gerade die verschiedenheiten, welche für die verschiedenheit
ihrer function von wichtigkeit sind, z. b. *verderben* perdere
und *verderben* perire, mhd. noch mit zwei verschiedenen *e*-
lauten. Am häufigsten fallen ursprünglich verschiedene endsilben zusammen, namentlich in denjenigen sprachen, die den
accent durchgängig von der letzten silbe zurückziehen, und
zwar sowol endsilben von verschiedener function als solche
von gleicher function, aber in verschiedenen bildungsklassen
gebraucht. Beispiele der ersteren art sind z. b. im ahd. nom.
und acc. sg. aller masculina: *gast* aus *gastiz und *gastim,
sunu aus *sunuz und *sunum*; abl. und instr. sg. der männlichen *a*-stämme: *tagu* aus *dagôd und *dagô; nom., acc., loc.
(dat.) sg. und nom. pl. der consonantischen stämme, alle mit
gänzlichem verlust der endung. Beispiele der zweiten art sind
im lat. zusammenfall des nom. und acc. sg. in der zweiten
und vierten declination: *hortus* — *senatus*, *hortum* — *senatum*;
zusammenfall des nom. sg. vieler *i*-stämme mit dem nom. sg.
der consonantischen stämme: *pars*, *sors* — *sapiens*. In sehr
ausgedehntem masse finden sich beide arten des zusammenfalls
im mittel- und neuhochdeutschen, im französischen und engli-

schen in folge der abschwächung oder des gänzlichen ausfalls
der endungsvocale und zum teil auch der consonanten. Im
nhd. gibt es zur unterscheidung aller casus und numeri in den
verschiedenen flexionsklassen nur die änderungen 0, -*e*; -(*e*)*s*,
-*en*, -*er* und vereinzelt -*ens*, in den verschiedenen tempora
und modi des starken und schwachen verbums 0, -*e*, -*en*,
-(*e*)*t*, -(*e*)*st*. Es kann demnach nicht anders sein, als dass
massenhaft verschiedene casus eines nomens, verschiedene personen und modi eines verbums, ja etymologisch verwandte
nominal - und verbalformen zusammengefallen sind. Noch
weiter ist die zerstörung im englischen gegangen.

Ganz ähnliche wirkungen wie der lautwandel hat auch
der bedeutungswandel auf die gruppierungsverhältnisse.
Zwischen diesen beiden arten der umgestaltung besteht allerdings von allem andern abgesehen, schon was den vorgang
der veränderung an sich betrifft, ein wesentlicher unterschied,
wie schon oben s. 76 hervorgehoben ist. Beim lautwandel ist
das erscheinen des neuen zustandes immer zugleich das verschwinden des alten. Nicht so beim bedeutungswandel. Diese
bezeichnung ist überhaupt noch viel ungenauer als es schon
die bezeichnung 'lautwandel' ist. Treffender wäre es jedenfalls von erweiterung und verengung der bedeutung'
zu sprechen. Dadurch, dass zuerst die eine, dann die andere
eintritt, entsteht das, was wir bedeutungswandel nennen. Nur
unkenntniss der mittelstufen erweckt den schein, als habe
sich eine jüngere bedeutung an die stelle der älteren gesetzt.
In dem augenblicke, wo eine neue bedeutung geschaffen wird, muss sie auf das engste an die alte
angeknüpft sein; denn nur eben durch diese anknüpfung
ist die schöpfung möglich, wie wir im vorigen capitel gesehen haben. Ebenso muss derjenige, der zum ersten male
ein wort in einer neuen verwendung hört, sobald er überhaupt
schon die gewöhnlichen sprachmittel beherrscht, das neue an
das bekannte anknüpfen; denn dieses drängt sich dabei zunächst in das bewustsein und ist auch in der regel zur vermittelung des verständnisses erforderlich. Wird aber das
wort widerholt in der neuen bedeutung gebraucht,

so ist die unausbleibliche folge, dass beides sich so
eng mit einander verbindet, dass das eine das andere
auch ohne vermittlung der älteren bedeutung zu reproducieren vermag. So bald dies möglich ist, wird denn
auch häufig genug der fall eintreten, dass die abgeleitete
bedeutung reproduciert wird, ohne dass noch an die
grundbedeutung gedacht wird. Denn wenn auch im allgemeinen diese eine grössere macht besitzt als jene, so hängt
es doch im einzelnen falle von dem gedankenzusammenhange
ab, in dem man sich gerade bewegt, welche unter den verschiedenen mit einer lautgruppe verknüpften vorstellungen
zuerst ins bewustsein tritt, und es fehlt dann gewöhnlich an
zeit, um auch die übrigen ins bewustsein zu heben, weil gleich
vorstellungen ganz anderer art nachdrängen. Dazu kommt
dann, dass in den späteren generationen, welche die ältere bedeutung eben so gut wie die jüngere erst neu erlernen müssen,
der einzelne häufig die abgeleitete bedeutung früher erlernt
als die grundbedeutung, wodurch natürlich die erstere an un-
abhängigkeit bedeutend gewinnen muss. Weitere fortschritte
macht dann die isolierung, wenn die bedeutungsentwickelung
ihre richtung nach mehreren verschiedenen seiten hin nimmt,
und wenn aus den abgeleiteten bedeutungen wider neue geschaffen werden und dieser vorgang sich mehrfach widerholt.
Und noch weitere, wenn aus diesen sich an die grundbedeutung anreihenden ketten einige glieder verloren gehen, und
zumal wenn das ihnen gemeinsame glied, die grundbedeutung
selbst vernichtet wird. Dann können solche lücken in der verbindung eintreten, dass man ohne historisches studium gar
nicht mehr ausmachen kann, wie die einzelnen bedeutungen
mit einander zu vermitteln sind. Man vgl. z. b. mhd. *beizen*
= beizen — mit dem falken jagen — *erbeizen* vom pferde
steigen, *weide* = weide — jagd — fischerei; mhd. *bock* in der
gewöhnlichen bedeutung und *bock* fehler, *futter* pabulum —
überzug oder unterzug, *mal* fleck — zeichen — zeitpunkt,
messe kirchlicher akt — jahrmarkt, *ort*, locus — schuhmacher-
werkzeug, *rappe* schwarzes ros — münze, *stein* lapis —
bestimmtes gewicht, *geschick* fatum — sollertia, *geschickt*
missus — sollers, *steuern* ein schiff lenken — abgaben zahlen
— einhalt tun, *als* vergleichungspartikel — zeitpartikel; lat.
examen schwarm — prüfung.

Ich kann es daher nicht billigen, wenn Steinthal, Zschr. f. völkerpsych. I, 426 die ansicht verficht, dass es überhaupt keine wörter mit verschiedenen bedeutungen gäbe. Er hat dabei zu ausschliesslich den zustand im auge, wie er bei der ursprünglichen anknüpfung einer neuen vorstellung besteht. Wo es sich aber um die durch überlieferung festgesetzten verschiedenen verwendungen eines wortes handelt, da werden wir den wirklichen tatbestand viel besser kennzeichnen, wenn wir in übereinstimmung mit der populären anschauung sagen, dass das wort verschiedene mehr oder weniger oder gar nicht verwandte bedeutungen habe. Für das sprachgefühl ist es an sich ganz gleichgültig, ob die verschiedenen bedeutungen, die eine lautgruppe in sich vereinigt, aus der selben quelle entsprungen sind, oder ob sie nur zufällig zusammengeraten sind wie in den oben besprochenen fällen des secundären lautlichen zusammenfalls. Wir können das recht deutlich sehen an dem verfahren der sprachmeister, welche unsere neuhochdeutsche orthographie geregelt haben. Sie haben bei ihrem streben die schreibung nach der bedeutung zu differenzieren, auf etymologischen zusammenhang gar keine rücksicht genomen. So gut wie sie *thon* und *ton, mahlen* und *malen* etc. unterschieden haben, so haben sie auch *das* und *dasz, blos* und *blosz, mann* und *man, wider* und *wieder, stadt* und *statt, eltern* und *älter, derselbe* und *der selbe* unterschieden, und haben sich nicht gescheut durch die schreibung *wägen* das simplex von dem compositum *bewegen* zu. trennen.

Das selbe wie von der wortbedeutung gilt auch von der function aller ableitungs- und flexionssuffixe und von allem syntakischen. Man begegnet noch gar zu häufig dem bestreben für die verschiedenen casus des nomens, die verschiedenen modi des verbums eine bestimmte bedeutung ausfindig zu machen, aus der man im stande sein soll alle einzelnen verwendungen unmittelbar abzuleiten. Bei solchem verfahren wird den tatsachen gewalt angetan und ein verständniss für die geschichtliche entwickelung von vornherein abgeschnitten. Es kommt vielmehr darauf an für die verschiedenen perioden genau zu bestimmen, wie sich die einzelnen redewendungen für das sprachgefühl gruppieren, und man muss sich sehr hüten etwas hinzuzufügen, wovon das sprachgefühl nichts weiss. Beobachtet man dann die veränderungen, die

allmählig in dieser gruppierung vor sich gehen, so findet man auch
hier, dass in folge von erweiterung und verengung der function
eines casus, eines modus, einer conjunction, eines satzgefüges
die früheren zusammenhänge vielfach auseinander reissen.
Was haben z. b. die verschiedenen gebrauchsweisen des gen.
im nhd. als possessivus, als partitivus, als zeitbestimmend, als
abhängig von verschiedenen adjectiven, verben und präpositionen für das sprachgefühl mit einander gemein? Bedarf es
nicht genauer historischer untersuchungen um zu ermitteln, ob
und wie sie unter einander zusammenhangen? Ja wir finden
sogar, dass der genitiv in einer menge von einzelnen fällen
verwendet wird, die sich entweder in gar keine gruppen ein-
ordnen oder nur in kleinere gruppen nach anderweitigen ähn-
lichkeiten, nicht nach einer genitivischen function an sich. Wir
werden hier auf einen unterschied geführt, der sprachgeschicht-
lich von der allerhöchsten bedeutung ist. Wir müssen
unterscheiden zwischen solchen functionen eines
casus, modus, tempus etc., die im sprachgefühle
wirklich lebendig sind, die also der betreffenden
flexionsform eines jeden beliebigen wortes beigelegt werden können, ohne dass sie früher einmal mit
derselben verbunden gewesen zu sein brauchen, und
solchen functionen, für die das in früheren perioden
einmal lebendig gewesene gefühl abgestorben ist, die
nur noch bei formen aus ganz bestimmten wörtern
rein gedächtnismässig beibehalten sind und keiner
andern form beigelegt werden können. Das lebendige, schaffende in der sprache sind ja eben die
gruppen, das characteristicum alles toten, formel-
haften ist die isoliertheit.

Zur weiteren erläuterung können wir bei dem gebrauch
des gen. im nhd. stehen bleiben. Unbeschränkt frei ist gegenwärtig der gebrauch des gen. nur noch in drei fällen: als
possessivus, als partitivus und, wenn ausgedrückt werden soll,
dass das regierende nomen das, was es ist, in beziehung auf
den abhängigen gen. ist, z. b. *der bruder des mannes, der dich-
ter des werkes, der gott des weines, das nähen der kleider, die
tat des helden, die befreiung des gefangenen.* Dagegen andere
gebrauchsweisen, die früher eben so lebendig waren, unter-

liegen gewissen beschränkungen. Zur zeitbestimmung kann
nur der gen. sing. männlicher und neutraler substantiva verwendet werden. Wir können sagen *des morgens, eines morgens,
abends, tages, jahres* etc., aber nicht *der stunde, einer stunde*
etc., allerdings *derzeit, jederzeit, dieser tage, nächster tage,* aber
das sind eben ganz isolierte formeln. Die betreffenden genitive können auch kein beliebiges adj. zu sich nehmen, sondern
es gibt nur stehende formeln wie *eines schönen morgens, tages.*
Die function der zeitbestimmung haftet demnach nicht mehr
an dem gen., sondern an einem suffix *(e)s*, dessen ursprüngliche identität mit dem genitivsuffix kaum noch empfunden
wird. Man bemerkt das noch deutlicher, wenn man die adverbial gewordenen formen ohne artikel *abends, morgens, tags*
ansieht und namentlich die altertümliche form *(des) nachts,*
die von der eigentlichen genitivform auch lautlich getrennt ist.
Eine einigermassen ähnliche beobachtung können wir auch
über den gen. im uneigentlichen compositum machen. In wörtern wie *ratsherr, landsmann, eigentumsrecht* fühlt man das *s*
nicht mehr als genitivendung, sondern gewissermassen als ein
zeichen für die composition, und nur daraus ist es erklärlich,
dass sich das *s* nach analogie solcher fälle auch bei einigen
klassen weiblicher substantiva eindrängen konnte: *regierungsrat, directionsmitglied.* Noch mehr isoliert als die zeitbestim-
mungen sind einige genitive, die ein räumliches verhältniss bezeichnen: *des weges, gerades weges, rechter hand, linker hand,
allerorten, allerwegen.* Zahlreicher, aber eben so isoliert sind
die, welche ein modales verhältniss ausdrücken. Es sind dabei verschiedene verwendungen zu unterscheiden. Eine gruppe
verwandter genitive wird prädicativ gebraucht. Man sagt: *ich
bin der ansicht, meinung, hoffnung, zuversicht, des sinnes, des
glaubens,* nur ohne artikel *willens,* auch *anderer ansicht, guter
hoffnung,* auch etwa *er ging fort, der meinung, dass* etc. Etwas
anderer art sind *guten mutes, guter dinge.* Schon altertümlich
erscheinen *reinen sinnes, göttlicher natur* u. dgl. Unmittelbar
wie ein adj. zum subst. gesetzt und gar nicht mehr als genitive empfunden erscheinen, *allerhand, mancherhand, einerhand,
keinerhand, allerlei, aller art* etc. Ausserdem sagt man *es ist
einerlei.* Wider andere formeln werden adverbial zum verbum
gesetzt, wie *meines bedünkens, meines erachtens, alles ernstes,*

stehenden fusses, eilenden schrittes, kurzer hand, leichten kaufes, unverrichteter sache, vorsichtiger weise, törichter w., vernünftiger w. etc., *vorkommenden falls, besten f., keinesf.* etc., *keineswegs, einigermassen, gewisserm.* etc., *dergestalt, solchergest.* Einige von diesen formeln werden, wie schon die jetzt übliche schreibung zeigt, geradezu als adverbia angesehen. Das selbe gilt von *flugs, spornstreichs, augenblicks, teils, grössten teils* etc. und den aus adjectiven abgeleiteten *anders, rechts, links, stets, stracks, bereits, besonders, blindlings* etc. Dass das *s* in diesen wörtern nicht mehr als genitivzeichen empfunden wird, sondern vielmehr als adverbienbildendes suffix, zeigt sich daran, dass es nach analogie der wirklichen alten männlichen oder neutralen genitive sing. an andere formen antritt, auch an solche, die schon alte genitive sind, vgl. z. b. *nirgends, bestens, nächstens* etc., *einerseits, anderseits, beiderseits, abseits, diesseits, jenseits, allerdings* (älter *aller ding[e]*), *neuerdings, schlechterdings, vollends, überecks, hinterrücks.*

Bedeutend unterstützt wird die isolierung der functionen von flexionsformen durch die oben s. 73 besprochene eigentümlichkeit, dass diese functionen sich immer in beziehung zu einem bestimmten satzgefüge entwickeln. Und wenn wir oben gewisse pronomina, partikeln, hülfszeitwörter in dieser hinsicht den flexionsendungen gleich setzen musten, so gilt das natürlich auch von dieser gefahr der isolierung. Wenn neuere syntaktiker die alte anschauung nicht mehr gelten lassen wollen, dass ein casus von einer präposition, einem nomen oder verbum, ein modus von einer conjunction abhängig sei, regiert werde, so haben sie mit ihrem protest nur teilweise recht. Ursprünglich allerdings hat jeder casus, jeder modus seine eigentümliche bedeutung und wird dieser bedeutung gemäss angewendet. Aber mit der zeit kann das gefühl für die bedeutung hinter dem gefühl für die gewohnheitsmässige verbindung ganz zurücktreten, was dann auch auf die bedeutung des regierenden wortes bestimmend einwirkt.

Was z. b. die präpositionen betrifft, so ist das gefühl für die bedeutung der daneben stehenden casus im griech. noch ziemlich lebendig, wo viele präpositionen mit drei casus verbunden werden können. Im lat. und im deutschen ist es viel mehr abgestumpft. Es gibt hier nur noch eine anzahl von

präpositionen, die mit zwei casus verbunden werden können,
bei denen also die richtung wohin und der ort der ruhe noch
nicht in der präposition an sich, sondern im casus ausgedrückt
sind. Dagegen hat sich der ausdruck der richtung woher bestimmten präpositionen an und für sich angeheftet. Und
ausserdem gibt es auch präpositionen, die nur die richtung
wohin oder nur die ruhe oder beides mit einem einzigen casus
ausdrücken können. Ein beispiel dafür, dass die verbindung
einer conjunction mit einem modus so zur gewohnheit wird,
dass sie sich auf fälle überträgt, in denen der modus seiner
eigentümlichen bedeutung nach nicht am platze ist, ist lat. *ut*
mit dem conjunctiv in folgesätzen.

Es kann für den sprachforscher nicht zweifelhaft sein,
dass der jetzt schon ziemlich ausser gebrauch gekommene
gen. bei *geniessen* ursprünglich ein partitivus ist, aber das
sprachgefühl weiss schon lange nichts mehr davon, und die
setzung des gen. ist durch nichts anderes bedingt als durch
die gedächtnissmässig fortgepflanzte zusammengehörigkeit mit
geniessen. Und eben weil der gen. durch keine innern gründe
mehr gerechtfertigt erscheint, oder, psychologischer ausgedrückt,
weil er der stütze einer grösseren gruppe entbehrt, hat er vor
dem allgemeinen objectscasus, dem acc. zurückweichen müssen.
Aehnlich verhält es sich mit *vergessen.*

Die isolierende wirkung des satzzusammenhanges erstreckt
sich übrigens nicht bloss auf flexionsendungen und fremdwörter. Es gibt ja in jeder sprache eine beträchtliche anzahl
von wortgruppen, teils ganzen sätzen, teils satzgliedern, die als gruppen vollständig auswendig gelernt,
also formelhaft, conventionell werden. Sobald aber
eine solche gruppe von dem sprechenden nicht mehr aus ihren
elementen zusammengesetzt, von dem hörenden nicht mehr in
ihre elemente zerlegt zu werden braucht, so kommen die elemente auch nicht mehr für sich zum bewustsein; es werden
daher auch die vorstellungsgruppen, welche sich als bedeutung
um jedes einzelne element gelagert haben, entweder gar nicht
oder zu schwach erregt. Das wort in seiner sonstigen
verwendung und das wort als element der gruppe
verlieren den zusammenhang unter einander. Das
einzelne wort und die gruppe als solche gehen fortan ihre

eigenen wege in der bedeutungsentwickelung. Als beispiel
können verschiedene redensarten mit *hand* dienen: *auf der
hand (flacher, platter h.) liegen, an die hand geben, gehen,
an der hand haben, an der hand des buches* etc., *bei der hand
sein, haben, zur hand sein, haben, nehmen, unter der hand,
unter händen haben, von der hand weisen, vor der hand.* In
diesen fällen ist es freilich noch immer leicht sich auf die
entstehung der redensart zu besinnen, aber man wendet sie an
ohne darüber nachzudenken. Es gibt andere verbindungen, in
denen die zurückführung auf die selbständige bedeutung der
einzelnen wörter nur durch die historische forschung möglich
ist, z. b. *das bad austragen, einem ein bad zurichten, einem das
bad gesegnen, einen bären anbinden, einem einen bart machen,
einen bock schiessen, einen ins bockshorn jagen, er hat bohnen
gegessen, einen fleischergang tun, weder hand noch fuss haben,
auf dem holzwege sein, einem einen korb geben, maulaffen feil
halten, einem etwas auf die nase binden, einem den pelz waschen,
einem ein x für ein u machen* etc.

Eben so wenig wie die einzelnen elemente kommt in diesen stehenden formeln die v e r b i n d u n g s w e i s e zum bewustsein. Die gruppe der ähnlichen verbindungen wird nicht mehr
erregt. Ihr gegenüber behauptet die formel ihre selbständigkeit. Die folge davon ist, dass sie an den weiteren schick-
salen der gruppe nicht teil nimmt. So kommt es, dass uns
so häufig in diesen formeln v e r s t e i n e r t e r e s t e a l t e r constructionsweisen vorliegen, die in früheren jahrhunderten
einmal volles leben hatten. Von beispielen, die sich massenhaft häufen liessen, führe ich nur einige wenige an. Es ist
im nhd. nicht mehr möglich präpositionen mit einem beliebigen
subst. im sing. zu verbinden ohne beifügung des artikels. Man
kann z. b. nicht sagen *an hause, vor tür, zu see* etc., sondern
nur *am hause, vor der tür, zur see.* In gewissen beschränk-
teren umkreisen aber ist es noch möglich verbindungen ohne
artikel frei zu schaffen, z. b. *vor liebe, besorgniss, kummer* etc.
(zur bezeichnung des hindernisses); *auf ehre, gewinn, weisheit,
geldgerichtet* (so kann *auf* mit jedem abstractum oder collectivum verbunden werden, um das ziel des strebens zu bezeichnen); *zu gelde, weine, wasser werden, machen,* und so bei
jedem collectivum, aber *die arbeit wird ihm zur erholung, zum*

genuss, der knabe wird zum mann, das mädchen zur frau.
Andere verbindungen dagegen gehören gar keiner schöpferischen gruppe mehr an, und es lässt sich nichts ihnen noch so
vollkommen analoges mehr neu schaffen. Am zahlreichsten
sind wol die formeln mit zu: *zu hause*[1]) (aber nicht *zu dorfe,
zu stadt), zu wasser, zu lande* (das letztere im gegensatz zum
ersteren, aber nicht mehr wie mhd. *ze lande* analog dem *zu
hause*), *zu schiffe, wagen, fusse, pferde, zu anfang, ende, zu
tische, bette, markte, zu leide, liebe, gute, zurück, zurecht, zunichte*; anderes ist jetzt auf die verbindung mit bestimmten
verben beschränkt, während im älteren nhd. vielfach noch eine
freiere gebrauchsweise herrscht: *zu grunde gehen, zu rande sein
mit etwas, zu berge stehen, zu kopfe steigen, mir ist zu mute,
zu sinne, einem zu gemüte führen, zu schaden kommen* (aber
*zum schaden gereichen), zu tode kommen, quälen, zu statten kom-
men, zu wege bringen, zu gesichte kommen, einem etwas zu
danke machen, einem zu willen sein, zu rate gehen, halten, zu
abend, zu nacht, zu mittag speisen, zu tage bringen, fördern,*
aber nicht *zu tage* = am tage oder an diesem tage, wol aber
heutzutage. Bemerkenswert sind auch die parallelverbindungen
zu nutz und frommen, aber *zum frommen, zum nutzen,* abgesehen von der wendung *sich etwas zu nutze machen; zu spiel
und tanz,* aber *zum spiel, zum tanz;* *in freud und leid,* aber
in der freude, im leide; in krieg und frieden, aber *im kriege,
im frieden (in frieden* hat abweichende bedeutung); *in (durch)
feld und wald),* aber *im felde, im walde, durch das feld, durch
den wald; in dorf und stadt,* aber *im dorfe, in der stadt* etc.

Ein anderes hierher gehöriges beispiel ist folgendes. Im
mhd. kann das adj. in attributiver stellung namentlich nach
dem unbestimmten artikel im nom. sg. aller geschlechter und
im acc. sg. neutr. noch in der sogenannten unflectierten form
gebraucht werden, also *ein guot (schœne) man, frouwe, kint.*
Dagegen im nhd. kann nur die flectierte form gebraucht werden: *ein guter mann, eine gute frau, ein gutes kind.* Zahlreiche
spuren aber hat die ältere constructionsweise hinterlassen in

---

[1]) Man beachte, dass in mehreren dieser formeln *zu* noch zur bezeichnung der ruhe an einem orte gebraucht wird, was nur in ganz bestimmten verbindungen möglich ist.

den uneigentlichen compositis, die durch zusammenwachsen eines adj. mit einem subst. entstanden sind wie *altmeister, jungfrau, edelmann, bösewicht, kurzweil, Neumann, Schönbrunn* etc. (vgl. anderseits die in jüngerer zeit entstandenen *langeweile, jungemagd, Gutersohn, Liebeskind*). Und ferner erscheint die unflectierte form noch in einigen stehenden verbindungen: *gut wetter, schlecht w., ander w., ein gut stück, ein gut teil, ein ander mal, manch mal, ein ander bild* (noch im achtzehnten jahrh. ist *ander* auch sonst häufig), *gut ding will weile haben.* Altertümlich sind *jung Roland, schön Suschen, lieb mütterchen* und dergl.

Wie nun endlich das gefühl für den etymologischen zusammenhang durch den bedeutungswandel geschwächt oder ganz vernichtet werden muss, ist leicht zu ersehen. Eine trennung wird so lange vermieden, als die bedeutungsentwickelung der einzelnen etymologisch zusammenhangenden formen sich in parallelen linien bewegt. Dies wird um so mehr der fall sein, je mehr sie immer von neuem auf einander bezogen werden. Am lebendigsten aber ist die beziehung, wenn sie nicht bloss jede für sich gedächtnissmässig überliefert, sondern auch fortwährend die eine zur andern nach sonstigen analogieen hinzugeschaffen werden. Da, wie wir gesehen haben, bei jeder neuschöpfung einer form eine stoffliche und eine formale gruppe zusammenwirken, so bedingen sich beide gegenseitig in bezug auf ihre schöpferische kraft. Eine formale isolierung ist fast immer zugleich eine stoffliche. Wenn *rechts* nicht mehr als gen. empfunden wird, so steht es auch nicht mehr in so innigem zusammenhange mit dem nom. *recht. Kunst* steht in keinem so engen zusammenhange mit *können* als *führung* mit *führen*; denn *-ung* ist ein noch lebendiges suffix, mit hülfe dessen wir jederzeit im stande sind neue substantiva aus verben zu bilden, nicht so *-st.* Ja wir dürfen weiter behaupten, dass *regierung* im sinne von 'regierendes collegium', *mischung* = gemischtes, *kleidung* = mittel zum kleiden u. dgl. nicht in so engem zusammenhange mit den betreffenden verben stehen als *regierung* = das regieren etc. Denn nur die bezeichnung einer tätigkeit ist die vollständig lebendige function des suffixes *-ung*, in welcher sich jedem transitiven verbum ein subst.

zur seite stellen lässt. Und wie die formàle, so wird
auch die stoffliche isolierung häufig durch syntaktische isolierung veranlasst. In der tormel *aufs geratewol* wird *gerate* ebensowenig als eine form des verbums *geraten* wie als ein imp. empfunden.

Die auf die flexion bezüglichen gruppen haben natürlich
einen festeren zusammenhang als die auf die wortbildung
bezüglichen. Einerseits ist das mass des gemeinsamen
elementes ein grösseres, anderseits ist das gefühl für die
bildungsweise am lebendigsten. Charakteristisch ist in
dieser hinsicht das verhalten der nominalformen des verbums.
Sobald sie als wirkliche nomina gebraucht werden, der inf. mit
dem artikel versehen, das part. zur bezeichnung einer bleibenden eigenschaft verwendet wird, ist der zusammenhang mit
den übrigen verbalformen gelockert, und damit die möglichkeit zu einer abweichenden weiterentwickelung der bedeutung
geschaffen.

Eine bedeutungserweiterung des grundwortes oder des
dem sprachgefühl als solches erscheinenden wortes teilt sich
leichter der ableitung mit, als umgekehrt eine bedeutungserweiterung der ableitung dem grundwort. Weil man sich
nämlich bei der ableitung leichter an das grundwort erinnert
als umgekehrt (vgl. oben s. 67), so knüpft man auch die ableitung leichter an alle bedeutungen des grundwortes an, als
das grundwort an alle bedeutungen der ableitung. Deshalb
geht der anstoss zur isolierung gewöhnlich von einer bedeutungsveränderung der ableitung aus. Wie das grundwort zur
ableitung verhält sich das simplex zum compositum.

Die ursache zu ungleichmässiger bedeutungsentwickelung etymologisch verwandter wörter liegt, soweit
sie nicht erst die folge anderweitiger isolierung ist, in der
von anfang an bestehenden verschiedenheit der function. Ein nomen kann sich nach richtungen hin entwickeln,
nach denen ihm das verbum nicht nachfolgen kann. In wirklicher correspondenz mit dem verbum stehen nur die eigentlichen nomina agentis und nomina actionis. Sobald das nomen
agentis zur bezeichnung einer bleibenden eigenschaft oder des
trägers einer bleibenden eigenschaft, das nomen actionis zur
bezeichnung eines bleibenden zustandes oder eines products,

eines werkzeugs geworden ist, so kann sich dann ein weiterer
bedeutungsinhalt anheften, wie er sich zu einem verbum nicht
fügt. So ist nhd. *ritter* nomen agentis zu *reiten*, wird dann
zur bezeichnung eines mannes, der das reiten gewohnheits-
mässig, berufsmässig treibt. Dabei bleibt es zunächst noch
mit dem verbum innig verbunden. Indem dann aber das
wort vorzugsweise von berittenen kriegern gebraucht wird und
aus diesen berittenen kriegern sich ein privilegierter stand entwickelt, ein orden, in den man feierlich aufgenommen wird,
ist es bei einer bedeutung angelangt, der überhaupt keine verbale bedeutung entsprechen kann. Und so hat es denn noch
weiter einen sinn bekommen, der mit dem ursprünglichen gar
nichts mehr zu schaffen hat. Auch für das adv. sind manche
bedeutungsentwickelungen möglich, die dem adj. unmöglich
sind. Man denke z. b. an die allgemein verstärkenden oder
beschränkenden adverbien, wie nhd. *sehr* = mhd. *sêre* von
einem adj. *sêr* verwundet, ahd. *harto* und *drato* valde von den
adjectiven *herti* hart und *drâti* schnell, nhd. in der umgangssprache *schrecklich, furchtbar, entsetzlich, fast* zu *fest,* auch an
solche wie *schon* zu *schön.*

Umgekehrt kann der bedeutungswandel gerade
wie der lautwandel das ursprünglich sich fern stehende aneinander rücken. Steinthal an der citierten stelle
Zschr. I, s. 426 läugnet, dass es überhaupt synonyma gibt.
Es sei nur unsere subjective auffassung, dass wir die bedeutungen mehrerer wörter unter einem begriffe zusammenfassen.
Ich kann auch diesem urteil nicht zustimmen. Zwar kommt
es nicht leicht vor, dass sich mehrere wörter dem umfange
ihrer bedeutung nach ganz genau decken. Wol aber kommt
es häufig genug vor, dass sie eine bestimmte verwendung mit
einander gemein haben, und zwar so, dass der anfänglich bestehende unterschied, die verschiedenheit des apperceptions-
mittels durch die gedächtnissmässige überlieferung ganz verwischt ist. Man vgl. *acker — feld, argwohn — verdacht, auf-
ruhr — aufstand — empörung, allerlei — allerhand, aufgebracht —
empört — entrüstet, bedeutend — beträchtlich — erheblich — an-
sehnlich — stattlich, antworten — entgegnen — erwidern, anwenden — gebrauchen — sich bedienen, immer — stets — jederzeit,
überall — allenthalben — allerwärts, beinahe — fast, darum —*

deshalb — deswegen. Und so liessen sich noch eine menge derartiger wörter anführen, deren bedeutungsentwickelung von verschiedenen ausgangspunkten aus dem gleichen ziele zugeführt ist.

Das selbe gilt von ableitungssuffixen, mit denen natürlich compositionsglieder, die ihre selbständigkeit verloren haben, auf eine linie zu stellen sind. So gibt es z. b. keinen durchgreifenden unterschied mehr zwischen *-heit, -tum, -schaft,* und wenn die einzelnen damit gebildeten wörter bedeutungsverschiedenheiten zeigen, so beruhen dieselben erst auf secundärer entwickelung und nicht auf der verschiedenheit der suffixe an sich. Nicht viel anders verhält es sich mit den adjectivsuffixen *-ig, -isch, -lich, -sam, -haft, -bar.* Zwar kann man dieselben nicht alle geradezu als gleichwertig ansetzen, aber es trifft immer das eine mit dem andern in gewissen verwendungen auf das vollkommenste zusammen, vgl. *unversöhnlich = unversöhnbar, wonnig = wonnesam, untadelig = untadelhaft, windig = stürmisch, freudig = kläglich, königlich = städtisch.* Im mhd. ist z. b. zwischen *êrbære — êrlîch — êrsam — êrhaft* nnd zwischen *lobebære — lobelich — lobesan — lobehaft* kein unterschied der bedeutung. Wir finden schon in der indogermanischen ursprache verschiedene gruppen von ableitungssuffixen mit gleicher function, gewiss erst das resultat einer längeren entwickelung. Wir finden dort auch mehrfach verschiedene suffixe, die nicht lautlich gleichen ursprungs sein können, für den selben casus, die selbe person. Wir sehen, wie in den einzelnen indogermanischen sprachen die verschiedenen casus mit ihrer bedeutung in einander übergreifen, ähnlich auch die tempora und modi. Ein charakteristischer fall im nhd. ist z. b., dass in der abhängigen rede der conj. praes. und der conj. praet. unterschiedslos neben einander gebraucht werden. So nehmen auch ganz verschiedene satzfügungen allmählig gleiche function an, z. b. nhd. *wenn ich komme = komme ich* (ursprünglich abhängiger fragesatz).

Der zusammenfall in der bedeutung unterscheidet sich dadurch von dem lautlichen zusammenfall, dass er nicht immer geradezu nachteilig ist. Man kann es sogar als einen vorteil betrachten, dass dadurch variation des ausdruckes ermöglicht wird.

Lautwandel und bedeutungswandel zeigen nicht nur einen merkwürdigen parallelismus hinsichtlich ihrer wirkung auf die gruppierungsverhältnisse, sondern ihre beiderseitigen wirkungen stehen auch in wechselbeziehung zu einander. Wenn durch den lautwandel der zusammenhang einer etymologischen gruppe gelockert wird, so ist die notwendige folge davon, dass sich auch ein bedeutungswandel schwerer von einem gliede der gruppe auf ein anderes überträgt.

Das absterben der lebendigen bildungsweisen nimmt meist seinen ausgang von einer lautlichen isolierung, die häufig sowol stofflich als formal ist, die bedeutungsisolierung kommt erst hinterher. Wir können z. b. im germanischen eine periode voraussetzen, in welcher vielleicht aus jedem intransitiven starken verbum ein schwaches causativum gebildet werden konnte. Das selbe unterschied sich schon von der indogermanischen zeit her im wurzelvocal vom praes. des grundwortes, indem es aber mit dem sg. ind. praet. übereinstimmte (*brinna — brann — brannjan* etc.), war doch eine nahe lautliche beziehung gewahrt. Aber ein riss trat schon im urgerm. ein durch die wirkung des Vernerschen gesetzes, in folge dessen in vielen fällen eine consonantische abweichung des causativums nicht bloss vom praet., sondern auch vom sg. praet. des grundwortes entstand. Diese abweichung hat weiterhin im ahd. mitunter vocalische abweichungen im gefolge. Das causativum nimmt dann abweichend vom sg. praet., wo es möglich ist, den umlaut an. So entstehen im mhd. verhältnisse wie: *springen — spranc — sprengen, varen — vuor — vüeren, sîhen — sêch — seigen, ziehen — zôch — zöugen, genesen — genas — neren.* Unter solchen umständen war es natürlich, dass grundwort und causativum nun ihre eigenen wege in der bedeutungsentwickelung gingen, so dass z. b. in nhd. *genesen — nähren* niemand mehr einen zusammenhang fühlt. Durch die erwähnten lautveränderungen wird aber auch die gleichmässigkeit der bildungsweise angegriffen, und darunter leidet der zusammenhang der causativa unter einander auch nach der seite der bedeutung und wird schliesslich ganz zerstört.

Das absterben der indogermanischen ableitungssuffixe im germanischen hat seinen ersten anlass meist in einer laut-

veränderung. So erscheint z. b. das *t* der suffixe *-tei, -teu, -to*
etc. nach der lautverschiebung in fünffacher gestalt: *t* (got.
þaurfts bedürfniss zu *þaurban, gaskafts* schöpfung zu *skapjan,*
mahts macht zu *magan, fravaurhts* vergehen zu *vaurkjan*),
þ (*gaqumþs* zusammenkunft zu *qiman, gabaurþs* geburt zu
bairan), *d* (*-deds* tat zu alts. *dôn, gamunds* gedächtniss zu
munan), *st* (*ansts* gnade zu *unnan, alabrunsts* brandopfer zu
brinnan), *s* (*-qis-s* rede zu *qiþan, -stass* tritt zu *standan, gaviss*
verbindung zu *gavidan*). Ein bewustsein für die ursprüngliche
identität dieser verschiedenen lautgestaltungen kann es natürlich nicht geben. Die grosse gruppe zerteilt sich in fünf
kleinere. Keinem von den fünf suffixen kommt allgemeingültigkeit zu. Dazu ist der zusammenhang mit dem grundwort
vielfach gelockert durch veränderungen des wurzelauslauts,
wofür die beispiele schon gegeben sind. Daher ist die unausbleibliche folge gewesen, dass die alten suffixe die fähigkeit
verlieren mussten noch zur bildung neuer wörter zu dienen,
dass fortan nur noch die alten bildungen gedächtnissmässig
weiter überliefert wurden, und zwar nur so weit, als sie wegen
häufigen gebrauches einer stütze durch das grundwort nicht
bedurften. So ist ferner suffix *-no-* abgestorben, weil es in
vielen fällen in folge der assimilation des *n* an den vorhergehenden consonanten unkenntlich geworden war, vgl. *fulls* =
idg. *plnos* etc.

Ebenso kann lautlicher zusammenfall eine bedeu-
tungsangleichung hervorrufen, und wörter ganz verschiedenen ursprungs können dadurch für das sprachgefühl den
schein etymologischer verwandtschaft erhalten. Nhd. *sucht*
wird allgemein als ableitung aus *suchen* empfunden, ist aber
hervorgegangen aus mhd. *suht* (got. *sauhts*) krankheit, das mit
suochen (got. *sôkjan*) nichts zu schaffen hat. Die neuhochdeutsche
anlehnung an *suchen* ist ausgegangen von compositis wie
wassersucht, mondsucht, ehrsucht, gelbsucht, eifersucht, tobsucht,
schwindsucht, sehnsucht etc., die man als begiehr nach wasser,
nach dem monde, gelb zu werden, zu eifern etc. auffasste.
Noch H. Sachs fasst *-sucht* als krankheit, wenn er sagt, *wann*
er hat auch die eifersucht. Wahnwitz, wahnsinn, wahnschaffen
werden auf *wahn* bezogen, während mhd. *wanwitze, wanwitzec*
des verstandes ermangelnd, *wanschaffen* übel beschaffen auch

lautlich deutlich von *wân* getrennt sind. *Leumund* und *Vor-
mund* werden als composita von *mund* (os) gefasst, während
mund im ersteren eine ableitungssilbe, im letzteren = mlat.
mundium ist; *friedhof* als compositum mit *friede*, während mhd.
frîthof und *frîde* scharf getrennt sind; *verweisen* wird auf
weisen bezogen, aber mhd. *verwîzen* — *wîsen*; *beschwichtigen* auf
schweigen, während es ein aus dem niederdeutschen aufge-
nommenes wort mit *ch* für *f* ist, vgl. mhd. *swiften*.

Wir haben hiermit die erscheinung berührt, die man gewöhnlich als volksetymologie bezeichnet, wenigstens · die
einfachste art der volksetymologie, die sich lediglich auf eine
umdeutung beschränkt, ohne dass in folge der umdeutung die
lautform beeinflusst wird. Mit hülfe derselben arbeitet sich
die sprache hie und da aus der eingerissenen verwirrung zu
einer neuen ordnung der dinge durch.

Aehnliche secundäre beziehungen können sich auch in der
flexion einstellen. So haben wir jetzt entschieden das gefühl einer verwandtschaftlichen beziehung zwischen dem schwachen präteritum und dem sogenannten participium perfecti
(*redete* — *geredet*, *nannte* — *genannt*), während ihr ursprung
ein ganz verschiedener ist, wie schon daraus hervorgeht, dass
das *t* in dem einen falle auf indogerm. *dh*, in dem andern auf
indogerm. *t* zurückgeht. Die analogie der lautform scheint
die bedeutung insofern beeinflusst zu haben, als dadurch das
part. auf die bezeichnung der vollendeten handlung eingeschränkt ist.

Vielfach trägt der lautwandel dazu bei grammatische unterscheidungen entweder ganz zu vernichten
oder wenigstens zu stören. So ist die Verminderung der
zahl der casus in den verschiedenen indogermanischen sprachen
mehrfach dadurch veranlasst, dass in einigen declinationsclassen die formen mehrerer casus lautlich zusammengefallen
sind. Wenn im nhd. die frühere genauigkeit in der anwendung des conj. sehr gelitten hat, so ist das wol zum teil dem
umstande zuzuschreiben, dass in vielen fällen seine form von
der des ind. ununterscheidbar geworden ist, vgl. *ich gebe, wir
geben, sie geben; wir gingen, ihr ginget, sie gingen; ich lebte,
du lebtest* etc.

Das umgekehrte, dass eine isolierung durch bedeutungswandel die differenzierung durch lautwandel oder zusammenfall der bedeutung den zusammenfall der lautgestalt begünstigte, ist natürlich undenkbar, weil der lautwandel von der bedeutung vollkommen unabhängig ist. Aber die isolierung verhindert die beseitigung lautlicher differenzen mit hülfe einer analogiebildung, und eine secundäre bedeutungsbeziehung kann, wenn sie zufällig mit partieller gleichheit der lautgestaltungen zusammentrifft, eine weitere ausgleichung derselben hervorrufen, die aber natürlich nicht als lautwandel zu betrachten ist. Dies wird im folgenden capitel weiter auszuführen sein.

Cap. VI.

Reaction gegen die zerstörung und verwirrung der gruppen.

Im vorigen capitel haben wir gesehen, dass der zweckmässigkeit und symmetrie des formensystems im lautwandel ein unaufhaltsam arbeitender feind und zerstörer gegenüber gestellt ist. Man kann sich schwer eine vorstellung davon machen, bis zu welchem grade der zusammenhangslosigkeit, verworrenheit und unverständlichkeit die sprache allmählig gelangen würde, wenn sie alle verheerungen des lautwandels geduldig ertragen müsste, wenn keine reaction dagegen möglich wäre. Ein mittel zu solcher reaction ist nun aber in der analogiebildung gegeben. Mit hülfe derselben arbeitet sich die sprache allmählig immer wider zu angemesseneren verhältnissen durch, zu festerem zusammenhalt und zweckmässigerer gruppierung in flexion und wortbildung. So sehen wir denn in der sprachgeschichte ein ewiges hin- und herwogen zweier entgegengesetzter strömungen. Auf jede desorganisation folgt eine reorganisation. Je stärker die gruppen durch den lautwandel angegriffen werden, um so lebendiger ist die tätigkeit der neuschöpfung.

Von den verschiedenen hierher gehörigen vorgängen betrachten wir zunächst einen, der gewöhnlich nicht als neuschöpfung angesehen wird, der aber in gewissem verstande als eine solche anerkannt werden muss. Wo einunddieselbe form unter dem einflusse verschiedener stellung innerhalb des satzgefüges sich in mehrere verschiedene formen gespalten hat, geht der anfängliche unterschied in der ver-

wendung dieser formen verloren, indem die eine form auch an
solcher satzstelle gebraucht wird, an welcher die lautliche entwickelung zur erzeugung der andern geführt hat.
G. Curtius in seinen Studien 10, 205 ff. hat gezeigt, dass
sich der auslaut der griechischen präpositionen sowie der des
acc. sing. des artikels in der älteren zeit nach dem anlaut des
folgenden wortes richtete, z. b. κὰδ δὲ — κὰκ κεφαλὴν — κὰγ
γόνυ — κὰπ πεδίον — κὰν νόμον — κὰμ μὲν — κὰρ ῥόον
κάλ λαπάρην, τὸμ βέλτιστον — τὸγ κράτιστον — τὸν
θρασύτατον — τὸλ λῷστον etc., während in späterer zeit eine
von diesen mannigfaltigen formen oder die davon noch verschiedene adverbialform¹) zur allgemeinen normalform wurde.²)
In den germanischen sprachen widerholt sich mehrmals
in verschiedenen perioden der process, dass die gleichzeitig
als adverbien und als präpositionen gebrauchten wörter je
nachdem sie im satze vollbetont sind oder enclitisch, und je
nachdem sie als enclitica noch einen nebenton tragen oder
ganz unbetont sind, sich in zwei oder mehr verschiedene formen
spalten, deren anfänglicher functionsunterschied aber nicht
festgehalten wird, indem sich die eine form an stelle der andern eindrängt, vgl. darüber Beitr. z. gesch. d. deutschen spr.
VI, 144. 191 ff. 199 ff. 207 ff. 248 ff. 137². Um nur ein beispiel
anzuführen, urgerm. tô (zu) ist, wo es vollbetont war, also in
adverbialem gebrauche ungeschwächt geblieben, als procliticum
dagegen zu *to verkürzt. Aus dem letzteren entstehen unter
verschiedenen accentbedingungen im ahd. za — ze — zi. Diese
werden in einigen der ältesten denkmäler unterschiedslos neben
einander gebraucht, in jüngerer zeit setzt sich in jedem dialect
eins davon fest. Alle drei werden im mhd. zu ze. Neben diesem
tritt dann aber die aus tô regelrecht entwickelte form zuo
auch als präp. auf und gelangt im nhd. zur alleinherrschaft.
Aehnlich verhält es sich mit den formen der pronomina und
des artikels, vgl. Beitr. VI, 137². 144 ff.
In der übergangszeit vom ahd. zum mhd. fällt auslauten-

---

¹) Dafür muss man z. b. ἀνά, κατά, παρά ansehen im gegensatze
zu ἀν, κατ, παρ mit ihren verschiedenen nebenformen; ebenso ἐνί, περί,
ποτί, προτί gegen ἐν, περ, ποτ oder πος, προτ oder προς.
²) Wieweit in der wirklichen aussprache, wieweit blos in der schrift,
bleibt freilich in einigen fällen noch zweifelhaft.

des *r* nach langem vokal ab in *dâ* aus *dâr*, *hie* aus *hier* etc.,
bleibt aber erhalten in enger verbindung mit einem folgenden
worte, weil es dann zur folgenden silbe hinübergezogen wird,
also *dar an*, *hier an* etc. Im nhd. tritt *hier* auch sonst an
stelle von *hie* und verdrängt letzteres in der schriftsprache allmählig ganz, abgesehen von der verbindung *hie und da.* Umgekehrt finden sich im mhd. auch die verbindungen *hie inne*,
hie ûze und zusammengezogen *hinne*, *hûze*, noch jetzt ober-
deutsch.

Die einwirkung des satzgefüges auf die lautentwickelung
begreift sich, wie wir gesehen haben, dadurch, dass eine
wortgruppe ebenso wie das einzelne wort als eine
einheit erfasst wird, welche von dem hörenden nicht erst
in ihre elemente zerlegt, von dem sprechenden nicht erst aus
ihren elementen zusammengesetzt wird. Das verhältniss ist
also das selbe wie bei einem compositum, wie es denn überhaupt, was noch weiterhin zu erörtern sein wird, gar keine
scharfe grenze zwischen compositum und wortgruppe gibt.
Namentlich ist ursprünglich zwischen der verbindung der präposition mit einem nomen und der mit einem verbum kaum
ein unterschied zu machen. In unserem falle tritt demnach an
die stelle der traditionellen gestalt der gruppe eine neugeschaffene zusammensetzung.

Es sind dabei zwei verschiedene wege der entwickelung möglich. Entweder es greift nur die eine form in
die function der andern über, oder der übergriff ist
ein wechselseitiger. Letzteres wird natürlich dann eintreten, wenn die verschiedenen formen in bezug auf häufigkeit
des vorkommens einander ungefähr die wage halten, ersteres,
wenn die häufigkeit der einen die der andern bedeutend über-
wiegt. In beiden fällen ist der erfolg der, dass zunächst eine
zeitlang doppelformen (respective tripelformen etc.) neben einander herlaufen, aber in dem einen falle nur auf einem beschränkten gebiete, während sonst einformigkeit bleibt, in dem
andern falle mit unbeschränkter geltung. Eine allgemeine
einformigkeit ergibt sich dann erst wider im laufe der weiteren
entwickelung durch den untergang der einen form. Da wo
der mehrformigkeit auf dem einen noch einformigkeit auf dem
andern gebiete gegenüber steht, kann es natürlich nicht zweifel-

haft sein, welche form den sieg davontragen muss. Wo aber die mehrformigkeit einmal allgemein geworden ist, da ist auch das kräfteverhältniss kein so ungleiches, der kampf nicht so leicht zu entscheiden, der ausgang von zufälligen umständen abhängig, die für uns nicht immer zu erkennen sind. Je ungleicher das verhältniss ist, um so kürzer ist auch der kampf, um so früher beginnt auch der angriff.

Die spaltung einer form in mehrere verschiedene kann so vor sich gehen, dass unter allen umständen eine veränderung eintritt, aber auch so, dass dabei die grundform neben einer oder mehreren veränderten formen bewahrt bleibt. Im letzteren falle hat bei der weiteren entwickelung die grundform an sich keinen vorzug vor der abgeleiteten; denn sie wird nicht als solche erkannt. Der franzose, der sich nicht wissenschaftlich mit seiner muttersprache beschäftigt hat, weiss nichts davon, dass in *a-t-il* eine ursprünglichere form steckt als in *il a,* dass in *un ami* das *n* eine ursprünglichere aussprache hat als in *un fils.* Er wird, wenn er überhaupt darüber reflectiert, viel eher geneigt sein das *t* für einen einschub, die aussprache des *n* in *un ami* für eine abänderung der normalen zu halten.

Diese bemerkungen lassen sich mutatis mutandis auf jede andere art der ausgleichung durch analogiebildung anwenden.

Wesentlich der selbe vorgang ist die ausgleichung zwischen lautlich differenzierten formen, die aus dem gleichen stamme, oder wörtern, die aus der gleichen wurzel gebildet sind. Wir können diese ausgleichung die stoffliche nennen im gegensatz zu der formalen, die sich zwischen den entsprechenden formen verschiedener wörter, den entsprechenden bildungen aus verschiedenen wurzeln, zwischen verschiedenen flexions- oder wortbildungssystemen vollzieht. Häufig ist übrigens die stoffliche ausgleichung zugleich eine formale.

Beispiele liessen sich zu grossen massen anhäufen. Besonders lehrreich sind gewisse durchgreifende differenzierungen, die in einer sehr frühen periode eingetreten sind. Mit der reaction gegen dieselben haben die nachfolgenden geschlechter oft viele jahrhunderte zu tun, während deren immer ein fall nach dem andern der ausgleichung zum opfer fällt, und schliesslich doch nicht selten noch einige residua der differenzierung übrig bleiben. Um so mannigfaltiger und zugleich um so lehrreicher wird die entwickelung, wenn nach dem eintritt der lautlichen differenzierung die sprache sich mannigfach dialectisch gespalten hat. Das grossartigste beispiel der art, das mir bekannt ist, liefert die vokalabstufung der indogermanischen ursprache, deren reste zu beseitigen sich noch die jetzt lebendigen dialecte bemühen. Auf germanischem gebiete stehen oben an die wirkungen des Vernerschen gesetzes, wonach im urgerm. die harten reibelaute *h, þ, f, s* sich nach ursprünglich betonter silbe erhalten haben, nach ursprünglich unbetonter zu den entsprechenden weichen (gotisch *g, d, b, z*) geworden sind. Die bewegung, welche dadurch hervorgerufen ist, empfiehlt sich ganz besonders zum methodologischen studium, zumal da man sich dabei auf einem sicheren, allgemein anerkannten boden befindet. Der sprachforscher, der sich einmal die mühe gegeben hat die reactionen gegen ein solches lautgesetz bis in alle einzelheiten zu verfolgen, der kann unmöglich solche verkehrten behauptungen und einwendungen betreffs der analogiebildung vorbringen, wie sie sich leider so vielfach breit machen. Und wie mit einem lautgesetze, so ist es mit allen übrigen. Es gibt überhaupt kein lautgesetz, das nicht, sobald es einmal in einer anzahl von fällen das etymologisch eng zusammenhängende lautlich differenziert hat, auch eine reaction gegen diese differenzierung hervorriefe. Das muss als ein fundamentalsatz der historischen sprachforschung anerkannt werden. Man durchsuche alle sprachen, deren entwickelung sich continuierlich verfolgen lässt, nach einem derartigen lautgesetze, das einige jahrhunderte, nachdem es gewirkt, noch keinerlei reaction im gefolge gehabt hat. Ich bin überzeugt, es darf getrost für den ehrlichen finder eine königliche belohnung ausgesetzt werden, niemand wird sie verdienen.

Wer eine solche entwickelung im zusammenhange verfolgt hat, der wird auch nicht, wie dies neuerdings mehrfach geschehen ist, an eine formenerklärung, die auf die annahme

von ausgleichungen basiert ist, den anspruch stellen, dass
die ausgleichung in allen von dem lautgesetze betroffenen formen gleichmässig und nach der selben
richtung hin eingetreten sein müsse. Das heisst eine entwickelung fordern, wie sie der erfahrung, die wir aus den
wirklich zu beobachtenden tatsachen abstrahieren können,
schnurstracks widerspricht. Solche forderung beruht auch auf
einer offenbaren begriffsverwechselung. Für den lautwandel
allerdings muss man verlangen, dass er überall, wo die gleichen lautlichen bedingungen vorhanden sind, gleichmässig eintritt. Aber für die ausgleichung kommt gleichmässigkeit oder
nichtgleichmässigkeit der lautlichen verhältnisse gar nicht in
betracht. Entweder entwickelt sich dabei jede durch stoffliche
verwandtschaft verbundene gruppe für sich, oder, wenn mehrere solche gruppen auf einander einwirken, so geschieht dies
dadurch, dass gleichzeitig formale ausgleichung im
spiele ist; aber das betroffensein von dem gleichen lautgesetze gibt an sich gar keinen grund ab zu einer gegenseitigen
beeinflussung bei der ausgleichung. Dagegen wirken gar
manche fördernde und hemmende umstände darauf hin,
dass der process in den verschiedenen fällen sehr ungleich-
mässig verläuft.

Zu diesen gehört auch ein lautliches moment. Solche
formen, welche durch die wirkung mehrerer lautgesetze differenziert sind, sind der ausgleichung weniger günstig als solche, in denen nur eins davon diffe-
renzierend gewirkt hat.

Die bekannte neuhochdeutsche vokaldehnung tritt abgesehen von ganz bestimmten verbindungen niemals vor doppel-
consonanten ein, wovor im gegenteil sogar ursprüngliche länge
gekürzt wird (vgl. *brachte* = mhd. *brâhte, acht* = mhd. *âhte*
etc.). Demnach kommt auch der 2. 3. sg. und der 2. pl. ind.
präs., falls der endungsvokal syncopiert ist, kürze zu, auch
da, wo die übrigen formen des präs. dehnung haben eintreten
lassen. Bei weitem in den meisten fällen aber ist ausgleichung
eingetreten, so stets im schwachen verbum (z. b. *lebe — lebst,
lebt*), wo die vokalqualität durch alle formen hindurch von
jeher die gleiche war; ferner in den starken verben mit wurzel-
haftem *a: trage — trägst, trägt* (niederdeutsch mit kürze *dröchst,*

dröcht). Dagegen hat sich die kürze der 2. 3. sg. erhalten
bei den verben, in denen der wurzelvokal von alters zwischen
e und *i* wechselt, allgemein in *nehme — nimmst, nimmt, trete
— trittst, tritt,* wenigstens nach der in Niederdeutschland üblichen aussprache auch in *lese — list, gebe — gibst, gibt.* Die
ursache, warum diese verba der die quantität betreffenden
ausgleichung besser widerstand geleistet haben als die andern,
haben wir gewiss in der gleichzeitigen verschiedenheit der
qualität zu suchen. Das bestätigt sich noch dadurch, dass sie
sich in der 2. pl. der ausgleichung nicht entzogen haben. Die
differenz zwischen *a* und *ä* ist nicht so empfunden, weil der
umlaut etwas dem sprachgefühl sehr geläufiges ist.

Im ahd. hätten die participia der verba *lesan, ginesan, uuesan*
nach dem Vernerschen gesetze *gileran, gineran, giuueran* zu lauten,
aber abgesehen von wenigen resten in den ältesten denkmälern
ist mit anlehnung an das präs. *gilesan, ginesan, giuuesan* eingetreten. Dagegen noch im mhd. lauten die participia von
kiesen, friesen, verliesen mit beibehaltung des wechsels *gekoren,
gefroren, verloren.* Die gleichheit des vokalismus im ersteren,
die verschiedenheit im letzteren ist für den consonantismus
massgebend gewesen.

Die starken verba, die im sg. und pl. des prät. gleichen
vokal haben, haben auch den durch das Vernersche gesetz
entstandenen consonantischen unterschied schon frühzeitig aufgehoben, vgl. ahd. *sluog — sluogun, hieng — hiengun, huob —
huobun, hluod — hluodun* gegen *zôh — zugun, meid — mitun.*
Man sieht, wie auf diese weise selbst formen, die nicht blos
von dem gleichen lautgesetze betroffen, sondern auch nach
function und sonstiger bildungsweise verwandt sind, in verschiedene disposition gesetzt werden.

Diese erscheinung verlangt eine psychologische erklärung. Man sollte zunächst meinen, da das, was wir ausgleichung nennen, von einer neuschöpfung nach analogie ausgeht, dass die lautliche gestalt der durch die neuschöpfung
zurückgedrängten form dabei gar nicht in betracht käme. Tritt
das bild der traditionellen lautlich differenzierten form ins bewustsein, so ist keine neuschöpfung möglich, tritt es nicht in
das bewustsein, so ist die neuschöpfung freigegeben. Nun ist
aber kein grund abzusehen, warum eine form deshalb leichter

ins bewustsein treten sollte, weil sie sich lautlich stärker von
einer verwandten unterscheidet als eine andere. Die schwierigkeit ist nur zu lösen, wenn wir das zusammenwirken rein ge-
dächtnissmässiger reproduction und schöpferischer combination,
wie wir es für die tägliche hervorbringung der schon in der
sprache üblichen formen anerkennen mussten, auch bei der
schöpfung von neuen formen annehmen. Es gibt einen zustand,
in welchem das bild der traditionellen form nicht mächtig genug ist, um unter allen umständen leichter ins bewustsein zu
treten als eine durch analogie veranlasste neubildung, aber
doch nicht so schwach um vor einer solchen widerstandslos
zurückzuweichen. Es liegen also zwei vorstellungen im kampfe
miteinander darüber, welche von ihnen zuerst in das bewustsein treten und damit die andere zurückdrängen soll. Nur
wo ein solches verhältniss besteht, kommt die grösse des abstandes zwischen der traditionellen form und der eventuellen
neuschöpfung in betracht. Ist nämlich die letztere in begriff
sich zuerst vorzudrängen, so kann ihr doch die erstere, auch
ohne deutlich bewusst zu werden, eine controle entgegen stellen,
welche das sprachgefühl in bezug auf jene nicht zu der nötigen unbefangenen sicherheit gelangen lässt und so zum besinnen auf diese treibt. Die vorstellung der traditionellen form
wirkt aber um so stärker hemmend, je weiter sie ihrem inhalte nach von der neuen combination verschieden ist. Aehnlich wie dem sprechenden ergeht es dem hörenden. Eine neubildung wirkt um so befremdender auf ihn, wird um so
schwerer gutgeheissen und nachgeahmt, je mehrseitiger sie der
überlieferten form widerspricht, sofern überhaupt die erinnerung
an dieselbe in seiner seele noch einigermassen wirkungskräf-
tig ist.

Eine viel wichtigere rolle als der lautliche abstand spielen
zwei andere momente bei der förderung und hemmung der
ausgleichung, die grössere oder geringere festigkeit des
zusammenhangs der etymologischen gruppen und die
grössere oder geringere intensität, mit der die einzelnen formen dem gedächtnisse eingeprägt sind.

Die erstere hängt ab von dem grade der übereinstimmung in der bedeutung und von dem grade lebendiger bildsamkeit der einzelnen formen. Beides steht,

wie wir schon gesehen haben, in wechselbeziehung zu einander. Die grössere oder geringere innigkeit des zusammenhangs kann schon mit der function der formen an sich gegeben sein, wie z. b. die formen des präs. unter einander enger zusammenhängen als mit denen des prät., die formen des selben wortes enger unter einander als mit den formen der aus der gleichen wurzel abgeleiteten wörter. Es kann aber auch durch secundäre entwickelung der verband gelockert werden. Jede art von isolierung, welche die function trifft (vgl· das vorige capitel) erschwert auch die reaction gegen die isolierung, von der die lautgestalt betroffen ist, und macht sie, sobald sie selbst einen bestimmten grad erreicht hat, unmöglich.

Einige beispiele mögen diese sätze erläutern. Die durch wirkung des Vernerschen gesetzes entstandenen zahlreichen differenzierungen des consonantismus sind innerhalb der flexion der nomina schon in den ältesten auf uns gekommenen denkmälern ganz getilgt. Wir sehen ihre spuren aber noch in manchen unterschiedslos nebeneinander bestehenden doppelformen. Im verbum dagegen hat sich die differenzierung besser bewahrt, offenbar unterstützt durch die damit zusammentreffende vokaldifferenzierung (den ablaut), vgl. mhd. *ziuhe — zôch — zugen — gezogen.* Wir können nun mehrfach deutlich beobachten, wie der später eintretende ausgleichungsprocess damit beginnt, dass der unterschied zwischen sing. und plur. des prät. aufgehoben wird, und zwar so, dass der sing. dadurch erst vom präs. verschieden gemacht wird. Dies ist in den westgermanischen dialecten fast in allen denjenigen fällen geschehen, in denen keine verschiedenheit des vokalismus hemmend im wege stand, also ahd. *slahu — sluog — sluogun* statt **sluoh — sluogun, fâhu — fiang — fiangun* statt **fiah — fiangun* etc. Ein beispiel, in dem auch durch die verschiedenheit des vokalismus diese entwickelung nicht verhindert ist, sehen wir in alts. *fîthan.* Dieses sollte bei rein lautlicher entwickelung das prät. *fôth — fundum* bilden. Es heisst aber nur *fand — fundun,* während im präs. zwar auch schon *findan,* aber doch erst neben *fîthan* auftritt. Die wenigen nhd. reste dieses alten wechsels zeigen sämmtlich die abweichung von den älteren, noch im mhd. bestehenden verhältnissen, dass der

sg. des prät. an den pl. angeglichen ist: *ziehe — zog* (ahd. *zôh*)
— zogen, leide — litt (ahd. *leid*) *— litten, schneide — schnitt*
(ahd. *sneid*) *— schnitten, siede — sott* (ahd. *sôd*) *— sotten, er-*
kiese — erkor (ahd. *irkôs*) *— erkoren.* Ebenso hat sich der ablaut zwar im allgemeinen im nhd. erhalten, aber zwischen sg.
und pl. des prät. ist übereinstimmung hergestellt.

Vielfach können wir beobachten, dass lautliche differenzierungen, die innerhalb der verschiedenen flexionsformen eines
wortes entweder durchaus oder bis auf geringe reste beseitigt
werden, zwischen etymologisch verwandten wörtern bestehen
bleiben oder nur da getilgt werden, wo ihre beziehung zu einander eine sehr enge ist. In den germanischen sprachen besteht von alters her ein wechsel zwischen dem laute unseres
h und unseres *ch* in der art, dass ersteres im silbenanlaute,
letzteres im silbenauslaute und vor consonant steht, vgl. mhd.
rûch (rauh) — gen. *rûhes, ich sihe — er siht* (gesprochen wie
unser *sicht*) *— er sach — wir sâhen.* In der jetzigen schriftsprache ist dieser wechsel in der flexion beseitigt ausser in
hoch, ausserdem ist auch der comparativ und superlativ dem
positiv angeglichen, abgesehen von *höher — höchste* und *näher*
— nächste. Sonst aber ist er beibehalten, vgl. *sehen — gesicht*,
geschehen — geschichte, fliehen — flucht, ziehen — zucht, schmach
— schmähen. | Ein über viele fälle sich erstreckender wechsel
auf vokalischem gebiete war in den altgermanischen dialecten
unter dem einflusse des vokals der folgenden silbe entstanden,
nämlich zwischen *e* und *i* und zwischen *u* und *o*. Dieser
wechsel ist innerhalb der nominalflexion grösstenteils schon
vor dem beginne unserer überlieferung beseitigt. Innerhalb
der etymologisch zusammenhängenden wortgruppen ist er im
mhd. noch durchaus bewahrt, abgesehen von den femininbil-
dungen aus nomina agentis (vgl. *got — gotinne* [ahd. *gutinna*],
doch auch noch *wolf — wülpinne*) und den deminutiven (vgl.
vogel — vögelin [ahd. *fugilî*], doch noch *birin* neben *berinne*).
Im nhd. tritt dann die ausgleichung nur bei ganz besonders
enger beziehung ein. So regelmässig zwischen subst. und adj.
bei stoffbezeichnungen, z. b. *leder — ledern* (mhd. *liderin*), *gold*
— golden (mhd. *guldîn*), *holz — hölzern* (mhd. *hulzîn*), ausserdem z. b. in *wort — antwort, antworten* (mhd. *antwürte, ant-*
würten); *gold — vergolden* (altertümlich noch *vergülden*). Da-

gegen heisst es noch *recht — richten, richtig, gericht; berg —*
gebirge; feld — gefilde; herde — hirt; hold — huld; foll —
füllen; koch — küche etc.

Selbstverständlich tritt da keine ausgleichung ein, wo durch
divergierende bedeutungsentwickelung das gefühl für den etymologischen zusammenhang ganz geschwunden ist, auch da
nicht, wo es so wenig rege mehr ist, dass es nicht ohne ein
gewisses nachdenken zum bewustsein kommt. Das ist z. b.
die ursache, warum die eben besprochenen lautdifferenzen in
folgenden fällen bewahrt sind: *rauh — rauchwerk, rauchwaare,*
rauchhandel; nach (mhd. *nâch) — nahe; erde — irden — irdisch;*
gold — gulden (substantiviertes adjectivum). Im mhd. existieren
von *tragen* die zusammengezogenen formen *du treist, er treit;*
diese sind im nhd. wieder durch *trägst, trägt* ersetzt, aber in
der ableitung *getreide* ist die contraction bewahrt. Mhd. *gar*
hat in den flectierten formen ein *w* (*garwe* etc.), welches sich
im nhd. lautgesetzlich zu *b* entwickeln musste; aber eine flexion
gar — garber konnte auf die dauer nicht beibehalten werden,
und die flectierten formen richteten sich nach dem muster der
unflectierten; dagegen in dem verb. *gerben* blieb das *b* wegen
der abweichenden bedeutungsentwickelung. Jede sprache auf
jeder beliebigen entwickelungstufe bietet reichliche belege für
diese erscheinung.

Die intensität der gedächtnissmässigen einprägung
ist zunächst massgebend für das kraftverhältniss der einander gegenüber stehenden factoren, in welcher beziehung die
oben s. 102 gemachten bemerkungen auch hier zutreffen. Wenn
z. b. im altnordischen nur die 1. sg. conj. im präs. wie im prät.
auf *a* ausgeht (*gefa, gœfa*), während in allen übrigen formen
ein *i* erscheint (*gefir, gefi, gefim, gefið, gefi* und *gœfir, gœfi* etc.),
so sind natürlich die chancen für die erstere sehr ungünstig,
und so erscheint denn auch in den jüngeren quellen *gefi, gœfi.*
Natürlich kann aber unter umständen eine vereinzelte gegen
mehrere zusammenstimmende formen den sieg behaupten, wenn
sie für sich häufiger gebraucht wird als die übrigen zusammen.
Wenn z. b. in' nhd. *ziemen* das *i* durch das ganze präs. verallgemeinert ist, wovon dann auch statt des alten starken ein
neues schwaches prät. gebildet ist, während doch im mhd. die
meisten formen *e* haben, so liegt dies daran, dass die 3. sg.

es ziemt wie noch jetzt so schon früher an häufigkeit alle andern überwog. Die meisten ungleichmässigkeiten aber in der behandlung von etymologischen gruppen, die sonst in vollständigem parallelismus zu einander stehen, gehen daraus hervor, **dass die einzelnen gruppen sich in bezug auf die häufigkeit des vorkommens und damit in bezug auf die leichtigkeit, mit der die einzelnen formen mit ihren traditionellen unterschieden gedächtnissmässig reproduciert werden können, sehr weit von einander unterscheiden.** Die seltensten wörter unterliegen bei sonst gleichen verhältnissen der ausgleichung am frühesten, die häufigsten am spätesten oder gar nicht. Dieser satz lässt sich nicht bloss deductiv, sondern auch inductiv beweisen.

Ausserdem aber wird der gang der bewegung durch eine menge zufälliger vorgänge in der seelentätigkeit der einzelnen individuen und ihrer einwirkung auf einander beeinflusst, vorgänge, die sich unserer berechnung wie unserer beobachtung entziehen. Namentlich spielen solche unserer erkenntniss verschlossenen factoren eine grosse rolle in dem kampfe, den die durch ausgleichung entstandenen doppelformen mit einander zu bestehen haben. Wir müssten eben allwissend sein, sollten wir im stande sein überall die ursache anzugeben, warum in diesem falle so, in jenem anders entschieden ist. Und die tatsache lässt sich nicht wegläugnen, dass sehr häufig ganz analoge fälle in dem selben dialecte, ein und derselbe fall in verschiedenen dialecten abweichenden ausgang haben. So, um nur ein ganz sicheres beispiel anzuführen, während das gotische den sogenannten grammatischen wechsel sonst dadurch ausgeglichen hat, dass der consonant des präs. und des sg. prät. verallgemeinert ist, sind die verba *hvairban, svairban, skaidan* und *hneivan* [1]) den umgekehrten weg gegangen und haben den consonanten des pl. prät. und des part. verallgemeinert, und gerade in den beiden letzten verben ist im hochdeutschen, welches sonst viel öfter als das gotische den consonanten des pl. prät. durchführt, der consonant des präs. zum siege gelangt.

---

1) Vgl. Beitr. z. gesch. d. deutschen spr. VI, 543.

Natürlich aber ist die entwickelung in den einzelnen stofflichen gruppen nicht ganz unabhängig von der formalen gruppierung. Namentlich sobald eine lautliche differenzierung sämmtliche zu einer formalen gruppe gehörigen etymologischen parallelgruppen trifft, so ist dadurch ein zusammenwirken der stofflichen und der formalen gruppierung bedingt. Dies zusammenwirken ist häufig entscheidend für die richtung der ausgleichung. Im urgermanischen bestand in den zahlreichen nominalbildungen mit suffix -no ein wechsel des dem n vorangehenden vokales zwischen u (später weiter zu o - a entwickelt) und e (i), so dass sich beide nach einer bestimmten regel auf die verschiedenen casus verteilten.[1]) Späterhin wird dann bald u (a), bald e (i) durch alle casus eines wortes gleichmässig durchgeführt. So stehen im got. formen wie Þiudans (könig) solchen wie maurgins (morgen) gegenüber, im altn. formen wie Jǫrmunn solchen wie Oðinn, und nebeneinander morgunn und morginn. Aber die auch hierhergehörigen participia haben der regellosen willkür in den sonstigen formen gegenüber im got. stets -an, im altn. stets -in. Wie entscheidend dabei die formale gruppierung gewesen ist, zeigt sich besonders daran, dass solche participia, die zu reinen adjectiven oder zu substantiven geworden sind, teilweise einen andern weg eingeschlagen haben, vgl. got. fulgins (verborgen) gegen fulhans, echtes part. zu filhan verbergen; aigin (eigentum) substantiviertes part. zu aigan (haben); ferner altn. jǫtunn (riese), altes part. zu eta (essen) mit activer bedeutung.

Aber nicht bloss für die richtung der ausgleichung, sondern auch für das eintreten oder nicht eintreten derselben kann die formale gruppierung entscheidend sein. Je weniger die lautliche differenzierung den formellen parallelismus der einzelnen gruppen unter einander stört, desto widerstandsfähiger sind sie gegen die tendenzen zur ausgleichung. So wäre z. b. die lange erhaltung der ablautsreihen im germanischen nicht möglich gewesen, wenn etwa jedes verbum seine eigene art ablaut gehabt, wenn es nicht grössere gruppen von verben mit dem gleichen schema gegeben hätte. So lässt sich denn auch der nachweis führen, dass die uns erhaltenen schemata nur

---

[1]) Vgl. Beitr. VI, 238 ff.

eine auslese aus den vor beginn unserer überlieferung vorhandenen darstellen, indem alle diejenigen, die nur in wenigen exemplaren oder nur in einem einzelnen vertreten waren, bis auf geringe reste untergegangen sind. An andern lässt sich der untergang noch historisch verfolgen, z. b. got. *truda — trad — trêdum — trudans.* Aehnlich verhält es sich mit dem umlaut in der 2. 3. sg. ind. präs. der starken verba: ahd. *faru — ferist — feril,* und so noch nhd. *fahre — führst — fährl.*

Ein anderer umstand, der zur conservierung einer lautlichen differenz beiträgt, ist das **zufällige zusammentreffen derselben mit einem functionsunterschiede.** Wenn z. b. sämmtliche casus des sg. sich übereinstimmend sämmtlichen casus des pl. gegenüber stellen, so prägt sich dieses verhältniss leichter und fester dem gedächtnisse ein, als wenn einige formen des sg. mit einigen formen des pl. sich zusammen andern formen des sg. und pl. gegenüber stellen. Und so ist es auch natürlich, dass, wo in der mehrzahl der fälle die lautliche differenzierung mit dem functionsunterschiede zusammenfällt, die ausgleichung sich zunächst auf die näher zusammengehörigen gruppen beschränkt und damit die übereinstimmung zwischen laut- und functionsunterschied vollständig macht. Im altdänischen lautet der pl. von *barn* (kind) einem gemeinskandinavischen lautgesetze zu folge *børn, barna, børnum, børn,* während im sg. *a* durchgeht. Das neudänische hat auch für *barna børn* eintreten lassen. Bei einem andern worte *lagh* (gesetz) ist *o* schon im altdänischen durch den ganzen pl. durchgeführt. Bei der ausgleichung des grammatischen wechsels lässt sich in vielen fällen deutlich beobachten, dass zunächst der unterschied zwischen sg. und pl. des prät. aufgehoben wird, und zwar so, dass ohne rücksicht auf das präs. der consonantismus des pl. den sieg davon trägt, vgl. ahd. *slahu — sluog* (statt **sluoh*) — *sluogun, fâhu — fiang* (statt **fiah*) — *fiangun* etc.; alts. *filhan — fand* (statt **fôth*) — *fundun;* nhd. *ziehe — zog* (ahd. *zôh*) — *zogen, erkiese — erkor* (mhd. *erkôs*) — *erkoren.* Die ausgleichung innerhalb der engern gruppen ist häufig nur die vorstufe zu der weitern ausgleichung, vgl. nhd. *schlagen, fangen* mit den angeführten althochdeutschen formen und *findan* schon im alts. neben *filhan.* So dringt auch bei *lagh* schon im altdänischen das *o* bisweilen in den sg., und neudänisch ist *lov* durchgeführt. Das zusammenfallen mit einem functionsunterschiede kann aber auch die ursache zu dauernder bewahrung eines lautlichen unterschiedes sein, und dies vor allem dann, wenn er zugleich in der eben besprochenen weise durch die formale analogie widerstandsfähig gemacht wird.

Bei dem zusammentreffen dieser beiden umstände kann sich die vorstellung von dem lautlichen unterschiede so fest mit der von dem functionsunterschiede verbinden, dass dem sprachgefühl beides unzertrennbar erscheint. Aut diese weise wird allmählig der zufällig entstandene bedeutungslose unterschied zu einem bedeutungsvollen. Er wird es um so mehr, je weniger die bedeutungsverschiedenheit durch sonstige unterschiede in der lautgestaltung deutlich gekennzeichent ist. So vermag sich die sprache einen ersatz zu schaffen für den in folge des lautlichen verfalls eintretenden verlust der charakteristischen merkmale des functionsunterschiedes.

Der ablaut im germanischen verbum beruht auf einer vocaldifferenzierung, die schon in der indogermanischen ursprache eingetreten ist. Diese ist eine mechanische folge des wechselnden accentes und hat mit dem functionsunterschiede der einzelnen formen ursprünglich nichts zu schaffen. Sie war auch für die ursprache etwas durchaus überflüssiges, abgesehen von der scheidung zwischen präs.-impf. und aorist (vgl. griech. λείπω, ἔλειπον, λείποιμι — ἔλιπον, λίποιμι). Namentlich war der perfectstamm durch die reduplication schon deutlich von dem präsensstamme geschieden. Daher sehen wir denn auch im griech. den vocalwechsel zwischen präs. und perf. in entschiedenem verfall begriffen; es heisst zwar noch λείπω — λέλοιπα, aber πλέκω — πέπλεχα, nicht *πέπλοχα. Und von dem ursprünglichen wechsel zwischen sg. und pl. des perf. sind nur noch wenige überreste vorhanden (οἶδα — ἴσμεν). Dieser verfall des ablauts ist die folge seiner überflüssigkeit, und überflüssig war er, weil das alte charakteristische kennzeichen des perfectstammes, die reduplication, fort und fort getreu bewahrt blieb, ausserdem auch der präsensstamm vielfach noch besonders charakterisiert war. Im germ. sind umgekehrt der verfall der reduplication und die befestigung des ablautes hand

in hand gegangen. Man kann zwar nicht sagen, dass das eine
die ursache des andern gewesen ist. Vielmehr ist der erste
anstoss zum verfall der reduplication durch die lautliche entwickelung gegeben, in folge deren gewisse formen nicht mehr
als reduplicierte zu erkennen waren (vgl. den typus *bêrum*),
und die conservierung des ablauts ist in erster linie, wie oben
s. 112 gezeigt ist, durch den reihenparallelismus bedingt.
Aber im weiteren verlaufe der entwickelung hat sich ein
wechselseitiges causalverhältniss herausgestellt. So ist es z. b.
charakteristisch, dass im got. hauptsächlich noch diejenigen
verba die reduplication bewahrt haben, bei denen die indogermanische vocaldifferenz zwischen präs. und perf. (prät.) auf
lautlichem wege geschwunden ist, und zwar diese sämmtlich,
vgl. *halda — haihald, skaida — skaiskaid, stauta — staitaut.*
Immerhin ist auch für das ahd. ein zwingendes bedürfniss zur
unterscheidung der wurzelsilbe des präs. und prät. deshalb
noch nicht vorhanden, weil bei jeder einzelnen person des ind.
wie des conj. auch in der endung der unterschied ausgedrückt
war. Anders im mhd., wo in der 1. 2. pl. des ind. und im
ganzen conj. der unterschied zwischen präs. und prät. lediglich
auf der gestalt der wurzelsilbe beruht, vgl. *geben — gâben,
gebet — gâbet, gebe — gœbe* etc. Im nhd. ist dazu auch die
2. sg. und 3. pl. ind. gekommen. Der ablaut ist also ein immer
notwendigeres charakteristicum geworden. Aber nur die unterscheidung zwischen präs. und prät., nicht die unterscheidung
zwischen dem sg. ind. prät. oder nur der 1. und 3. sg. ind. prät.
einerseits und den übrigen formen des präteritums anderseits
hat einen wert. Diese letztere, wie sie gleichfalls aus der ursprache überkommen war, war lediglich durch die häufigkeit
gewisser verba und den reihenparallelismus gestützt. So ist
sie denn auch in einigen classen schon frühzeitig beseitigt
(got. *fôr — fôrum, faifâh — faifâhum,* ahd. *fiang — fiangum*).
In andern hat sie sich bis ins nhd. fortgeschleppt, ist endlich
aber doch bis auf wenige reste beseitigt. Sicher ist es ein
fortschritt in bezug auf zweckmässigkeit der lautgestaltung,
wenn wir jetzt nicht mehr wie im mhd. *spranc — sprungen,
floug — flugen* sagen, sondern *sprang — sprangen, flog — flogen.*
Erst im nhd. hat daher der ablaut wahrhaft functionelle geltung erlangt. Dabei verdient noch eine erscheinung beachtung.

Der unterschied zwischen sg. und pl. ist (von den präterito-
präsentia abgesehen) in der jetzigen schriftsprache nur in dem
häufigen verbum *werden* erhalten, und auch hier überwiegen
bereits nebenformen mit beseitigung des unterschiedes. Dagegen gibt es noch eine anzahl von verben, in denen zwar der
vokal des sg. in den pl. gedrungen ist, der conj. aber seinen
eigentümlichen vokalismus bewahrt hat: *starb — stürbe, schwamm
— schwömme* (daneben aber *schwämme*) etc. Da ist schon
innerhalb engerer grenzen ein lautlicher gegensatz festgehalten,
aber wider vermöge des zusammenfalls mit einem functionellen.
Da aber zum ausdruck des letzteren der umlaut allein genügen würde (*schwammen — schwämmen*), so wäre das festhalten des alten vokals dennoch etwas überflüssiges. Aber
gerade· bei denjenigen verben, in denen derselbe am festesten
haftet (*verdürbe, stürbe, würbe, würfe, hülfe*), kommt etwas anderes hinzu, die unterscheidbarkeit vom conj. präs.: *helfe* und
hälfe, welche form allerdings neben *hülfe* vorkommt, sind zwar
graphisch, aber nicht lautlich von einander geschieden. Anderseits bildet kein verbum mit durchgehendem *i* im präs.
noch einen conj. prät. mit *ü* (vgl. *singe — sünge*), weil hier
gerade die alte form nach der in den meisten mundarten
üblichen aussprache mit dem conj. präs. zusammenfallen
würde. Und so erklärt es sich, warum gerade die verba
mit *mm* und *nn* noch doppelformen aufweisen (*schwämme —
schwömme, sänne — sönne,* vgl. *geschwommen, gesonnen* gegen
gesungen).

Eine ähnliche rolle wie der ablaut hat der durch ein *i*
oder *j* der folgenden silbe hervorgerufene umlaut gespielt.
In der männlichen *i*-declination hatte sich im ahd. zufällig das
verhältniss herausgebildet, dass der ganze sg. unumgelautet
bleibt, der ganze plural umgelautet wird (*gast — gesti* etc.),
und aus diesem grunde beharrt die differenz. Das verhältniss
wird am besten erläutert, wenn wir damit die geschichte des
gleichfalls durch den folgenden vokal bedingten wechsels zwischen *e* und *i*, *u* und *o* vergleichen. Die *u*-declination musste
im urgerm. etwa folgendermassen aussehen.[1]

----

[1] Es kommt natürlich für unsern zweck nicht in betracht, ob die
endungen genau zutreffend bestimmt sind.

	sg.	pl.	sg.	
n.	*meduz*	*midiviz*	*sunuz*	*suniviz*
g.	*medauz*	*medevô*	*sonauz*	*sonevô*
d.	*midiu*	*medumiz*	*suniu*	*sunum*
a.	*medu*	*meduns*	*sunu*	*sununs*

Ein so unzweckmässiger wechsel konnte sich nicht lange behaupten. Wir finden daher nur noch im altnordischen reste davon. Das althochdeutsche hat schon in der ältesten zeit in *sunu* das *u* durchgeführt, in *metu, ehu, eru, heru* das *e*, in *fridu, situ, quirn* das *i*.[1]) Notwendig zur unterscheidung ist der umlaut in der *i*-declination im ahd. noch nicht, da die casus des pl. auch sonst von denen des sg. noch deutlich geschieden sind; auch im mhd. noch nicht, so lange das *e* der flexionsendungen gewart wird, denn der nom. acc. gen. pl. *geste* würden wol, auch wenn sie des umlauts entbehrten, mit dem dat. sg. *gaste* nicht leicht verwechselt werden. Sobald aber das *e* schwindet, wie dies namentlich in den oberdeutschen dialecten geschehen ist, bleibt der umlaut im nom. und acc. das einzige unterscheidungszeichen zwischen sg. und pl. Auf diesem standpunkte der entwickelung hat die *i*-declination einen erheblichen vorzug vor der *a*-declination, und die rein dynamische geltung des umlauts ist vollendet. Das zeigt sich namentlich daran, dass er weit über sein ursprüngliches gebiet hinausgreift. Dies hinausgreifen steht mit dem fehlen oder vorhandensein eines unterscheidenden *e* im engsten zusammenhange. So hat gerade im oberdeutschen der umlaut fast alle umlautsfähigen substantiva der alten *a*-declination ergriffen, vgl. Schmeller, Mundarten Baierns § 796, Winteler, Kerenzer mundart s. 170 ff. Man sagt also *tag — täg, arm — ärm* etc. Die mittel- und niederdeutschen mundarten und die schriftsprache haben diese tendenz in viel geringerem grade, und vorwiegend nur bei den mehrsilbigen wörtern wie *sattel, wagen*, in denen auch sie das *e* des pl. abwerfen. Schon frühzeitig durchgedrungen ist der umlaut bei den ursprünglich consonantisch flectierenden und daher einer endung im nom. acc. pl. entbehrenden verwandschaftswörtern: mhd. *vater — veter, muoter — müeter* etc.

---

[1]) Vgl. Beitr. z. gesch. d. deutschen spr. VI, 80.

Ein anderer fall, in dem der umlaut aus analogen ursachen dynamisch geworden ist, ist der conj. der starken und der ohne zwischenvokal gebildeten schwachen präterita, mhd. *fuor — füere, sang*, pl. *sungen — süngen, mohte — möhte, brâhte — bræhte* etc. Hier ist der umlaut entweder durchgängig oder wenigstens für den pl. einziges unterscheidungsmittel. Die dynamische auffassung im sprachgefühl bekundet sich darin, dass im nhd. bei der sonstigen ausgleichung des vokalismus doch der umlaut bleibt (*sang, sangen — sänge*, für *sungen, sünge*); ferner noch entschiedener im mitteldeutschen in der übertragung des umlauts von den ursprünglich vokallosen auf die syncopierten präterita (*brante — brente* statt *brante* nach analogie von *brâhte — bræhte*). [1]

Ein dritter fall ist der umlaut im präs. gegenüber dem unterbleiben des umlauts im prät. und part.: ahd. *brennu — branta — gibrantêr*. Im part. hat sich auf lautlichem wege ein wechsel entwickelt: *gibrennit — gibrant-*. Das nächste resultat der ausgleichung ist aber unter diesen umständen, dass die unflectierte form *gibrennit* gegen *gibrant* zurückgedrängt wird. Dann aber erhält sich der gegensatz in der wurzelsilbe zwischen präs. und prät.-part. jahrhunderte hindurch constant, wiewol er zur charakterisierung der formen nicht notwendig ist.

Auf diese weise können auch elemente des wortstammes in flexionsendungen verwandelt werden. Dies ist der fall in unserer schwachen declination. In dieser gehört das *n* (vgl. *namen, frauen, herzen*) zu dem ursprünglichen stamme. Indem aber jede spur der ursprünglichen flexionsendung durch den lautlichen verfall getilgt ist, und indem anderseits das *n* im nom. (beim neutrum auch acc.) sg. geschwunden ist (*name, frau, herz*), so ist es zum charakteristicum der obliquen casus im gegensatz zum nom. sg. geworden. Ein anderes auf solche weise entsprungenes casussuffix ist das pluralbildende -*er* (*rad — räder, mann — männer*). Die bildungsweise ist von einigen neutralen *s*-stämmen ausgegangen (vgl. lat. *genus — generis*), in denen das *s* lautgesetzlich zu *r* geworden war. Im nom. sg. musste dasselbe nebst dem vorhergehenden vokal lautgesetzlich schwinden. Unter der einwirkung

---

[1] Vgl. Bech, Germania 15, s. 129 ff.

der vokalischen declination entstand dann zunächst im ahd.
folgendes schema.

	sg.	pl.
n.	kalp	kalbir
g.	kalbir-es	kalbir-o
d.	kalbir-e	kalbir-um
a.	kalp	kalbir.

Im gen. und dat. sg. war das -ir- jedenfalls unnötig und
störend. Daher sind die betreffenden formen schon in der
zeit, aus der unsere ältesten quellen stammen, bis auf vereinzelte reste verschwunden und durch *kalbes, kalbe* ersetzt,
die nach dem muster der normalflexion aus dem nom.-acc. gebildet sind. Nun musste das -ir als charakteristicum des pl.
erscheinen, um so mehr, weil es im nom.-acc. gar kein anderes
unterscheidendes merkmal gab. Der functionelle charakter
des -ir = mhd., nhd. -er documentiert sich dann dadurch, dass
es allmählig auf eine menge von wörtern übertragen wird,
denen es ursprünglich nicht zukommt.

Diese beispiele werden genügen um anschaulich zu machen,
wie eine ohne rücksicht auf einen zweck entstandene
lautliche differenzierung, durch zufälliges zusammentreffen verschiedener umstände begünstigt, ungewollt
und unvermerkt in den dienst eines zweckes gezogen
wird, wodurch dann der schein entsteht, als sei die differenz
absichtlich zu diesem zwecke gemacht. Dieser schein wird
um so stärker, je mehr die gleichzeitig entstandenen zweck-
widrigen differenzen getilgt werden. Wir dürfen unsere aus
der verfolgbaren historischen entwickelung zu schöpfende erfahrung zu dem satze verallgemeinern, dass es in der sprache
überhaupt keine absichtliche zur bezeichnung eines
functionsunterschiedes gemachte lautdifferenzierung
gibt, dass der erstere immer erst durch secundäre entwickelung zur letzteren hinzutritt, und zwar durch
eine unbeabsichtigte, den sprechenden individuen
unbewuste entwickelung vermittelst natürlich sich
ergebender ideenassociation.

Durch die bisher besprochenen fälle der ausgleichung wird
immer eine secundäre differenz zwischen etymologisch zusammengehörigen formen beseitigt. Es gibt aber auch eine

ausgleichung zwischen solchen formen, die sich nur
zufällig in bedeutung und lautform einander genähert
haben. Hierher gehört wider ein teil der vorgänge, die man
unter dem namen volksetymologie[1]) zusammenfasst (vgl.
s. 98). Sicher namentlich solche fälle wie *sündflut* aus mhd.
sinvluot (allgemeine flut), *augenbraune* für *augenbraue* (durch
den pl. *brau(e)n* veranlasst), *einöde* = mhd. *einœte* (*-œte* ableitungssuffix), *beispiel* = mhd. *bîspel* (beirede), *ohnmacht* =
mhd. *ômaht* (*âmaht*), *zu guter letzt* für *letz* (abschied), *langsam*
= mhd. *lancseine*, *seltsam* = mhd. *seltsœne*, *Reinhold* = *Rein-
olt* (= *Reinwalt*). Der psychologische vorgang bei der ausgleichung ist ganz der selbe, ob dabei eine früher nie vorhandene gleichheit geschaffen, oder ob eine alte gleichheit
widerhergestellt wird. Denn von der letzteren weiss das
sprachgefühl nichts. In dem einen wie in dem andern falle
muss die beziehung zwischen den betreffenden formen erst in
der seele jedes individuums durch attraction geschaffen werden;
und wenn das einmal geschehen ist, so kann daraus die lautliche angleichung resultieren.

Bei der formalen ausgleichung, die wir schon mehrfach mit in die betrachtung hineinziehen mussten, kommen zum
teil die selben verhältnisse in betracht wie bei der stofflichen,
daneben aber auch andere, wie sie bei dieser nicht vorkommen
können. Auch sie ist häufig reaction gegen eine zwecklose
lautdifferenzierung, kann aber auch solche differenzen treffen,
die nicht auf eine ältere gleichheit zurückgehen.

---

[1]) Zu unterscheiden davon ist diejenige art der volksetymologie,
welche unmittelbar aus mangelhafter perception fremdartiger laute entspringt, die zu folge hat, dass man ähnlich klingende gewohnte laut-
verbindungen unterschiebt. Ob ein fremdwort auf diese oder auf die
oben beschriebene weise umgedeutet ist, lässt sich, wenn unsere quellen
ausreichen, danach entscheiden, ob es von vornherein in der umgedeute-
ten gestalt aufgenommen oder ob es erst nach seiner einbürgerung von
der umdeutung betroffen wird. Bei einheimischen wörtern kann man
nicht in zweifel sein. Ganz verschieden ist natürlich auch die absichtliche, witzige umdeutung. Reichliches material für alle arten der volksetymologie findet man bei Andresen, Ueber deutsche volksetymologie
(dritte auflage, Heilbronn 1878).

Eine einwirkung mehrerer einander entsprechender formen aus verschiedenen etymologischen gruppen ist in der regel nur möglich, wenn andere entsprechende formen dieser gruppen gleich gebildet sind. Doch gilt das nicht ganz ausnahmslos. Es kann z. b. die endung eines casus in einer zahlreichen classe so sehr als die eigentliche normalendung dieses casus empfunden werden, dass sie auf eine andere, zumal auf eine nicht besonders zahlreiche classe übertragen wird, auch wenn diese wenig oder gar nichts mit der classe gemein hat, aus welcher das muster geholt wird. Von dieser art ist z. b. im attischen die übertragung der genitivendung ου aus der zweiten declination auf die masculina der ersten (πολίτου statt *πολίτω, wie es den contractionsgesetzen gemäss Homerischem -αο, dorischem -ᾱ entsprechen müsste), wiewol sich die übereinstimmung beider classen wesentlich auf die gleichheit des geschlechts beschränkt. Der gen. du. der griechischen dritten declination hat seine endung von der zweiten entlehnt (ποδοῖν nach ἵπποιν).

Jedoch bei weitem in den meisten fällen nimmt die formale ausgleichung ihren ausgangspunkt von der partiellen gleichheit der bildungsweise, und ihre tendenz geht dahin diese partielle gleichheit in eine totale zu verwandeln. Hierbei sind zwei sehr verschiedene arten des entwickelungsganges zu unterscheiden. Entweder es entstehen innerhalb einer gleichförmigen bildungsweise lautliche differenzen zwischen einer oder mehreren formen, und es wird dann das ursprüngliche verhältniss wider hergestellt durch vermittelung der gleichgebliebenen formen. Oder in zwei früher verschiedenen bildungsclassen tritt lautlicher zusammenfall einiger formen ein, und diese geben die veranlassung auch den unterschied der übrigen aufzuheben.

Die erstere art hat besonders da ihre stelle, wo formale und stoffliche ausgleichung zusammenwirken. Sie ist aber auch ausserdem häufig genug. So gehört z. b. hierher die ausgleichung zwischen hartem und weichem reibelaut in den casus- und personalendungen der altgermanischen dialecte. [1]

---

[1]) Vgl. Beiträge VI, 548 ff.

Nach dem Vernerschen gesetze war *þ* = idg. *t* in *þ* und *ð* (*d*),
s in *s* (hart) und *z* (weich) gespalten. Es hiess demnach im
urgerm. *ı̇rdési* (du trittst), *ı̇rdépi* (er tritt), *ı̇rdépe* (ihr tretet),
ı̇rdónþi (sie treten) gegen *bérezi* (du trägst), *béreði, béreðe,*
béronði, während in der 1. sg. und pl. keiue differenzierung
eingetreten war; ferner in der *o*-declination nom. sg. *stigós*
(steg), aber *éhwoz* (pferd), nom. pl. *stigòs,* aber *éhwôz,* acc.
pl. *stigóns,* aber *éhwonz,* während die übrigen casusendungen
gleichgeblieben waren; und ähnlich in andern flexionsclassen.
Die darauf eingetretene ausgleichung hat fast überall zu
gunsten des weichen lautes entschieden, wobei zu bemerken
ist, dass *z* im altn. und in den westgerm. dialecten als *r* erscheint, im ursprünglichen auslaut in den letzteren abfällt.
Doch hat in einigen fällen auch das harte *s* gesiegt. So steht
im nom. pl. der *a*-declination ags. und altfries. *dagas* neben
altn. *dagar;* im alts. zeigt der Heliand *-os,* nur vereinzelt *o*
oder *a* (*grurio, slutila*), während in der Freːkenhorster rolle
a häufiger ist als *os* und *as.* Das ahd. kennt in appellativen
nur *a,* dagegen in stammbezeichnungen, die zu städtenamen
geworden sind, auch *-as,* widerum ein fall, wo in folge formaler isolierung ein abweichendes resultat der ausgleichung
zu staude gekommen ist.

Ein beispiel aus jüngerer zeit ist die widerherstellung des
flexions-*e* im nhd. in fällen, wo es schon im mhd. geschwunden war. Besonders lehrreich sind die ableitungen mit *-en,*
-er, -el. Bei den substantiven bleibt die mittelhochdeutsche
ausstossung des *e* bestehen, vgl. *des morgens, dem wagen, die*
wagen, der wagen, den wagen gegen *tages, tage, tagen,* ebenso
schüssel, schüsseln gegen *schule, schulen.* Dagegen in den adjectiven, die wegen der sonstigen durchgängigen gleichformig-
keit fester zusammengehalten wurden, ist das *e* nach analogie
der einsilbigen wider hergestellt: *gefangenes* wie *langes, ge-*
fangene, gefangenen (mhd. *gevangen*), *andere, anderes, anderer*
(= mhd. *ander, anders, ander*). Die neuhochdeutschen formen
kommen übrigens schon im mhd. neben den syncopierten vor.
Wir können dabei wider beobachtungen über isolierung machen.
Es heisst ausuahmlos *die, den eltern* gegenüber *die, den älte-*
ren; der jünger, den jüngern (subst.) gegen *der jüngere, den*
jüngeren (adj.); *einzeln,* dat. pl. des mhd. adj. *einzel; anderseits,*

unserseits gegen *anderer seite, unserer seite: vorderseite, hinter-
seite, oberarm, unterarm, edelmann, innerhalb, ausserhalb, ober-
halb, unterhalb* (unechte composita, durch zusammenwachsen
von adj. und subst. entstanden) gegen *die vordere seite* etc.;
anders gegen *anderes*. [1])

Die zweite art des entwickelungsganges lässt sich gleichfalls durch massenhafte beispiele belegen. Ich verweise insbesondere auf die gegenseitige beeinflussung der verschiedenen
declinationsclassen des indogermanischen in den einzelsprachen,
die fast immer die folge des lautlichen zusammenfalls in mehreren casus, namentlich im nom. und acc. sg. gewesen ist.
Meistens haben die so zusammenfallenden classen schon früher
einmal eine völlig oder überwiegend identische bildungsweise
gehabt, und diese ursprüngliche identität ist erst durch secundäre lautentwickelung verdunkelt worden, gegen die eine so-
fortige reaction deshalb nicht möglich gewesen ist, weil die
differenzierung eine zu sehr durchgehende war. So ist z. b.
die einheit der indogermanischen declination hauptsächlich vernichtet durch die unter dem einflusse des accentes eingetretene
vokalspaltung und die contraction des stammauslauts mit der
eigentlichen flexionsendung. Dies waren so durchgreifende
wandlungen, dass es erst vieler weiterer veränderungen und
namentlich abschwächungen bedurfte um das getrennte auf
einer ganz andern grundlage teilweise wider zu vereinigen.

Das resultat bei dieser art ausgleichung ist in der regel,
dass wörter der einen bildungsclasse in die andere übertreten,
und zwar entweder alle oder nur einige, entweder in allen
formen oder nur in einigen. Für das letztere mag folgendes
als beispiel dienen. Im gotischen sind die masculina der *i*-
declination im sg. in die *a*-declination übergetreten wegen des
lautlichen zusammenfalls im nom. und acc., ähnlich im ahd.
Der pl. bleibt aber in beiden dialecten noch verschieden flectiert. Dass die ausgleichung zunächst bei diesem punkte stehen

---

[1]) Als weitere hierher gehörige fälle führe ich noch an: die ausgleichung der durch das westgermanische syncopierungsgesetz entstandenen differenzen zwischen kurzsilbigen, langsilbigen und mehrsilbigen
stämmen, vgl. Beiträge VI, s. 160 ff.; zwischen den formen mit *j* und
denen ohne *j* vor dem stammauslaut in den verschiedenen flexionsclassen
des germ, vgl. ib. s. 209 ff.

bleibt, ist eine folge des nie fehlenden mitwirkens der etymologischen gruppierung, und es bestätigt sich insofern dadurch
wider der satz: je enger der verband, je leichter die beeinflussung.

Wie bei der stofflichen ausgleichung ist entweder nur die
eine gruppe activ, während die andere sich mit einer passiven
rolle begnügt, oder es sind beide gruppen zugleich activ und
passiv. Im nhd. sind eine menge schwacher masculina in die
flexion der starken auf *-en* übergetreten, von denen sie sich
schon im mhd. nur durch den nom. und gen. sg. unterschieden,
vgl. *bogen* (= mhd. *boge*), *garten, kragen, schaden* etc. Es
gibt aber auch einige fälle, in denen umgekehrt ein starkes
masculinum auf *n* in die schwache flexion übergetreten ist:
heide (= mhd. *heiden*), *krist(e)* (= mhd. *kristen*), *rabe* (= mhd.
raben).

Tritt eine solche gegenseitige beeinflussung zweier gruppen
an den nämlichen wörtern hervor, so kann es geschehen, dass
nach längeren schwankungen sich eine ganz neue flexionsweise herausbildet. So ist durch contamination der beiden
eben besprochenen classen eine mischclasse erwachsen: *der
glaube — des glaubens, der gedanke — des gedankens* etc. Die
entstehung dieser mischclasse erklärt sich einfach, wenn wir
bemerken, dass einmal im nom. wie im gen. doppelformen bestanden haben: *der glaube — der glauben, des glauben — des
glaubens*. Es hat sich dann in der schriftsprache der nom.
der einen, der gen. der andern classe festgesetzt. So ist ferner
aus der gegenseitigen beeinflussung der schwachen masculina
mit abgeworfenem endvokal und der starken eine mischclasse entstanden, die den sing. stark und den pl. schwach
flectiert: *schmerz, -es, -e — schmerzen*. Entsprechend bei den
neutris: *bett, -es, -e — betten*. Das am weitesten greifende
beispiel der art im nhd. ist die regelmässige flexion der feminina auf *-e*, die zusammengeschmolzen ist aus der alten *a*-
declination und der *n*-declination (der schwachen). Im mhd.
flectiert man noch:

sg. n.	vröude		zunge
g.	vröude		zungen
d.	vröude		zungen
a.	vröude		zungen

pl. n.	vröude	zungen
g.	vröuden	zungen
d.	vröuden	zungen
a.	vröude	zungen

Im nhd. heisst es durch den ganzen sg. hindurch *freude, zunge*, durch den ganzen pl. hindurch *freuden, zungen*. Wider ein charakteristisches beispiel einer zweckmässigen umgestaltung, die ohne bewustsein eines zweckes erfolgt ist. Die grössere zweckmässigkeit der neuhochdeutschen verhältnisse beruht nicht blos darauf, dass das gedächtniss ganz erheblich entlastet ist; es sind auch die beiden allein vorhandenen endungen in der angemessensten weise verteilt. Die unterscheidung der numeri ist deshalb viel wichtiger als die unterscheidung der casus, weil die letzteren noch durch den in den meisten fällen beigefügten artikel charakterisiert werden. Im mhd. kann *die vröude* und *die zungen* acc. sg. und nom. acc. pl. sein, *der zungen* gen. sg. und pl. Diese unsicherheiten sind jetzt nicht mehr möglich, dagegen nur die unterscheidung zwischen nom. und acc. sg. bei *zunge* aufgehoben. Sehen wir aber, wie sich die verhältnisse entwickelt haben, so finden wir als vorstufe ein allgemeines übergreifen jeder von beiden classen in das gebiet der andern, welches sich ganz natürlich ergeben musste, nachdem einmal in drei formen (nom. sg., gen. und dat. pl.) lautlicher zusammenfall eingetreten war. So hatte sich ein zustand ergeben, dass jede form sowol auf -*e* als auf -*en* auslauten konnte mit ausnahme des nom. sg. Es ist dabei keine einzige form mit rücksicht auf einen zweck gebildet, sondern nur für erhaltung oder untergang der einzelnen formen ist ihre zweckmässigkeit entscheidend gewesen.

Gegenseitige beeinflussung zweier gruppen setzt immer voraus, dass das kräfteverhältniss kein zu ungleiches ist. Denn andernfalls wird die beeinflussung einseitig werden, auch durchgreifender und rascher zum ziele führend. Es sind natürlich immer diejenigen classen besonders gefährdet, die nicht durch zahlreiche exemplare vertreten sind, falls diese nicht durch besondere häufigkeit geschützt sind. Der geringe umfang gewisser classen andern gegenüber kann von anfang an vorhanden gewesen sein, indem überhaupt nicht mehr wörter in der betreffenden weise gebildet sind, meistens aber ist er erst eine folge der secundären entwickelung. Entweder sterben viele ursprünglich in die classe gehörige wörter aus, wobei namentlich der fall in betracht kommt, dass eine ursprünglich lebendige bildungsweise abstirbt und nur in einigen häufig gebrauchten exemplaren sich usuell weiter vererbt. Oder die classe spaltet sich durch lautdifferenzierung in mehrere unterabteilungen, die, indem nicht sogleich dagegen reagiert wird, den zusammenhalt verlieren. Möglichste zerstückelung der einen ist daher mitunter das beste mittel um zwei verschiedene bildungsweisen schliesslich mit einander zu vereinigen. Nicht selten geschieht es auch, dass bei dieser zerstückelung nur ein teil in berührung mit einer überlegenen classe gerät, die ihn dann von den übrigen los und an sich reisst, oder der eine teil mit dieser, der andere mit jener. Beobachtungen nach dieser seite hin lassen sich z. b. an der geschichte des allmählichen untergangs der consonantischen und der u-declination im deutschen machen.

Hat einmal eine classe eine entschiedene überlegenheit über eine oder mehrere andere gewonnen, mit welchen sie einige berührungspunkte hat, so sind die letzteren unfehlbar dem untergange geweiht. Nur besondere häufigkeit kann einigen wörtern kraft genug verleihen sich dem sonst übergewaltigen einflusse auf lange zeit zu entziehen. Diese existieren dann in ihrer vereinzelung als anomala weiter.

Jede sprache ist unaufhörlich damit beschäftigt alle unnützen ungleichmässigkeiten zu beseitigen, für das functionell gleiche auch den gleichen lautlichen ausdruck zu schaffen. Nicht allen gelingt es damit gleich gut. Wir finden die einzelnen sprachen und die einzelnen entwickelungsstufen dieser sprachen in sehr verschiedenem abstande von diesem ziele. Aber auch diejenige darunter, die sich ihm am meisten nähert, bleibt noch weit genug davon. Trotz aller umgestaltungen, die auf dieses ziel losarbeiten, bleibt es ewig unerreichbar.

Die ursachen dieser unerreichbarkeit ergeben sich leicht aus den vorangegangenen erörterungen. Erstens bleiben die auf irgend welche weise isolierten formen und wörter von der normalisierung unberührt. Es bleibt z. b. ein nach älterer weise gebildeter casus als adverbium oder als glied eines compositums, oder ein nach älterer weise gebildetes participium als reine nominalform. Das tut allerdings der gleichmässigkeit der wirklich lebendigen bildungsweisen keinen abbruch. Zweitens aber ist es ganz vom zufall abhängig, ob eine teilweise tilgung der classenunterschiede auf lautlichem wege, die so vielfach die vorbedingung für die gänzliche ausgleichung ist, eintritt oder nicht. Drittens ist die widerstandsfähigkeit der einzelnen gleicher bildungsweise folgenden wörter eine sehr verschiedene nach dem grade der stärke, mit dem sie dem gedächtnisse eingeprägt sind, weshalb denn in der regel gerade die notwendigsten elemente der täglichen rede als anomalieen übrig bleiben. Viertens ist auch die unentbehrliche übergewalt einer einzelnen classe immer erst resultat zufällig zusammentreffender umstände. So lange sie nicht besteht, können die einzelnen wörter bald nach dieser, bald nach jener seite gerissen werden, und so kann gerade durch das wirken der analogie erst recht eine chaotische verwirrung hervorgerufen werden, bis eben das übermass derselben zur heilung der übelstände führt. Bei so viel erschwerenden umständen ist es natürlich, dass der process auch im günstigsten falle so langsam geht, dass, bevor er nur annähernd zum abschluss gekommen ist, schon wider neu entstandene lautdifferenzen der ausgleichung harren. Die selbe ewige wandelbarkeit der laute, welche als anstoss zum ausgleichungswerke unentbehrlich ist, wird auch die zerstörerinn des von ihr angeregten werkes, bevor es vollendet ist.

Wir können uns das an den declinationsverhältnissen der neuhochdeutschen schriftsprache veranschaulichen. Im fem. sind die drei hauptclassen des mhd., die alte *i-*, *a-* und *n-* declination auf zwei reduciert, vgl. oben s. 124. Da nun auch die reste der consonantischen und der *u*-declination (vgl. z. b. mhd. *hant*, pl. *hende, hande, handen, hende*) sich allmählig in die *i*-classe eingefügt haben, so hätten wir zwei einfache und leicht von einander zu sondernde schemata: 1: sg. ohne *-e*, pl. mit *-e* und eventuell mit umlaut (*bank — bänke, hinderniss — hindernisse*); 2: sg. mit *-e*, pl. mit *-en* (*zunge — zungen*). In diese schemata aber fügen sich zunächst nicht ganz die mehr-

silbigen stämme auf *-er* und *-el* (*mutter — mütter, achsel —
achseln*), die nach allgemeiner schon mittelhochdeutscher regel
durchgängig das *e* eingebüsst haben (wo es überhaupt vorhanden war). Diese würden noch wenig störend sein. Aber
es haben auch sonst viele feminina das auslautende *-e* im sg.
eingebüsst, sämmtliche mehrsilbige stämme auf *-inn* und *-ung*
und viele einsilbige, wie *frau, huld, kost* etc. = mhd. *frouwe,
hulde, koste* etc. Der gang der entwickelung bei den letzteren
ist wahrscheinlich der gewesen, dass ursprünglich bei allen
zweisilbigen femininis auf *-e* doppelformen entstanden sind je
nach der verschiedenen stellung im satzgefüge, und dass dann
die darauf eingetretene ausgleichung verschiedenes resultat gehabt hat. Ausserdem kommt dabei der kampf des oberdeutschen und des mitteldeutschen um die herrschaft in der schriftsprache in betracht. Wie dem auch sei, jedenfalls ist eine
neue spaltung da: *zunge — zungen*, aber *frau — frauen*. Und
gleichzeitig ist es wider vorbei mit der klaren unterscheidbarkeit
der beiden hauptclassen: *frau* stimmt im sg. zu *bank*, im pl.
zu *zunge*. Diese neue verwirrung war nun allerdings förderlich für die weitere ausgleichung. Die berührung zwischen
der formation *frau* mit der formation *bank* hat zu folge gehabt, dass eine grosse menge von wörtern, ja die mehrzal aus
der letzteren in die erstere hinübergezogen sind, vgl. *burg* (pl.
burgen = mhd. *bürge*), *flut, welt, tugend* etc., sämmtliche wörter
auf *-heit, -keit, -schaft*. Auf diesem wege hätte sich eine ein-
heitliche pluralbildung erlangen lassen, auf *-en* (*n*), und nur
im sg. wäre noch die verschiedenheit von wörtern mit und
ohne *e* geblieben. Aber die Bewegung ist eben nicht zu ende
gediehen und erhebliche reste der alten *i*-declination stehen
störend im wege.

Ganz ähnliche beobachtungen lassen sich am masculinum
und neutrum machen, nur dass bei diesen noch mehr ver-
wirrende umstände zusammentreffen. Auch hier wären die
verhältnisse darauf angelegt gewesen eine reinliche scheidung
in der flexion zwischen den substantiven ohne *-e* und denen
mit *-e* im nom. sg. herauszubilden (*arm — arme, wort — worte,*
aber *funke — funken, auge — augen*), wenn nicht wider die
abwerfung des *-e* in einem teile der wörter dazwischen gekommen wäre (*mensch — menschen, herz — herzen*).

Am bequemsten arrangieren sich die verhältnisse, wenn
auf starke verstümmlungen der endsilben eine periode verhält-
nissmässigen stillstands in der lautbewegung folgt. Dieser
stillstand tritt aber in der regel erst dann ein, wenn von den
endungen nichts oder nicht viel mehr als nichts übrig ist. Auf
diesem standpunkt ist die declination im englischen und in den
romanischen sprachen, namentlich im französischen angelangt,
wo mit vereinzelten ausnahmen nur noch sg. und pl., und zwar
nach wenigen einfachen oder nach einem einheitlichen principe unterschieden werden.

Was wir hier an der sprache beobachtet haben,
gehört überhaupt zum wesen alles geschichtlich gewordenen. Betrachten wir den zustand der religiösen anschauungen, des rechtslebens, der socialen verhältnisse, der
künste in irgend einem zeitraume, so werden wir die nämlichen beobachtungen machen können. Uebrigens bietet auch
die entwickelung der organischen natur treffende analogieen.
Die noch immer sehr beliebte art der geschichtlichen construction, welche alle verhältnisse eines zeitabschnittes gleichmässig
aus einem grundprincip abzuleiten sucht, verrät einen ent-
schiedenen mangel an historischem sinn. Sie übersieht die
continuität der entwickelung, den zusammenhang einer jeden
entwickelungsstufe mit allen voraufgegangenen bis hinauf zu
den ersten anfängen der cultur. So sehr auch ein princip,
wie z. b. auf juristischem gebiete das lehensverhältniss alle
zustände und anschauungen eines zeitalters durchdringen mag,
immer werden sich aus einer früheren zeit, welche dieses
princip noch nicht kannte, eine menge residua erhalten, die
sich dem neuen entweder gar nicht oder nur unvollkommen
angepasst haben.

Dieser, wie ich glaube, noch nicht hinlänglich gewürdigte
gesichtspunkt, dürfte für die methodik der verschiedenen geschichtswissenschaften von grossem werte sein. Für die der
sprachwissenschaft ist er jedenfalls von ausserordentlicher bedeutung. Wir können mit hülfe desselben über die grenzen
unserer überlieferung hinaus rückschlüsse machen, denen ein
hoher grad von sicherheit zukommt. Es darf als ein allge-
meingültiger grundsatz hingestellt werden, dass alles vereinzelte,
anomale in der sprache als rest einer früher durch eine um-

fassendere kategorie vertretenen regel anzusehen ist. Daraus
im einzelnen die praktischen consequenzen zu ziehen soll hier
nicht unsere aufgabe sein. Sie ergeben sich übrigens sehr
leicht aus unseren bisherigen erörterungen. [1])

---

[1]) Wie sich speciell mit hülfe des oben bezeichenten grundsatzes
die wirkungen der lautgesetze von denen der analogiebildung scheiden
lassen, habe ich Beitr. z. gesch. d. deutschen spr. VI, s. 7 ff. gezeigt.
Eine vollständige methodologie der sprachwissenschaft hat Brugman zu
liefern versprochen, dem ich nach der praktischen seite hin nicht vor-
greifen möchte.

Cap. VII.

Bedeutungsdifferenzierung.

Es ist, wie wir gesehen haben, im wesen der sprachentwickelung begründet, dass sich in einem fort eine mehrheit von gleichbedeutenden wörtern, formen, constructionen herausbildet. Als die eine ursache dieser erscheinung haben wir die analogiebildung kennen gelernt, als eine zweite convergierende bedeutungsentwickelung von verschiedenen seiten her, wir können als dritte hinzufügen die aufnahme eines fremdwortes für einen begriff, der schon durch ein heimisches wort vertreten ist (vgl. *vetter — cousin, base — cousine*), unter welche categorie natürlich auch die entlehnung aus einem verwandten dialecte zu stellen ist.

So unvermeidlich aber die entstehung eines solchen überflusses ist, so wenig ist er im stande sich auf die dauer zu erhalten. Die sprache ist allem luxus abhold. Man darf mir nicht entgegen halten, dass sie dann auch die entstehung des luxus vermeiden würde. Es gibt in der sprache überhaupt keine präcaution gegen etwa eintretende übelstände, sondern nur reaction gegen schon vorhandene. Die individuen, welche das neue zu dem alten gleichbedeutenden hinzuschaffen, nehmen in dem augenblicke, wo sie dieses tun, auf das letztere keine rücksicht, indem es ihnen entweder unbekannt ist, oder wenigstens in dem betreffenden augenblicke nicht ins bewustsein tritt. In der regel sind es dann erst andere, die, indem sie das neue von diesem, das alte von jenem sprachgenossen hören, beides untermischt gebrauchen.

Unsere behauptung trifft wenigstens durchaus für die umgangssprache zu. Etwas anders verhält es sich mit der litteratursprache, und zwar mit der poetischen noch mehr als mit der prosaischen. Aber die abweichung bestätigt nur unsere grundanschauung, dass bedürfniss und mittel zur befriedigung sich immer in das gehörige verhältniss zu einander zu setzen suchen, wozu eben sowol gehört, dass das unnütze ausgestossen wird, wie dass die lücken nach möglichkeit ausgefüllt werden. Man darf den begriff des bedürfnisses nur nicht so eng fassen, als ob es sich dabei nur um verständigung über die zum gemeinsamen leben unumgänglich notwendigen dinge handle. Vielmehr ist dabei auch die ganze summe des geistigen interesses, aller poetischen und retorischen triebe zu berücksichtigen. Ein durchgebildeter stil, zu dessen gesetzen es gehört nicht den gleichen ausdruck zu häufig zu widerholen, verlangt natürlich, dass womöglich mehrere ausdrucksweisen für den gleichen gedanken zu gebote stehen. In noch viel höherem grade verlangen versmass, reim, alliteration oder ähnliche kunstmittel die möglichkeit einer auswahl aus mehreren gleichbedeutenden lautgestaltungen, wenn anders ihr zwang nicht sehr unangenehm empfunden werden soll. Die folge davon ist, dass die poetische sprache sich die gleichwertigen mehrheiten, welche sich zufällig gebildet haben, zu nutze macht, sie beliebig wechselnd gebraucht, wo die umgangssprache den gebrauch einer jeden an bestimmte bedingungen knüpft, sie beibehält, wo die umgangssprache sich allmählig wider auf einfachheit einschränkt. Dies ist ja eben eins der wesentlichsten momente in der differenzierung des poetischen von dem prosaischen ausdrucke. Es lässt sich leicht an der poetischen sprache eines jeden volkes und zeitalters im einzelnen der nachweis führen, wie ihr luxus im engsten zusammenhange mit der geltenden poetischen technik steht, am leichtesten vielleicht an der sprache der altgermanischen alliterierenden dichtungen, die sich durch einen besondern reichtum an synonymen auszeichnet.

Für die allgemeine volkssprache aber ist die annahme eines viele jahrhunderte langen nebeneinanderbestehens von gleichbedeutenden doppelformen oder doppelwörtern aller erfahrung zuwiderlaufend und muss mit entschiedenheit als ein methodologischer fehler bezeichnet werden, ein fehler der allerdings bei der construction der indogermanischen grundformen sehr häufig begangen ist.

Bei der beseitigung des luxus müssen wir uns natürlich wider jede bewuste absicht ausgeschlossen denken. In der unnützen überbürdung des gedächtnisses liegt auch schon das heilmittel dafür.

Die einfachste art der beseitigung ist der untergang der mehrfachen formen und ausdrucksweisen bis auf eine. Man kann leicht die beobachtung machen, dass der luxus der sprache nur in beschränktem masse auch ein luxus des einzelnen ist. Auf einem gewissen gleichmass in der auswahl aus den möglichen ausdrucksformen beruht am meisten die charakteristische eigentümlichkeit der individuellen sprache. Denn ist einmal das eine aus irgend welchem grunde geläufiger geworden, als das andere, d. h. ist seine befähigung sich unter gegebenen umständen in das bewustsein zu drängen eine grössere, so ist auch die tendenz vorhanden, dass, wo nicht besondere einflüsse nach der entgegengesetzten seite treiben, dies übergewicht bei einer jeden neuen gelegenheit eine verstärkung erhält. Sobald nun die überwiegende majorität einer engeren verkehrsgemeinschaft in der auswahl aus irgend einer mehrheit zusammentrifft, so ist wider die natürliche folge, dass sich die übereinstimmung mehr und mehr befestigt und nach dem absterben einiger generationen eine vollständige wird. So bilden denn die verschiedenen möglichkeiten der auswahl auch eine hauptquelle für die entstehung dialectischer unterschiede. Natürlich kommt es auch vor, dass die auswahl auf dem ganzen sprachgebiete zu dem gleichen resultate führt, namentlich da, wo besonders begünstigende bedingungen für die eine form vorhanden sind, wie wir sie z. b. in cap. VI kennen gelernt haben.

Neben dieser bloss negativen entlastung der sprache gibt es aber auch eine positive nutzbarmachung des luxus vermittelst einer bedeutungsdiffenzierung des gleichwertigen. Auch diesen vorgang dürfen wir uns durchaus nicht als einen absichtlichen denken. Wir haben in cap. IV gesehen, dass die verschiedenen bedeutungen eines wortes, einer flexionsform, einer satzfügung etc. jede für sich und eine nach der andern erlernt werden. Wo nun eine mehrheit von

gleichwertigen ausdrücken im gebrauche ist, deren jeder mehrere bedeutungen und verwendungsarten in sich schliesst, da
ergibt es sich ganz von selbst, dass nicht jedem einzelnen im
verkehre die verschiedenen bedeutungen gleichmässig auf die
verschiedenen ausdrücke verteilt erscheinen. Vielmehr wird
es sich häufig treffen, dass er diesen ausdruck früher oder öfter
mit dieser, jenen früher oder öfter mit jener bedeutung verbunden hört. Sind ihm aber einmal die verschiedenen ausdrücke jeder mit einer besondern bedeutung geläufig geworden,
so wird er auch dabei beharren, falls er nicht durch besonders
starke einflüsse nach der entgegengesetzten seite getrieben wird.
Wo die einzelnen momente der entwickelung nicht historisch zu verfolgen sind, sondern nur das gesammtresultat vorliegt, da entsteht häufig der schein, als sei eine lautdifferenzierung zum zwecke der bedeutungsunterscheidung
eingetreten. Und noch immer scheuen sich die meisten sprachforscher nicht etwas derartiges anzunehmen. Schon um solche
aufstellungen definitiv zu beseitigen, ist es von wichtigkeit
die hierher gehörigen fälle aus den modernen sprachen in
möglichster reichlichkeit zu sammeln.
Am meisten in dieser beziehung ist bisher auf dem gebiete der romanischen sprachen geschehen. Schon im jahre 1683
veröffentlichte Nicolas Catherinot eine schrift unter dem titel
Les Doublets de la Langue Françoyse, die hierher gehöriges
material zusammenstellte. Seit der begründung der wissenschaftlichen grammatik der romanischen sprachen ist man
immer aufmerksam auf den Gegenstand gewesen. Reichliches
material aus dem französischen ist zusammengestellt von A.
Brachet, Dictionnaire des doublets de la langue française,
Paris 1868, Supplément, Paris 1871; aus dem portugiesischen
von Coelho in der Romania II, 281 ff.; aus dem spanischen,
daneben auch aus andern romanischen sprachen von Caroline
Michaelis, Romanische wortschöpfung, Leipzig 1876. Eine zusammenstellung von lateinischen doppelwörtern hat M. Bréal
gegeben in den Mémoires de la société de linguistique de
Paris, I, 162 ff. (1868). Rücksichtlich des germanischen ist
anzuführen O. Behaghel, Die neuhochdeutschen zwillings-
wörter, Germania 23, 257 ff. Eine kleine sammlung aus dem
englischen steht bei Mätzner, Engl. grammatik[2] I, 221 ff. Ein-

gehende betrachtungen über die differenzierung hat besonders
C. Michaelis angestellt (vgl. namentlich s. 41 ff.). Sie neigt sich
entschieden der auch von uns vertretenen ansicht zu, dass die
lautliche und die begriffliche differenz ursprünglich in keinem
causalzusammenhange mit einander stehen. Noch bestimmter
spricht sich Behaghel (s. 292) aus: „In der lebendigen sprache
findet keine absichtliche, bewusste differenzierung der form
zum zwecke der bedeutungsdifferenzierung statt." Seine eigene
arbeit beschäftigt sich aber wesentlich nur mit der lautlichen
seite.

Das in den genannten arbeiten zusammengestellte material gehört nun übrigens bei weitem nicht alles unter die kategorie, mit der wir es hier zu tun haben. Selbstverständlich
müssen alle fälle ausgeschlossen werden, in denen ein lehn-
wort von anfang an in einer andern bedeutung aufgenommen
ist als ein altheimisches oder ein in früherer zeit oder aus
anderer quelle entlehntes wort, gleichviel ob die wörter, wenn
man weit genug zurückgeht auf den gleichen ursprung führen.
Französisch *chose* und *cause* stammen beide aus lat. *causa*,
aber ihre bedeutungsverschiedenheit ist nicht aus einer differenzierung auf französischem boden entstanden, sondern *cause*
ist als gerichtlicher terminus entlehnt zu einer zeit, als *chose*
sich schon zu der allgemeinen bedeutung 'sache' entwickelt
hatte. So verhält es sich bei weitem mit den meisten doppelwörtern der romanischen sprachen, die uns deshalb hier gar
nichts angehen [1]), so verhält es sich auch mit neuhochdeutschen
wörtern wie *legal — loyal, pfalz — palast, pulver — puder,
spital, hôtel* etc. Weiter müssen wir aber auch alle diejenigen
fälle ausschliessen, in welchen die bedeutungsdifferenzierung
die folge einer grammatischen isolierung ist. Wenn z. b. das
alte participium *bescheiden* noch als adj. in der bedeutung modestus gebraucht wird, dagegen als eigentliches part. *beschieden*, so sind zwar in der letzteren verwendung eine zeit lang
bescheiden und *beschieden* neben einander hergegangen, aber
niemals ist *beschieden* = modestus gebraucht.

---

[1]) C. Michaelis ist gewiss im allgemeinen im irrtume, wenn sie
(s. 42 ff.) auch die dem lateinischen näher stehende bedeutung der dem
lateinischen näher stehenden form als ergebniss einer differenzierung
auffasst.

Auf der andern seite ist in den angeführten arbeiten unsere
zweite classe, in der die bedeutungsgleichheit erst auf secundärer entwickelung beruht, gar nicht berücksichtigt. An einer
gesichteten zusammenstellung von fällen, die als unzweifelhafte
differenzierung gleichbedeutender ausdrücke zu betrachten sind,
fehlt es also dennoch. Es wird sich daher empfehlen mit beispielen zur erläuterung des vorganges nicht sparsam zu sein.
Ich wähle dieselben grösstenteils aus dem neuhochdeutschen.

Die formen *knabe* und *knappe* sind im mhd. vollständig
gleichbedeutend und vereinigen beide die verschiedenen neuhochdeutschen bedeutungen in sich. Ebenso werden *raben*
(= nhd. *rabe*) und *rappe* beide zur bezeichnung des vogels
verwendet, während jetzt in der schriftsprache *rappe* auf die
metaphorische verwendung für ein schwarzes pferd beschränkt
ist.[1] Eine dritte form, *rappen* mit einem aus den obliquen
casus in den nom. gedrungenen *n* hat sich für die münze
(ursprünglich mit einem schwarzen vogelkopf) festgesetzt, die
ursprünglich auch *rappe, rapp* heisst und ausserdem als *raben-
heller, rabenpfennig, rabenbatzen, rabenvierer* bezeichnet wird
(vgl. Adelung). Wie *knabe — knappe* verhalten sich mhd. *bache*
(hinterbacken, schinken) — *backe* (urgerm. *bako — bakko*) zu
einander, und es ist daher sehr wahrscheinlich, dass wir es
hier mit einer ebenfalls secundären, nur bedeutend älteren bedeutungsdifferenzierung zu tun haben. Erst neuhoch-
deutsch ist die unterscheidung zwischen *reiter* (= mhd. *riter*)
und *ritter, scheuhen* und *scheuchen*, die verschiedene nuancierung in der anwendung von *jungfrau* und *jungfer*. *Hain* ist
eine contraction aus *hagen* und im mhd. sind beide gleichbedeutend (noch jetzt in compositis wie *hagebuche — hainbuche,
hagebutte — hainbutte* etc.); *hagen* in der abgeleiteten bedeutung,
die jetzt auf *hain* beschränkt ist, erscheint bei B. Waldis.

Häufig sind die doppelformen, die durch die mischung
verschiedener declinationsweisen entstanden sind, differenziert,
so *Franke — franken, tropf — tropfen* (vgl. für die gleich-
wertige verwendung die beispiele Sanders, z. b. Haller: *Du bist
der weisheit meer, wir sind davon nur tröpfe* und umgekehrt

---

[1] Allerdings vermag ich *rabe* in der übertragenen bedeutung nicht
nachzuweisen.

Wieland: *dem armen tropfen*), *fleck — flecken, fahrt — fährte, stadt — stätte* (mhd. nom. *vart, stat* — gen. *verte, stete*); zugleich mit verschiedenheit des geschlechtes *der lump — die lumpe, der trupp — die truppe, der karren — die karre, der possen — die posse*. Verschiedenheit des geschlechtes bei gleicher nominativform wird verwertet in *der — das band* (beispiele für *der band = fascia*, vinculum im Deutschen wb.), *der — die flur* (ersteres nur in der bedeutung hausflur, in welcher bedeutung aber auch *die flur* vorkommt), *der — die haft* (schon im mhd. mit ziemlich entschiedener trennung der bedeutungen), *der — das mensch* (letzteres noch im siebenzehnten jahrhundert ohne verächtlichen nebensinn), *der — das schild* (die scheidung noch jetzt nicht ganz durchgeführt, vgl. Sanders), *der — die see, der — die schwulst* (beispiele für beide geschlechter in eigentlicher und uneigentlicher bedeutung bei Sanders), *die — das erkenntniss* (letzteres noch bei Kant sehr häufig = cognitio). Dazu kommen die fälle, in denen verschiedene pluralbildungen sich differenziert haben: *bande — bänder, dinge — dinger* (der jetzigen verwendung entgegen z. b. bei Luther Luc. 21, 26 *für warten der dinger die komen sollen auf erden*), *gesichte — gesichter* (beispiele von nichtbeobachtung des unterschieds bei Sanders), *lichte — lichter* (die unterscheidung nicht allgemein durchgeführt), *orte — örter* (desgleichen), *tuche — tücher, worte — wörter* (beispiele in denen ersteres noch wie letzteres verwendet wird bei Sanders 3, 1662[b]), *säue — sauen* (vgl. für die ältere zeit stellen wie *von denen zahmen sauen entsprossen* oder *wilde säue und bären* etc. bei Sanders). Im älteren nhd. kommt von *druck* sowol der pl. *drucke* als *drücke* vor; jetzt existiert nur noch der pl. *drucke* im sinne von „gedruckte werke“, wofür Göthe noch *drücke* gebraucht, dagegen heisst es *abdrücke, eindrücke, ausdrücke*. In ältere zeit zurück geht die differenzierung von *tor — tür* (vgl. Sievers, Beitr. z. gesch. d. deutschen spr. u. lit. 5, 111[1]) und *buch — buche* (ahd. *buah*, noch häufig fem., ist die alte nominativform, *buocha* die accusativform); die alten nominativformen *buoz, wîs, halp* sind auf die verwendung in bestimmten formeln beschränkt (*mir wirdit buoz, managa wîs, einhalp* etc., noch jetzt *anderthalb, drittehalb*), während sonst die accusativformen *buoza, wîsa, halba* üblich geworden sind.

Diese benutzung verschiedener flexionsformen begegnet uns beinahe in allen flectierenden sprachen. Aus dem englischen lassen sich eine anzahl doppelter pluralbildungen anführen: *cloths* kleiderstoffe — *clothes* fertige kleider, während in der älteren sprache so gut wie von den meisten übrigen wörtern beide bildungsweisen untermischt gebraucht werden; *pennies* pfennige als geldstücke — *pence* als wertbestimmung; *brethren* gewöhnlich im übertragenen sinne — *brothers* im eigentlichen. Im holländischen werden die plurale auf -*en* und -*s* von einigen wörtern noch beliebig neben einander gebraucht (*vogelen* — *vogels*), von andern ist nur die eine üblich (*engelen*, aber *pachters*), wider von andern aber werden beide neben einander mit differenzierter bedeutung gebraucht, vgl. *hemelen* (himmel im eigentlichen sinne) — *hemels* (betthimmel), *letteren* (brief oder literatur) — *letters* (buchstaben), *middelen* (mittel) — *middels* (taillen), *tafelen* (gesetztafeln u. dergl.) — *tafels* (tische), *vaderen* (voreltern) — *vaders* (väter), *wateren* (wasser) — *waters* (ströme). Aehnlich stehen sich bei einigen wörtern die formen auf -*en* und -*eren* gegenüber: *kleeden* (tischdecken, teppiche) — *kleederen* (kleider), *beenen* (gebeine) — *beenderen* (knochen), *bladen* (blätter im buch) — *bladeren* (im eigentlichen sinne). Aus dem dänischen gehört hierher *skatte* (schätze) — *skatter* (abgaben), *vaaben* (waffen) — *vaabener* (wappen). Wo im altn. *a* mit ǫ (dem *u*-umlaut) in der wurzelsilbe der nomina wechselte je nach der beschaffenheit der flexionsendung (z. b. *sǫk(u)* — *sakar* etc.), da sind im späteren norwegisch zunächst doppelformen entstanden, eine mit *a*, eine mit *o*, von denen dann meistens entweder die erstere oder die letztere untergegangen ist. In einigen fällen aber haben sich beide mit bedeutungsdifferenzierung erhalten: *gata* (gasse) — *gota* (fahrweg), *grav* (grab) — *grov* (grube), *mark* (feld) — *mork* (wald), *tram* (anhöhe) — *trom* (rand).

In der flexion des pron. *der* ist der gegenwärtig bestehende unterschied im gebrauche der kürzeren und der erweiterten formen erst allmählig herausgebildet. Die formen *der* im gen. sg. fem. und im gen. pl. aller geschlechter und *den* im dat. pl., die jetzt auf den adjectivischen gebrauch beschränkt sind, kommen im siebenzehnten jahrh. noch häufig, vereinzelt auch noch im achtzehnten im substantivischen vor, z. b. bei Göthe

die krone, der mein fürst mich würdig achtet. Dagegen werden
umgekehrt *derer, denen* adjectivisch, selbst als blosser artikel
gebraucht, vgl. z. b. *derer dinge, derer leute* Logau, *derer gesetze* Klopfstock; *zu denen dingen, zu denen stunden* Heinr. von
Wittenweiler (15. jahrh.); noch im achtzehnten jahrh. ist *denen*
in dieser verwendung häufig in der schriftsprache, und noch
jetzt ist *dene* mit der üblichen apocope des *n* die allgemein
herrschende form in alemannischen und südfränkischen mundarten. Ferner ist der gegenwärtig bestehende gebrauch, dass
deren auf den gen. beschränkt ist, dagegen im dat. ausschliesslich *der* verwendet wird, gleichfalls erst secundär herausgebildet, vgl. *von deren ich reden, in deren die schmeichler seind*
Gailer von Kaisersberg, *o fürstin, deren sich ein solcher fürst
verbunden* Weckherlin. Endlich ist auch der merkwürdige unterschied, den man jetzt in der anwendung der formen *derer* und
deren macht, erst allmählig herausgebildet; vgl. *wie viel seind
deren die da haben* Pauli und umgekehrt *mit mancher kunst,
derer sichs gar nit schemen thar* P. Melissus.

Schaffen als st. verb. und *schöpfen* sind aus dem selben
paradigma entsprungen: got. *skapjan* prät. *skôp.* Zum prät.
seuof hat sich im nhd. neben der alten form *scepfen* ein neues
regelmässiges präs. *scaffan* gebildet; im mhd. ist dann weiter
zu *schepfen* ein prät. *schepfete* und ein prät. *geschepfet* gebildet. Im mhd. sind *schuof, geschaffen* und *schepfete, geschepfet* gleichbedeutend, vereinigen die bedeutung der beiden
neuhochdeutschen wörter in sich. Die selbe vereinigung findet
sich im präs. *schepfen.* Das präs. *schaffen* erscheint allerdings
von vornherein auf die bedeutung schaffen beschränkt.

Die conjunction *als* ist durch *alse* hindurch aus *alsô* entstanden. Im mhd. sind beide vollkommen gleichbedeutend,
beide nach belieben demonstrativ oder relativ. Ebensowenig besteht ein unterschied der bedeutung zwischen *danne* und *denne,
wanne* und *wenne.* Die jetzige verschiedenheit des gebrauches
ist durch einen ganz langsamen process entwickelt, und die zu-
fälligkeit der entstehung zeigt sich noch an einem mangel eines
logischen principes der differenzierung.

Das participium des intransitivums, *verdorben* und das
des entsprechenden transitivums, *verderbt* haben sich so ge-

schieden, dass das letztere nur noch in moralischem sinne gebraucht wird. Secundär ist auch der bedeutungsunterschied von *bewegt* und *bewogen*, vgl. z. b. *das meer .. vom winde bewogen* Prätorius, *der hat im tanze nicht die beine recht bewogen* Rachel, dagegen *dass er dardurch bewegt ward, solches in eigener person zu erfahren* Buch der liebe.

Die wörter auf -*heit*, -*schaft*, -*tum* sind früher wesentlich gleichbedeutend. Sie können sämmtlich eine eigenschaft bezeichnen, manche haben daneben eine collectivbedeutung entwickelt. Auch wörter auf -*niss* und einfachere bildungen wie *höhe*, *tiefe* berührten sich vielfach mit ihnen. So ist es auch bis jetzt im ganzen geblieben, aber im einzelnen haben sich da, wo mehrere dieser bildungen neben einander standen, diese meistens irgendwie differenziert. Fälle, in denen die verschiedenen gebrauchsweisen, die sich jetzt auf mehrere solcher bildungen verteilen, einmal vollständig in jeder derselben vereinigt waren, sind allerdings nicht so häufig, doch vgl. *gemein(d)e gemeinschaft*, von denen auch *gemeinheit* ursprünglich in der bedeutung nicht geschieden war. Bemerkenswert sind auch *kleinheit* — *kleinigkeit*, *neuheit* — *neuigkeit*. Beispiele für die frühere unterschiedslose verwendung des ersten paares sind im deutschen Wb. beigebracht, vgl. *so verhält es sich auch mit gewissen kleinheiten, die es im haushalt nicht sind* Göthe-Zelterscher briefwechsel — *die ausnehmende kleinigkeit der masse* Kant. Ueber das zweite paar lehrt Adelung, *neuheit* werde gebraucht „als ein concretum, eine neue bisher nicht erfahrne oder erkannte sache, wofür doch *neuigkeit* üblicher ist," dagegen „*die neuigkeit einer nachricht, einer empfindung, eines gedankens* u. s. f. wofür jetzt in der anständigen sprechart *neuheit* üblicher ist."

Entsprechend verhält es sich mit den adjectiven auf -*ig*, -*isch*, *lich*, -*sam*, -*haft*, -*bar*, bei denen die jetzt bestehenden bedeutungsverschiedenheiten, nicht auf bedeutungsverschiedenheit der suffixe an sich beruhen, vgl. oben s. 95. Ein treffendes beispiel ist *ernstlich* — *ernsthaft*, vgl. für den älteren gebrauch *die stets gar ernstlich und saur sieht* Ayrer — *der ernsthaft fleisz* Fischart.

Im mhd. sind *sô* und *als (also, alse)* ganz gleichbedeutend

beide sowol demonstrativ als relativ. Im nhd. sind sie differenziert, zunächst in der weise, dass *so* im allgemeinen als
dem., *als* als rel. gebraucht wird, vgl. z. b. *so wol als auch*
(mhd. *sô wol sô* oder *als wol als*), *so bald als*. Doch ist ein rest
des demonstrativen *als* übrig geblieben in *alsbald* und *so* kann
in vielen fällen dem. und rel. zugleich vertreten *(so bald er
kommt, so gut ich kann)*. Im mhd. hat *lîhte* wie *vil lîhte* die
bedeutung von nhd. *leicht* und *vielleicht*.

Im mhd. kann *sichern* so viel bedeuten wie nhd. *versichern*
und umgekehrt *versichern* so viel wie nhd. *sichern* (z. b. *die
stat mit mûren und mit graben v.*). Die unterscheidung von
sammeln, sammlung und *versammeln, versammlung* ist dem älteren
nhd. noch fremd; vgl. *Moses und Aaron . . . sameleten auch die
ganze gemeinde, Gott ist fast mächtig in der samlunge der hei-
ligen* Luth. — *Des festlichen tages, an dem die gegend mit jubel
trauben lieset und tritt und den most in die fässer versammelt*
Göthe; *Die linsen sind gleichsam eine versammlung unend-
licher prismen* Göthe; *Dass sie* (die juden in ihrer zerstreuung)
keiner versammlung mehr hoffen dürfen. Ein ähnliches verhältniss besteht öfter zwischen simplex und compositum oder
zwischen verschiedenen compositis, die ein gemeinsames simplex
haben.

Es müssen hier auch einige vorgänge besprochen werden,
die zwar nicht eigentlich differenzierungen sind, die
aber aus den nämlichen grundprocessen entspringen
wie diese und daher für deren beurteilung wichtig sind. Den
ausgangspunkt bildet dabei nicht totale sondern partielle gleichheit der bedeutung.

Der partiellen gleichheit kann eine totale vorangegangen
sein, die zunächst dadurch aufgehoben ist, dass das eine wort
eine bedeutungserweiterung erfahren hat, die das andere nicht
mitgemacht hat. Dann ist sehr häufig die weitere folge, dass
das erstere aus seiner ursprünglichen bedeutung von dem
letzteren ganz herausgedrängt und auf die neue bedeutung beschränkt wird. *Kristentuom* und *Kristenheit* werden zwar schon
von Walther v. d. Vogelweide im heutigen sinne einander gegenüber gestellt, aber das letztere wird doch mhd. auch noch in
der grundbedeutung = *christenthum* gebraucht, vgl. z. b. Tristan

1968 (von einem zu taufenden kinde) *durch daz ez sîne kristenheit in gotes namen empfienge.* Mhd. *wîstuom* bedeutet das selbe
wie *wîsheit,* daneben tritt aber die abgeleitete bedeutung „rechts-
belehrung" auf, und auf diese wird dann nhd. *weistum* beschränkt. Mhd. *gelîchnisse* kann noch in dem selben sinne wie
gelîchheit gebraucht werden, nhd. *gleichniss* hat diese ursprüngliche bedeutung aufgegeben.

Häufiger ist es, dass ein wort, welches früher in seiner
bedeutung von einem anderen ganz verschieden war, irgend
einen teil von dem gebiete des letzteren occupiert und dann
allmählig für sich allein in beschlag nimmt. So ist *bœse* auf
das moralische gebiet eingeschränkt (mhd. auch *bœsiu kleit*
u. dergl.) durch das übergreifen von *schlecht* (ursprünglich glatt,
grade). Aehnliche einschränkungen haben erfahren: *siech* (ursprünglich die allgemeine bezeichung für krank), *seuche, sucht*
durch *kranc, krancheit* (ursprünglich schwach, schwäche); *arg*
(mhd. auch in der bedeutung geizig) durch *karg* ursprünglich
klug); *als* durch *wie* (ursprünglich fragewort, dann zunächst nur
verallgemeinerndes relativum, *ob* durch *wenn.*

Sehr häufig endlich ist es, dass ein neugebildetes oder aus
einer fremden sprache entlehntes wort ein älteres aus einem
teile seines gebietes hinausdrängt. So hat mhd. *ritterschaft*
auch die bedeutung von rittertum; nachdem das letztere wort
gebildet ist, büsst es diese ein. So ist *freundlich* durch *freund-
schaftlich* angegriffen, *wesentlich* durch *wesenhaft, empfindlich*
durch *empfindsam, einig* durch *einzig, stegreif* durch *steigbügel,
künstlich* durch *kunstvoll* und *kunstreich, bein* durch *knochen*
(ursprünglich mitteldeutsch).

Diese verschiedenen vorgänge können in mannigfachen
verknüpfungen unter einander und mit der eigentlichen bedeutungsdifferenzierung erscheinen. Soll einmal die geschichte der
bedeutungsentwickelung zu einer wissenschaft ausgebildet werden, so wird es ein haupterforderniss sein auf diese verhältnisse die sorgfältigste rücksicht zu nehmen. Auch nach dieser
seite hin bestätigt sich unser grundsatz, dass das einzelne nur
mit stätem hinblick auf das ganze des sprachmaterials beurteilt werden darf, dass nur so erkenntniss des causalzusammenhangs möglich ist. Wie schon die hier gegebenen andeutungen

erkennen lassen, ist dabei gerade der mangel durchgehender
logischer principien charakteristisch. Der zufall, die absichtslosigkeit liegen zu tage.

Wir haben oben schon mehrfach an das syntaktische gebiet gestreift. Auch an rein syntaktischen verhältnissen zeigen
sich die besprochenen vorgänge.

Im ahd. waren in der starken declination des adj. doppelformen für den nom. sg. sowie für den acc. sg. n. entstanden:
guot — guotêr, guotiu, guotaz. Im gebrauch dieser formen besteht zunächst kein unterschied. Einerseits wird die sogenannte unflectierte attributiv vor dem subst. gebraucht, noch
im mhd. allgemein, während sich jetzt bis auf wenige isolierte
reste die flectierte festgesetzt hat, anderseits wird die flectierte
auch da gebraucht, wo sich später die unflectierte festgesetzt
hat; so attributiv nach dem subst., z. b. *Krist guater, thaz hi-
milrìchi hôhaz* Otfrid, noch im mhd. *der knappe guoter* Parzival, *ein wolken sô trüebez* Heinr. v. Morungen neben dem üb-
licherem *der knappe guot* etc.; ferner als prädicat *ist iuuar mieta
mihhilu* Tatian, *uuird thu stummêr* Otfrid, vereinzelt noch im
mhd., z. b. *daz daz wîte velt vollez frouwen wære* Parzival
671, 19; so auch *ih habetiz io giuuissaz* (hielt es immer für
gewiss) Otfrid, *alsô nazzer muose ich scheiden* Walther v. d.
Vogelw. Bei *ein* und beim possessivpron. hat sich auch vor
dem subst. die unflectierte form festgesetzt, früher standen
beide nebeneinander, vgl. *sîner sâmo, sînaz korn, einaz fisgizzi*
Otfrid.

Die doppelformen *ward* und *wurde* haben sich so geschieden, dass ersteres auf die bedeutung des aorists beschränkt
ist während im sinne des imperfectums nur das letztere gebraucht werden kann. Doch ist die scheidung nicht durchgeführt, weil *wurde* in jedem falle angewendet werden kann.
Dass auch im idg. zwischen dem ind. des impf. und dem des
aor., sowie zwischen den übrigen modi des praes. und denen
des aor. ursprünglich keine bedeutungsverschiedenheit bestanden hat, dürfen wir mit ziemlicher sicherheit annehmen. Denn
die doppelheit ist wahrscheinlich aus einem einzigen paradigma
entstanden dadurch, dass eine durch den wechselnden accent
entstandene discrepanz zwischen den formen nach zwei verschiedenen seiten hin ausgeglichen wurde. Noch auf dem uns

überlieferten zustande des sanskrit sind die formen nicht in allen classen des verb. geschieden. Ob man got. *viljau* (ich will) einen opt. praes. oder aor. nennen will, ist ganz gleichgültig. Ueberhaupt wird das tempus- und modussystem des idg. durch eine anzahl von bedeutungsdifferenzierungen zu stande gekommen sein, womit der entgegengesetzte vorgang, zusammenfall der bedeutung verschiedenartiger bildungen hand in hand ging.

Cap. VIII.

Verschiebungen in der gruppierung der etymologisch zusammenhängenden wörter.

Wenn man sämmtliche die gleiche wurzel enthaltenden
wörter und formen nach den ursprünglichen bildungsgesetzen,
wie sie durch die zergliedernde methode der älteren verglei-
chenden grammatik gefunden sind, zusammenordnet, so erhält
man ein mannigfach gegliedertes system oder ein grösseres system von kleineren systemen, die ihrerseits wider aus
systemen bestehen können. Schon ein einziges indogermani-
sches verbum für sich stellt ein sehr compliciertes system dar.
Aus dem verbalstamme haben sich verschiedene tempusstämme,
aus jedem tempusstamme verschiedene modi, erst daraus die
verschiedenen personen in den beiden genera entwickelt. Die
analytische grammatik ist bemüht immer das dem ursprunge
nach nächst verwandte von dem erst in einem entfernteren
grade verwandten zu sondern, immer zwischen grundwort und
ableitung zu scheiden, alle sprünge zu vermeiden und nicht
etwas als directe ableitung zu fassen, was erst ableitung aus
einer ableitung ist. Was aber von ihrem gesichtspuncte aus
ein fehler in der beurteilung der wort- und formenbildung ist,
das ist etwas, dem das sprachbewustsein unendlich oft ausgesetzt ist. Es ist ganz unvermeidlich, dass die art, wie
sich die etymologisch zusammengehörigen formen in
der seele der sprachangehörigen unter einander gruppieren, in einer späteren periode vielfach etwas anders ausfallen muss als in der zeit, wo die formen
zuerst gebildet wurden. Und die folge davon ist, dass
auch die auf solcher abweichenden gruppierung beruhende

analogiebildung aus dem gleise der ursprünglichen bildungsgesetze heraustritt. Secundärer zusammenfall von laut und
bedeutung ist dabei vielfach im spiel. Welche wichtige rolle
dieser vorgang in der sprachgeschichte spielt, mag eine reihe
von beispielen lehren.

Wir haben im nhd. eine anzahl von alters her überlieferter nomina actionis männlichen geschlechts neben entsprechenden starken verbén, vgl. *fall — fallen, fang — fangen, schlag
— schlagen, streit — streiten, lauf — laufen, befehl* (ahd. *bifelh*)
— befehlen. Wenn wir hier auf das ursprüngliche bildungsprincip zurückgehen, so werden wir sagen müssen, dass weder
das nomen aus dem verbum, noch das verbum aus dem nom.
abgeleitet ist, sondern beide direct aus der wurzel. Wir haben
ferner einige fälle, in denen neben einem nomen agentis ein
daraus abgeleitetes schwaches verbum steht, vgl. *hass — hassen,
krach — krachen, schall — schallen, rauch — rauchen, zil —
zilen, mord — morden, hunger — hungern.* Im nhd. sind diese
beiden klassen nicht auseinanderzuhalten, namentlich deshalb,
weil die verschiedenheit der verbalendungen im präs. ganz
verschwunden ist. Es erscheinen jetzt *schlag — schlagen* und
hass — hassen einander vollkommen proportional, und man
bildet nun weiter auch zu andern verben, gleichviel welcher con-
jugationsclasse sie angehören, nomina einfach durch weglassung
der endung, vgl. *betrag, ertrag, vortrag, betreff, verbleib, be-
gehr, erfolg, verfolg, belang, betracht, brauch, gebrauch, ver-
brauch, besuch, versuch, verkehr, vergleich, bereich, schick, bericht, ärger* etc. Im mhd. steht neben dem subst. *git* ein
daraus abgeleitetes verbum *gitesen.* Letzteres entwickelt sich
im spätmhd. regelrecht zu *geitzen, geizen,* und daraus bildet
sich das subst. *geiz,* welches das ältere *geit* verdrängt.

Wo ein nomen und ein verbum von entsprechender bedeutung neben einander stehen, da ist es unausbleiblich, dass
die aus dem einen gebildete ableitung sich auch zu dem andern in beziehung setzt, so dass sie dem sprachgefühl eben
sowol aus dem letzteren wie aus dem ersteren gebildet scheinen kann, und diese von dem ursprünglichen verhältniss ab-
gehende beziehung kann dann die veranlassung zu neubildungen
werden. Unser suffix *-ig* (ahd. *-ag* und *-îg*) dient ursprünglich nur zu ableitungen aus nominibus. Aber es stehen ihrer

form und bedeutung nach wörter wie *gläubig, streitig, geläufig* in eben so naher beziehung zu *glauben, streiten, laufen* wie zu *glaube, streit, lauf,* andere wie *irrig* sogar in näherer beziehung zu dem betreffenden verbum, weil das subst. *irre* in seiner bedeutungsentwickelung dem adj. nicht parallel gegangen ist; bei andern wie *gehörig, abwendig* ist das zu grunde liegende subst. (mhd. *hôre*) verloren gegangen oder wenigstens nicht mehr allgemein gebräuchlich. So werden denn eine anzahl von adjectiven geradezu aus verben gebildet, vgl. *erbietig* (gegenüber dem nominalen *erbötig*), *ehrerbietig, freigebig, ergiebig, ausfindig* (doch wohl mit anlehnung an mhd. *fündec*), *zulässig, rührig, wackelig, dämmerig, stotterig;* auch *abhängig* kann seiner bedeutung nach nicht zu *hang, abhang,* sondern nur zu *abhangen* gestellt werden. Ebenso verhält es sich mit den adjectiven auf *-isch,* von denen wenigstens *neckisch, mürrisch, wetterwendisch* als ableitungen aus verben aufgefasst werden müssen, nach dem muster solcher wie *neidisch, spöttisch, argwöhnisch* etc. gebildet. Unser suffix *-er* (ahd. *-âri, -eri,* mhd. *-œre, -er*), welches jetzt als allgemeines mittel zur bildung von nomina agentis aus verben dient, wurde ursprünglich nur zu solchen bildungen verwendet, wie wir sie noch in *bürger. müller, schüler* und vielen andern wörtern haben. Im got. sind sicher nominalen ursprungs *bokareis* (schriftgelehrter) von *boka* (im pl. buch), *daimonareis* (besessener) von δαίμων, *motareis* (zöllner) von *mota* (zoll), *vullareis* (tuchwalker) von *vulla* (wolle), *liuþareis* (sänger) von einem vorauszusetzenden **liuþ* = ahd. *leod,* nhd. *lied.* Demgemäss werden wir wol auch *laisareis* (lehrer) und *sokareis* (forscher) nicht von den verben *laisjan* (lehren) und *sokjan* (suchen) abzuleiten haben, sondern von vorauszusetzenden substantiven **laisa* = ahd. *lêra,* nhd. *lehre* und **soka* = mhd. *suoche* oder **sok* = ahd. mhd. *suoch.* Diese beiden letzten verben zeigen aber bereits die möglichkeit die bildung in beziehung zu einem verbum zu setzen. Auch neben *liuþareis* steht ein *liuþon* (singen). An solche muster angeschlossen beginnen dann schon im ahd. die ableitungen aus verben. Dass die nominale ableitung das ursprüngliche ist, sieht man namentlich noch an solchen fällen wie *zuhtari* (erzieher), aus *zuht,* nicht aus *ziuhan* abgeleitet, *notnumftari* (räuber). In den fällen, wo der wurzelvokal der

148

nominalen ableitung nicht zum präs. des verbums stimmt, tritt
mehrfach eine verbale neubildung daneben, und mitunter haben
sich beide bildungen bis ins neuhochdeutsche gehalten, vgl.
*ritter — reiter, schnitter — schneider, nähter — näher, mähder
— mäher, sänger — singer* (ahd. nur *sangari*), *Schilter* (als eigenname) = mhd. *schiltœre* (mahler) — *schilderer*. Die abstracta
auf ahd. *-ida* (got. *-iþa*) scheinen ursprünglich nur aus adjectiven gebildet zu sein und erst in folge secundärer beziehung
aus verben: *kisuohhida* zu *kisuohhen, pihaltida* zu *pihaltan* nach
chundida — chunden — chund etc.

Wie in der ableitung verhält es sich auch in der composition. Die allmählige umdeutung eines nominalen ersten
compositionsgliedes in ein verbales und die dadurch hervorgerufenen neubildungen hat neuerdings Osthoff[1]) ausführlich
behandelt. So treten z. b. ahd. *waltpoto* (procurator), *sceltwort,
betohus, spiloman, fastatag, wartman, spurihunt, erbereht,* welche doch die nomina *walt* (*giwalt*), *scelta, beta, spil, fasta,
warta, spuri, erbi* enthalten, in directe beziehung zu den verben
waltan, sceltan, betôn, spilôn, fastên, wartên, spurien, erben,
und von diesen und ähnlichen bildungen aus entspringt die
im nhd. so zahlreich gewordene classe von compositis mit ver-
balem ersten gliede wie *esslust, trinksucht, schreibfeder, schreib-
faul* etc. Hierher gehören namentlich viele composita mit
-bar, -lich, -sam, -haft[2]), die aber vom standpunkte des sprachgefühls aus vielmehr als ableitungen zu betrachten und mit
den oben angeführten bildungen auf *-ig* und *-isch* gleichzu-
stellen sind, vgl. wörter wie *wählbar, unvertilgbar, unbeschreib-
lich, empfindlich, empfindsam, naschhaft.* Der übergang zeigt
sich besonders deutlich bei solchen wörtern wie *streitbar, wandelbar, vereinbar. Streitbar* kann noch eben so gut auf *streit*
wie auf *streiten* bezogen werden, aber *unbestreitbar* nur auf
bestreiten. Im mhd. wird *wandelbœre* durchaus auf *wandel* bezogen, und da dieses gewöhnlich „makel" bedeutet, so bedeutet
es auch gewöhnlich „mit einem makel behaftet"; im nhd. dagegen ist *wandelbar, unwandelbar* ganz an die bedeutung des

---

[1]) Das verbum in der nominalcomposition im deutschen, griechischen, slavischen und romanischen. Jena 1878.
[2]) Vgl. Osthoff a. a. o. s. 116 ff.

verb. *wandeln* angelehnt. Im mhd. gibt es ein adj. *einbære,*
einträchtig, ganz ohne beziehung auf das verb. denkbar.

Sehr häufig ist der fall, dass eine ableitung aus einer
ableitung in directe beziehung zum grundworte gesetzt wird, wodurch dann auch wirkliche directe ableitungen
veranlasst werden mit verschmelzung von zwei suffixen zu
einem. So erklärt sich z. b. die entstehung unserer neuhochdeutschen suffixe *-niss, -ner, -ling.* Im got. liegt noch ganz
klar ein suffix *-assus* vor (*ufar-assus* überfluss). Dasselbe wird
aber am häufigsten verwendet zu bildungen aus verbis auf
-inon, z. b. *gudjinassus* (priesteramt) von *gudjinon* (priester-
dienst verrichten). Sobald man dieses direct auf *gudja* (priester)
bezog, musste man *-nassus* als suffix empfinden. Ein *n* fand
sich ferner in solchen bildungen wie *ibnassus* aus *ibns* (eben)
und in ableitungen aus participien wie ahd. *farloran-issa.* So
ist es gekommen, dass in den westgermanischen dialecten,
von wenigen altertümlichen resten abgesehen, ein *n* mit dem
suffix verwachsen ist. Die bildungen auf *-ner* gehen aus von
nominalstämmen, die ein *n* enthalten, vgl. *gärtner* (mhd. *gar-
tenære*), *lügner* (mhd. *lügenære* von *lügene* neben *lüge*), *hafner*
(mhd. *havenære*), *wagner,* oder aus verben auf ahd. *-inôn,* vgl.
redner (ahd. *redinari* aus *redinon*), *gleissner* (mhd. *gelîchsenære*
von *gelîchsenen*). Indem nun z. b. *lügner* zu *lüge, redner* zu
rede, reden in beziehung gesetzt wird, entsteht suffix *-ner,* das
wir z. b. finden in *bildner* (schon im 14. jahrh. *bildenære,* früher
aber *bildære, harfner* (mhd. *harpfære*), *söldner* (spätmhd. *solde-
nære,* früher *soldier*). In *künstler* (mhd. *kunster*) erscheint auch
-ler als suffix, denn wir beziehen es direct auf *kunst,* weil das
verbum *künsteln,* von dem es eigentlich abstammt, auf speci-
ellere bedeutung beschränkt ist. Suffix *-ling* (in *pflegling, zög-
ling* etc.) geht aus von solchen bildungen wie ahd. *ediling* (der
edle) von *edili* oder *adal, chumiling* (nhd. in *abkömmling, an-
kömmling*) zu (*uo-)chumilo.* So stand zwischen *jung* und *jungi-
linc* wol auch einmal eine deminutivbildung **jungilo.*

Die neuhochdeutschen verba auf *-igen* sind ausgegangen
von ableitungen aus adjectiven auf *-ig.* Mhd. *einegen, huldegen,
leidegen, nôtegen, manecvaltegen, schedegen, schuldegen* stammen
unzweifelhaft aus *einec, huldec, leidec, nôtec, schadec, schuldec;*
aber nhd. *vereinigen, beleidigen, beschuldigen* wird man eher

direct auf *ein, leid, schuld* beziehen, und bei *huldigen* und *schä-
digen* ist gar keine andere beziehung als auf *huld* und *schade*
möglich, weil die vermittelnden adjectiva verloren gegangen
sind, ebenso *nötigen*, weil *nötig* nicht mehr in der bedeutung
correspondiert. So entstehen denn andere direct aus dem substantivum wie *vereidigen, befehligen, befriedigen, einhändigen,
beherzigen, sündigen, beschäftigen* oder aus einfachen adjectiven
wie *beschönigen, besenftigen, genehmigen*. Die verba auf *-ern*
und *-eln* sind hervorgegangen aus einem kerne von ableitungen
aus nominibus auf ahd. *-ar* und *-al* (*-ul, -il*), indem z. b. ahd.
spurilon (investigare) nicht direct auf das verb. *spurien*, sondern
auf ein vorauszusetzendes adj. *spuril (= altn. *spurall*) zurückgeht; jetzt aber werden sie direct aus einfacheren verben abgeleitet, vgl. *folgern, räuchern* (spätmhd. *rouchern*, früher *rouchen*),
erschüttern (mhd., noch im 16. jahrh. *erschütten*), *zögern* (aus
mhd. *zogen*), *schütteln, lächeln, schmeicheln* (aus mhd. *smeichen*)
etc. Auf entsprechende weise haben sich auch die ableitungen
aus nominibus wie *äugeln, frösteln, näseln, frömmeln, klügeln,
kränkeln* herausgebildet.

Im mhd. bilden viele adjectiva ein adv. auf *-lîche*, vgl.
*frôlîche, grôzlîche, lûterlîche, eigenlîche, vermezzenlîche, sinnec-
lîche, einvaltecliche*. Dieserart formen sind natürlich zunächst
von adjectivischen compositis auf *-lîch* abgeleitet. Indem aber
das adv. des simplex ausser gebrauch kommt, stellt sich eine directe
beziehung zwischen dem adv. des compositums und dem einfachen adj. her. Die entwickelung geht sogar noch weiter,
indem nach analogie von *grimmeclîche, stætecliche* u. dergl., die
direct auf *grim* oder *grimme, stæte* bezogen werden, auch *armec-
lîche, mitteclîche, snelleclîche* etc. gebildet werden, wiewol kein
armec etc. existiert. Die englischen adverbia auf *-ly* sind des
nämlichen ursprungs.

Aehnliche vorgänge sind offenbar in menge schon in einer
periode eingetreten, in der wir die allmähliche entwickelung nicht
verfolgen können. Wir finden in den verschiedenen indogermanischen sprachen schon auf der ältesten uns vorliegenden
entwickelungsstufe eine reichliche anzahl von suffixen, deren
lautgestalt darauf hinweist, dass sie complicationen mehrerer
einfacher suffixe sind, und die wahrscheinlich alle so entstanden

sind, dass auf die geschilderte weise eine ableitung zweiten grades zu einer ersten grades geworden ist.

Zu vielen verschiebungen der beziehungen gibt ferner das verhalten von compositis zu einander anlass. Gehen zwei verwandte wörter eine composition mit dem gleichen elemente ein, so ist es kaum zu vermeiden, dass eine directe beziehung zwischen den beiden compositis entsteht, und es ergibt sich die consequenz, dass das eine nicht mehr als compositum, sondern als ableitung aus einem compositum aufgefasst wird. Umgekehrt kann eine ableitung aus einem compositum in directe beziehung zu der entsprechenden ableitung aus dem einfachen worte gesetzt werden, und die folge davon ist, dass sie als ein compositum aufgefasst wird.

Ein reichliches material zum beleg für diese vorgänge liefert die geschichte der composition im deutschen. Ursprünglich besteht ein scharfer unterschied zwischen verbaler und nominaler composition. In der verbalen werden nur präpositionen als erste compositionsglieder verwendet, in der nominalen nominalstämme und adverbien, anfangs nur die mit den präpositionen identischen, später auch andere. In der verbalen ruht der ton auf dem zweiten, in der nominalen auf dem ersten bestandteile. Bei der zusammensetzung mit partikeln ist demnach der accent das unterscheidende merkmal. Sehr häufig ist nun der fall, dass ein verbum und ein dazu gehöriges nomen actionis mit der selben partikel componiert werden. In einer anzahl solcher fälle ist das alte verhältniss bis jetzt gewahrt trotz des bedeutungsparallelismus zwischen den beiden compositis[1]) vgl. *durchbréchen — dúrchbruch, durchschnéiden — dúrchschnitt, durchstéchen — dúrchstich, überblícken — ǘberblick, überfállen — ǘberfall, übergében — ǘbergabe, — übernéhmen — ǘbernahme, überscháuen — ǘberschau, überschlágen — ǘberschlag, überséhen — ǘbersicht, überzíehen — ǘberzug, umgéhen — umgang* (eines dinges umgang haben), *unterhálten —*

---

[1]) Im allgemeinen aber neigen die nominalen composita dazu sich an die uneigentlichen verbalen anzulehnen, gerade auch wegen der gleichen betonung, während aus den eigentlichen substantiva auf *-ung* abgeleitet werden, vgl. *dúrchfahren = dúrchfahrt — durchfáhren = durchfáhrung* etc.

únterhalt, unterscheiden — únterschied, unterschréiben — únter-
schrift, widerspréchen — widerspruch. In anderen fällen hat
die verschiedene accentuierung eine verschiedene lautgestaltung
der partikel erzeugt, wodurch sich verbales und nominales
compositum noch schärfer von einander abheben. Hier ist im
nhd. das alte verhältniss nur in einigen wenigen fällen erhalten, wo die bedeutungsentwickelung nicht parallel gewesen
ist, wie *erlauben — urlaub, erteilen — urteil.* Im mhd. haben
wir noch *empfángen — ampfanc, enthéizen — ántheiz, entlä́zen*
— ántlâz , entságen — antsage, begrában — bigraft, besprechen
— bisprâche, bevâhen — bivanc, erhében — úrhap, erstä́n —
úrstende, verbieten — vǘrbot (gerichtliche vorladung), *versetzen*
— vǘrsaz (versetzung, pfand), *verziehen — vǘrzoc* u. a. In
allen diesen fällen ist die discrepanz, wo die wörter sich
überhaupt erhalten haben, jetzt beseitigt, indem das nominale
compositum an das verbum angelehnt ist: *empfang, verzug* etc.
In andern fällen ist die ausgleichung schon im ältern mhd.
eingetreten, und die partikel *ga-* (nhd. *ge-* ist mindestens schon
im ahd., wo nicht schon im urgermanischen stets unbetont.
Mitwirkend ist bei diesem processe offenbar das verhältniss
der verbalen composita zu den daraus gebildeten nominalen
ableitungen (mhd. *erloesen — erloesære, erloesunge* etc.), die
ihrerseits erst anologiebildungen nach den ableitungen aus
einfachen verben sind. Auch inf. und part., die vielfach zu
reinen nominibus sich entwickeln (vgl. nhd. *behagen, belieben,*
erbarmen, verderben, vergnügen; bescheiden, erfahren, verschieden
etc.), und die aus dem letzteren gebildeten substantiva (vgl.
gewissen, bescheidenheit, bekanntschaft, verwandtschaft, erkennt-
niss etc.) wirken mit.

Auf der andern seite ist auch das princip, dass ein verbales
compositum kein nomen enthalten kann, für das sprachgefühl
etwas durchlöchert, indem ableitungen wie *handhaben, lust-*
wandeln, mutmassen, nottaufen, radebrechen (durch die schwache
flexion als ableitung erwiesen, vgl. mhd. *-breche*), *ratschlagen,*
wetteifern, argwöhnen, notzüchtigen, rechtfertigen, verwahrlosen
aus *handhabe, notzucht, rechtfertig* etc. sowie das durch volksetymologie umgedeutete *weissagen* (ahd. *wîzagon* aus dem adj.
wîzag, substantiviert *wîzago,* der prophet) auch als composita
gefasst werden können. Dadurch ist vielleicht das zusammen-

wachsen syntaktischer gruppen zu compositis (*lobsingen, wahrsagen*) begünstigt.

Eine andere merkwürdige verschiebung der beziehungen
in der composition findet sich durch zahlreiche beispiele im
spät- und mittellateinischen und in den romanischen sprachen
vertreten. Wir haben hier eine grosse menge von verben,
die aus der verbindung einer präposition mit ihrem casus entweder wirklich abgeleitet sind oder wenigstens ihrer bedeutung
nach daraus abgeleitet scheinen, vgl. *accorporare* (*ad corpus*)
incorporare, accordare, excommunicare (*ex communione*), *extem-
porare* (*extemporalis* schon im 1 jahrh. p. Chr.); *emballer, dé-
baller, embarquer, débarquer, enrager, affronter, achever* (*ad
caput*), *s'endimancher* (sich in den sonntagsstaat werfen), *s'enor-
gueillir* [1]). Hiermit sind auch die bildungen aus adjectiven
verwandt, welche bedeuten 'sich in den betreffenden zustand
hineinversetzen' wie *affiner, enivrer, adoucir, affaiblir, ennoblir*
etc. Die ursprüngliche grundlage für diese bildungen ist zweierlei gewesen. Einerseits ableitungen aus componierten nominibus
vgl. *assimilis — assimilare. concors — concordare, deformis —
deformare* (in der bedeutung 'verunstalten') *degener — degene-
rare, depilis — depilare, exanimis — exanimare, exheres —
exheredare, exossis — exossare, exsucus — exsucare, demens —
dementire, insignis — insignire*, die sich verhalten wie *sanus —
sanare*; ferner *dedecus — dedecorare*. Anderseits composita von
denominativen verben wie *accelerare* (*celerare* dichterisch), *ad-
aequare, addensare, aggravare, aggregare, appropinquare, assic-
care, attenuare, adumbrare, dearmare, decalvare, dehonorare, de-
populari, despoliare, detruncare, exhonorare, exonerare, innodare,
inumbrare, investire*. Beide classen mussten allmählig mit einander contaminiert werden und zumal da, wo in der ersten
das zu grunde liegende nomen, in der zweiten das simplex
ausser gebrauch kam, in dem bezeichneten sinne umgedeutet
werden.

---

[1]) Mehr beispiele bei Arsène Darmesteter, Traité de la formation
des mots composés dans la langue française (Bibliothèque de l'école des
hautes études. Sciences philologiques et historiques 19) Paris 1875, s.
80 ff.

Cap. IX.

Der positive wert der isolierung.

Wir haben bisher fast nur die nachteiligen wirkungen der isolierung ins auge gefasst. Sie erschien uns als eine zerstörende kraft, als die feindin aller ordnung und zweckmässigkeit. Man würde aber sehr irren, wenn man ihre bedeutung für die sprachgeschichte nur in dieser negativen seite sehen wollte. Sie hat vielmehr auch einen entschieden positiven wert, ja sie ist ganz unentbehrlich für jede höhere entwickelung. Aller fortschritt, der über die primitivsten anfänge der sprachtätigkeit hinaus gemacht wird, ist nur so möglich, dass mittelbare psychische verbindungen allmählig zu unmittelbaren werden. Damit aber ist der ansatz gemacht das neuangeknüpfte gegen das mittelglied in unserem sinne zu isolieren. Die heilsamkeit dieser isolierung liegt auf der hand. Wie entsetzlich hemmend wäre es, wenn jeder einzelne, um einen ausdruck für seine gedanken zu finden oder die rede eines andern zu verstehen, immer die ganze kette von zwischengliedern zu durchlaufen hätte, die in der historischen entwickelung durchlaufen ist, bevor gerade die und die beziehung zwischen lautgestalt und bedeutung zu stande kam. Oder vielmehr wie wäre es überhaupt möglich gewesen eine so lange kette zu durchlaufen, wie es vielfach geschehen ist? Würde nicht vielmehr die entwickelung sehr bald zum stillstand gekommen sein, weil die psychischen kräfte zu einer verlängerung der kette nicht ausgereicht hätten?

Der fördernde einfluss der isolierung zeigt sich zunächst in der entwickelung der wortbedeutung. Die mannigfaltigkeit der dem menschen sich nach und nach aufdrängenden vorstellungen ist eine unbegrenzte. Dem gegenüber ist die zahl der innerhalb einer sprachgenossenschaft durch urschöpfung erzeugten wörter jedenfalls eine begrenzte, wir dürfen sogar vermuten, wenn wir auch nichts genaues darüber wissen können, eine ziemlich eng begrenzte. Und noch entschiedener ist der kreis von bedeutungen begrenzt, welche uranfänglich diesen wörtern zugekommen sein können. Jedenfalls sind sie alle unter einem sinnlichen eindrucke entstanden und bezeichnen zunächst nichts anderes als sinnliche anschauungen. Fast alle abstracteren bedeutungen in irgend einer sprache lassen sich, sobald wir die entwickelung weit genug zurückverfolgen können, aus sinnlichen ableiten. So wirkungsvoll es nun unter umständen in der poesie sein kann, wenn die ursprüngliche sinnliche bedeutung der wörter noch durchblickt, so ist doch kein zweifel, dass eine sprache, in welcher aller ausdruck noch an der anfänglichen unterlage haftete, für die bedürfnisse einer nur etwas entwickelteren cultur ein ganz ungeeignetes werkzeug sein würde. Man braucht dabei noch lange nicht an den wissenschaftlichen ausdruck zu denken. Die bezeichnung alles ethischen, alles technischen von den primitivsten anfängen an kommt nur durch bedeutungsübertragung zu stande. Loslösung der sprache von der sinnlichen unterlage durch verselbständigung der abgeleiteten bedeutung gegenüber der ursprünglichen, durch häufigen untergang der letzteren, der dann eine widerholung des processes erleichtert, ist notwendige folge und zugleich wieder unentbehrliches mittel im fortgange der cultur.

Es ist aber nicht allein diese loslösung vom sinnlichen, was die isolierung zu einem notwendigen factor in der bedeutungsentwickelung macht. Sie ist überhaupt nötig, damit die sprache im stande ist sich allen veränderungen der geistigen und materiellen cultur, allen neuen erfahrungen des volkes anzupassen ohne dabei die schöpfung neuen materiales zu hülfe zu nehmen. Wie eine neue welt- und lebensanschauung nicht einfach neben die ältere treten kann, sondern diese in dem masse wie sie selbst erstarkt, zurückdrängen muss, so können auch die mit der alten anschauung verwachsenen vorstellungen, die früher an die wörter angeknüpft waren, nicht neben den durch ihre vermittelung angeknüpften neuen bestehen bleiben. Das selbe gilt bei jeder

veränderung in der einrichtung des äusseren lebens, der wohnung, kleidung, speise, der gewerblichen tätigkeit, bei jeder
veränderung des wohnsitzes, des klimas, der umgebenden tier-
und pflanzenwelt.

Ich hebe noch besondere wortklassen heraus, die
nur einer isolierung ihren ursprung verdanken. Dazu gehören die eigennamen, sowol personen- als ortsnamen. Sie
entstehen immer dadurch, dass ein wort, welches an sich
einen allgemeineren sinn hat, κατ' ἐξοχήν verwendet wird,
und zwar von den nächsten bekannten der betreffenden person, den nächsten umwohnern der betreffenden örtlichkeit,
weil für diese die allgemeine bezeichnung ausreicht zur
unterscheidung von den andern personen oder örtlichkeiten,
mit denen sie gewöhnlich zu tun haben, von denen sie gewöhnlich unter einander reden. In dieser hinsicht sind besonders so allgemeine, überall widerkehrende bezeichnungen lehrreich wie *Aue, Berg, Bruck, Brühl, Brunn, Burg, Haag, Hof,
Kappel, Gmünd, Münster, Ried, Stein, Weiler, Zell, Altstadt, Neu-
stadt* (*Villeneuve, Newtown*), *Neuburg* (*Neuchatel, Newcastle*),
Hochburg, Neukirch, Mühlberg etc. Indem solche bezeichnungen
auf die jüngere generation und auf die fernerstehenden von
anfang an mit beziehung auf die bestimmte person oder örtlichkeit überliefert werden, braucht diesen der ursprüngliche
allgemeinere sinn nicht mehr zum bewusstsein zu kommen, und
sobald dies nicht mehr geschieht ist die bezeichnung zum
eigennamen geworden. Damit ist denn aber auch die möglichkeit gegeben, dass' sich die κατ' ἐξοχήν gebrauchte form
gegenüber der im allgemeinen sinne gebrauchten weiter isoliert
und auf den gebrauch als eigenname ausschliesslich beschränkt
wird. Unter den mannigfachen arten der isolierung, die dabei
vorkommen, ist eine hervorzuheben, für die sich zwar auch
sonst beispiele beibringen lassen, die aber bei den ortsnamen
besonders häufig ist, die überführung der formen obliquer casus,
die nicht mehr als solche empfunden werden, in den nom.
Wie die bezeichnung gewöhnlich von der angabe des ortes,
wo etwas geschieht oder sich befindet, ausgeht und dafür am
häufigsten werwendet wird, so wird der dabei gebrauchte casus
massgebend. Daher zeigen die deutschen ortsnamen so häufig
dativform, vgl. *Baden, Bergen, Brunnen, Hausen, Münden, Staufen,*

-felden, -hofen, -kirchen (d. sing.), *-stetten, -strassen, -walden,*
Altenburg, Neuenburg (*Naumburg*), *Hohenburg* (*Homburg*), *Hohen-*
stein (*Hohnstein*), *Hoheneck* (*Honeck*), *Hohenbuchen, Schwarzenberg*
etc., zum teil mit bewahrung altertümlicher casusformen. Diese
dative sind ursprünglich von einer präposition abhängig, die auch
mit aufgenommen werden kann, vgl. *Ambach, Amberg, Amsteg,*
Aufkirchen, Imhof, Inzell, Innertkirchen, Obsteig, Unterwalden,
Unterseen, Zumsteg. Damit ist zu vergleichen, dass man im
mhd. nicht bloss sagt *ze Wiene* und pleonastisch *in der stat ze*
Wiene, sondern auch *diu stat ze Wiene.* Durch die erhebung
des dat. pl. zum nom. entstehen länder- und ortsnamen aus
völker- und stammesnamen, vgl. *Baiern, Franken, Sachsen,*
Schwaben etc. (aus *zen Baiern* wie lat. in *Ubiis*), die vielen
ortsnamen auf *-ungen, -ingen.* [1]) Eine andere art von casus-
isolierung trifft den gen. von personenbezeichnungen, die zunächst die ergänzung von kloster, kirche u. dergl. verlangen,
vgl. *St. Gallen, St. Blasien, St. Georgen, St. Märgen* (gen. von
Märge = *Maria*), *Unser frauen.* [2])

    Nur durch isolierung können zahlwörter und pronomina
entstanden sein. Nachweise wie die ersteren von den bezeichnungen concreter gegenstände wie *hand, mensch* u. dergl. ausgehen, finden sich bei Pott, Die quinäre und vigesimale
zählmethode. Was die pronomina betrifft, so ist zwar die
anschauung noch weit verbreitet, dass der gegensatz zwischen
pronominalen oder formwurzeln und stoffwurzeln ein ursprünglicher sei, einer solchen anschauung kann man aber nur
huldigen, wenn man sich über die beantwortung der frage, wie
die ersteren anfänglich entstanden sind, einfach hinwegsetzt.
Entstehung eines pronomens aus einem andern nomen ist innerhalb der zu beachtenden entwickelung mehrfach nachweisbar.
Der übergang ist ein allmähliger. Eine scharfe grenze lässt
sich nicht ziehen, wie denn auch in der flexionsweise über-
gangsformen vorkommen. Bekannte beispiele für den übergang
sind folgende: deutsch *man,* vom subst. ausser durch den mangel

---

  [1]) Entsprechend ist der vorgang bei bezeichnungen für feste: *ostern,*
pfingsten, weihnachten (*zen wihen nahten*)*;* ferner in *mitternacht* aus *ze*
mitter (dat. des adj. *mitte*) *naht.*
  [2]) Auch diese genitive haben ihr pendant in festbezeichnungen wie
Johannis, Michaelis, Martini, St. Gallen.

der flexion namentlich dadurch deutlich gesondert, dass es nicht
mit dem artikel verbunden wird und dass man bei einer rück-
beziehung nicht *er*, sondern wider *man* gebraucht (bei Otfried
dagegen noch *ni tharf es man biginnan* . . . *er uuergin sich
giberge*, nicht darf man es beginnen, dass man sich irgend wo
verbirgt); die gleiche entwickelung bei lat. *homo* in den romanischen sprachen; nhd. *jemand, niemand* -ahd. *eoman, neoman*,
denen gotisch *aiv man, ni aiv man* entsprechen würden (*aiv*
acc. sg. von *aivs* zeit); lat. *nemo = ne homo*, in der bedeutung von
nullus nur durch die substantivische natur geschieden; nhd.
jeglicher = ahd. *eo-gilîchêr* (immer gleicher); lat. *cuncti = cojuncti*,
von *omnes* kaum noch verschieden; lat. *certus*, it. *certo*, nhd.
ein gewisser; das zahlwort *ein* wird pron. und artikel, davon
abgeleitet ahd. *einîg* ullus, pl. nhd. *einige;* mit *einige* ist gleichbedeutend *mehrere*, lat. *plures, complures*, franz. *plusieurs; mancher* ist got. *manags* viel, gross; *der nämliche* ist soviel als
der selbe; litauisch *pats* selbst ist eigentlich ein subst. identisch
mit sanskr. *patis*, griech. πόσις, got. *-faþs* herr (gatte). Von
diesen beispielen könnte man allerdings noch sagen, dass sie
auf der grenzlinie zwischen nom. und pron. stehen bleiben.
Aber auch ein personalpronomen kann auf ähnliche weise
entstehen. Im sanskr. wird *ātmā* (geist) als reflexivpron. verwendet, das part. *bha'vān* in respectvoller anrede statt des
pron. der zweiten person. Dergleichen ehrende epitheta
an stelle der zweiten, herabsetzende an stelle der ersten sind
in orientalischen sprachen häufig. Wir finden ansätze dazu
auch im deutschen (*der herr wird erlauben* u. dergl.). Man
darf nicht etwa den einwand machen, dass solche wörter mit
der dritten person des verb. verbunden werden. Die alten
personalpronomina müssen entstanden sein, bevor die verbalformen durch personalendungen differenziert waren. Ein for-
males hinderniss für den völligen übergang in das pron. war
also noch nicht wie jetzt vorhanden. Wie dann respectsbezeich-
nungen allmählig herabsinken, bis sie jeder angeredeten person
beigelegt werden, kann das französische, englische, holländische
lehren.

Nur durch isolierung entstehen adverbia, präpositionen,
conjunctionen. Die adverbia der indogermanischen sprachen
sind erstarrte casus, wenn wir von einer älteren schicht von

orts- und zeitadverbien absehen, die meist zugleich als präpositionen verwendet werden. Syntaktische isolierung ist es zunächst, wodurch eine casusform, die auch mit einer präposition verbunden sein kann, zum adv. wird (vgl. die beispiele auf s. 87. 88. 91); daran kann sich dann weiter formelle und eventuell aus stoffliche anschliessen. Der übergang zum adv. ist ein ganz allmähliger process. Wir finden, soweit wir die sprachentwicklung verfolgen können, in jeder periode eine anzahl von formen, die sich in diesem processe befinden. In den jetzigen sprachen setzt sich daher der bestand an adverbien meist aus vielen schichten von sehr verschiedenem alter zusammen. Die adverbia sind immer aus der gruppe von casusformen herausgetreten, zu welcher sie ursprünglich gehört haben, sie können aber nichtsdestoweniger unter sich in gruppen zusammengeschlossen bleiben, die schöpferische macht haben. So verhält es sich z. b. mit den adverbien auf -ως im griech., auf -e im lat. Die casusendung ist dann zu einem bildungssuffixe geworden, welches sein ursprüngliches gebiet überschreiten kann, unbekümmert natürlich um die für die casusformen geltenden bildungsgesetze.

Auf entsprechende weise entstehen präpositionen, vgl. *kraft, laut, statt, trotz, mittels, längs, wegen, zwischen, gemäss, während, diesseits, jenseits, nach* (got. *nêhva* zu *nahe); lat. prope, propter, secundum, versus, tenus* etc.; ebenso conjunctionen, vgl. *während, weil, alldieweil, falls, zwar* (-ze *wâre*), *nämlich, freilich, ungeachtet, je, desto* (= des *diu*, gen. und instr.), *deshalb, derhalben, nichtsdestoweniger, vielmehr, sondern, allein,* lat. *verum, vero, ceterum, nihilominus, nimirum;* it. *nondimeno (franz. néanmoins), pure* etc. Auch aus verbalformen können conjunctionen entstehen: *nur* (aus *newære*), lat. *licet, scilicet, videlicet,* it. *avvengachè.* Der weg zur präposition oder conjunction kann durch das adv. hindurch, kann aber auch direct gehen.

Wer nicht ganz in den fesseln alter vorurteile befangen ist, kann sich nicht gegen die folgerung verschliessen, dass auch die ältere schicht von adverbien, präpositionen und conjunctionen, deren ursprung nicht so auf der hand liegt, (wörter wie griech. ἀνά, ἀπό, περί, ἔτι, καί, γάρ, δέ), auf entsprechende weise entstanden ist. Wir werden darin teils reste älterer casusbildungen zu sehen haben, die als solche untergegangen

sind, teils stämme ohne casuselement, die aus der periode
stammen, in welcher es noch keinen ausdruck für die beziehungen gab, die jetzt durch die casus bezeichent werden, in
welcher diese beziehungen hinzugedacht werden mussten. Zum
teil werden ihnen pronominalstämme zu grunde liegen, wie
denn auch von denjenigen partikeln, die nachweislich casusformen sind, ein teil pronominalen ursprungs ist (vgl. lat.
quod, quo, quare). Aber dass sie alle dieses ursprungs sein
müssten, ist eine ganz willkürliche annahme. Sie können
eben so gut von stoffwörtern stammen und brauchen erst in
der specifischen verwendungsweise, in der sie eben zu partikeln
wurden, zu verhältnissbezeichnungen geworden zu sein, gerade
wie die jüngeren formen, an denen wir diesen entwickelungsgang beobachten können.

Die isolierung ist nun auch die unentbehrliche vorbedingung für die entstehung irgend einer art von wortbildung
oder flexion. Es gibt, soviel ich sehe, nur drei mittel, durch
die aus blossen einzelnen in keiner inneren beziehung zu
einander stehenden wörtern sich etymolgische wortgruppen
herausbilden. Das eine ist lautdifferenzierung, auf die eine
bedeutungsdifferenzierung folgt. Ein passendes beispiel dafür
wäre die spaltung zwischen impf. und aor. im idg. (vgl. oben
s. 143).[1]) Aehnliche spaltungen sind sehr wol auch schon bei
den primitiven elementen der sprache denkbar. Doch bilden
sich in den meisten fällen, die wir beobachten können, durch
solche differenzierung keine gruppen, indem dabei das gefühl
der zusammengehörigkeit verloren geht, und noch weniger
parallelgruppen, wie in dem angeführten falle. Ein zweites
mittel ist das zusammentreffen convergierender bedeutungsentwickelung mit convergierender lautentwickelung (vgl. *suchen
— sucht*), worüber s. 97 gehandelt ist. Dass ein derartiger
vorgang nur vereinzelt eintreten kann, liegt auf der hand.

---

[1]) Ein ganz anderer vorgang ist es natürlich, wiewol das gleiche
resultat herauskommt, wenn ein secundärer lautunterschied nach verlust
der übrigen unterscheidenden merkmale zum einzigen zeichen des functionsunterschiedes wird, wie in engl. *foot — feet, tooth — teeth, man —
men*. Wo sich dergleichen formen in unseren ältesten überlieferungen
finden, wird sich häufig nicht entscheiden lassen, ob sie diesem oder
dem im text besprochenen vorgange ihre entstehung verdanken.

Die eigentlich normale entstehungsweise alles formellen in der sprache bleibt daher immer die dritte art, die composition. Die entstehung der composition zu beobachten haben wir reichliche gelegenheit. In den indogermanischen sprachen sind zwei schichten von compositis zu unterscheiden, eine ältere, die entweder direct aus der ursprache überkommen, oder nach ursprachlichen mustern gebildet ist, und eine jüngere, die unabhängig davon auf dem boden der einzelsprachen entwickelt ist und in den modernen sprachen einen grossen umfang gewonnen hat. Letztere sehen wir grossenteils vor unsern augen aus der syntaktischen aneinanderreihung ursprünglich selbständiger elemente entstehen, und zwar sind verbindungen jeglicher art dazu tauglich, ausgenommen selbständige hauptsätze und verknüpfungen coordinierter begriffe durch eine copula.[1] Innerhalb gewisser grenzen ist übrigens auch für diese die möglichkeit gegeben zu compositis zusammenzuwachsen. So entstehen composita aus der verbindung des genitivs mit dem regierenden substantiv; vgl. nhd. *hungersnot, hasenfuss, freuden-fest, kindergarten,* franz. *lundi* (*lunœ dies*), *Thionville* (*Theodonis villa*), *connetable* (*comes stabuli*), *Montfaucon* (*mons falconis*), *Bourg-la-Reine,* lat. *paterfamilias, legislator, plebiscitum, caprifolium;* aus der verbindung des attributiven adjectivums mit dem substantivum, vgl. nhd. *edelmann* (mhd. noch *edel man,* gen. *edeles mannes*), *altmeister, hochmut, Schönbrunn, oberhand, Liebermeister, Liebeskind, morgenrot,* franz. *demi-cercle, double-feuille, faux-marché, haute-justice, grand-mère, petite-fille, belles-lettres, cent-gardes, bonjour, prudhomme, prin-temps, Belfort, Longueville, amour-propre, garde-nationale, ferblanc, vinaigre, Villeneuve, Rochefort, Aigues-Mortes,* lat. *respublica, jusjurandum;* ferner nhd. *einmal, jenseits* (mhd. *jensît*), *einigermassen, mittlerweile,* franz. *encore* (*hanc horam*), *fièrement* (*fera mente*), *autrefrois, autrepart, toujours, longtemps,* lat. *hodie, magnopere, reipsa;* aus der appositionellen verbindung zweier substantiva, vgl. nhd. *Christkind, gottmensch, fürstbischof, prinz-regent, herrgott,*

---

[1] Am vollständigsten ist wol bis jetzt die secundäre composition im französischen behandelt durch Arsène Darmesteter in dem oben citierten Traité de la formation des mots composés, welcher arbeit die meisten im text angeführten beispiele aus dem französischen und lateinischen entnommen sind.

Basel-land, Hessen-Darmstadt, franz. *maître-tailleur, maître-gar-con, cardinal-ministre, Dampierre (dominus Petrus), Dammarie (domina Maria),* afranz. *damedeus (dominus deus);* aus der coordination zweier substantive, nhd. nur zur bezeichnung der vereinigung zweier länder, wie *Schleswig-Holstein, Oestreich-Ungarn;* aus appositioneller oder copulativer verbindung zweier adjectiva oder der eines adverbiums mit einem adjectivum, was sich nicht immer deutlich unterscheiden lässt, vgl. nhd. *rotgelb, bittersüss, altenglisch, niederdeutsch, hellgrün, hochfein, gutgesinnt, wolgesinnt,* franz. *bis-blanc, aigre-doux, sourd-muet, bienheureux, malcontent;* aus der addierung zweier zahlwörter, vgl. nhd. *fünfzehn,* lat. *quindecim;* aus der verbindung des adjectivums mit einem abhängigen casus, vgl. nhd. *ausdrucksvoll, sorgenfrei, rechtskräftig,* lat. *jurisconsultus, -peritus, verisimilis;* aus der verbindung zweier pronomina, respective des artikels mit einem pronomen, vgl. nhd. *derselbe, derjene* (jetzt nur noch in der ableitung *derjenige),* franz. *quelque (quale quid), autant (alterum tantum), lequel;* aus der verbindung eines adverbiums oder einer conjugation mit einem pronomen, vgl. nhd. *jeder* (aus *ie-weder), kein* (aus *nih-ein),* franz. *celle (ecce illam), ceci (ecce istum hic),* lat. *quisque, quicunque, hic, nullus:* aus der verbindung mehrerer partikeln, vgl. nhd. *daher, darum, hintan, fortan, voraus, widerum, entgegen, immer,* franz. *jamais, ainsi (aeque sic), avant (ab ante), derrière* (de retro), *dont* (de unde), *ensemble* (in simul), *encontre,* lat. *desuper, perinde, sicut, unquam, etiam;* aus der verbindung einer präposition mit einem abhängigen casus, vgl. nhd. *anstatt, zunichte, zufrieden, vorhanden, inzwischen, entzwei,* franz. *contremont, partout, endroit, alors* (ad illam horam), *sur-le-champs, environ, adieu, affaire, sans-culotte,* lat. *invicem, obviam, illico* (= *in loco), denuo* (= *de novo), idcirco, quamobrem;* aus der verbindung eines adverbiums mit einem verbum, vgl. nhd. *auffahren, hinbringen, herstellen, heimsuchen, misslingen, vollführen,* franz. *malmener, maltraîter, méconnaître, bistourner,* lat. *benedicere, maledicere;* aus der verbindung eines abhängigen casus mit seinem verbum, vgl. nhd. *achtgeben, wahrnehmen* (ahd. *wara,* st. fem.), *wahrsagen, lobsingen, handlangen, hochachten, preisgeben,* franz. *maintenir, colporter, bouleverser,* lat. *animadvertere, venum dare — venundare — vendere, crucifigere, usuvenire, manumittere, rēferre.* Auch mehr als zwei

glieder können so zu einem compositum zusammenschiessen [1]),
vgl. nhd. *einundzwanzig, einundderselbe*, lat. *decedocto* (=*decem.
et octo*, vgl. Corssen, Aussprache des lat. [2] II, s. 886); franz.
tour-à-tour, tête-à-tête, vis-à-vis; franz. *aide-de-camp, trait-d'uni-
on, garde-du-corps, Languedoc, belle-à-voir, pot-au-feu, Fierabras,
arc-en-ciel, Châlons-sur-Marne*, lat. *duodeviginti*, nhd. *brautin-
haaren* (blume); lat. *plusquamperfectum;* nhd. *nichtsdestoweniger*,
ital. *nondimeno.* Auch aus abhängigen sätzen entspringen composita, vgl. mhd. *newære*, zusammengezogen zu *niur* etc. = nhd.
nur, ital. *avvegna* (*adveniat*), *avvegnache, chicchessia*, lat. *quili-
bet, ubivis.* Ebenso aus sätzen, die der form nach unabhängig
sind, aber doch in logischer unterordnung, z. b. als einschal-
tungen gebraucht werden, vgl. nhd. *weissgott*, mhd. *neizwaz* =
ags. *nât hwæt* = lat. *nescio quid*, franz. *je ne sais quoi*, mhd.
deiswâr (= *daz ist wâr*), franz. *peut-être, piéça, naguère*, lat.
licet, ilicet, videlicet, scilicet, forsitan, span. *quiza* (vielleicht,
eigentlich 'wer weiss'). Ferner können mit hülfe von meta-
phern sätze zu compositis gewandelt werden, insbesondere
imperativsätze, vgl. nhd. *Fürchtegott, taugenichts, störenfried,
geratewol, vergissmeinnicht, gottseibeiuns*, franz. *baisemain, passe-
partout, rendez-vous*, neulat. *facsimile, notabene, vademecum, noli-
metangere;* nhd. *jelängerjelieber.*

Der übergang von syntaktischem gefüge zum compositum
ist ein so allmähliger, dass es gar keine scharfe grenzlinie
zwischen beiden gibt, soweit das erstere nicht einen in sich
geschlossenen, selbständigen satz darstellt. Das zeigt schon
die grosse unsicherheit, die in der orthographie der modernen
sprachen in bezug auf zusammenschreibung oder trennung
vieler verbindungen besteht, eine unsicherheit, die dann auch
zu einer vermittelnden schreibweise durch anwendung des
bindestriches geführt hat. Das englische unterlässt vielfach
die zusammenschreibung in fällen, wo sie andern schriftsprachen
unentbehrlich scheinen würde. Im mhd. sind auch die nach
indogermanischer weise gebildeten composita vielfach getrennt
geschrieben.

Die relativität des unterschiedes zwischen compositum und

---

[1]) Ich unterscheide davon natürlich die fälle, wo ein compositum
mit einem andern worte eine neue verbindung eingeht.

wortgruppe kann nur darauf beruhen, dass die ursache, welche den unterschied hervorruft, ihre wirksamkeit in mannigfach abgestufter stärke zeigt. Man darf diese ursache nicht etwa, durch die schrift verführt, darin sehen wollen, dass sich die glieder eines compositums in der aussprache enger an einander anschlössen, als die glieder einer wortgruppe. Verbindungen wie artikel und substantivum, präposition und substantivum, substantivum und attributives adjectivum oder abhängiger genitiv haben genau die gleiche continuität wie ein einzelnes wort. Man hat dann wol als ursache den accent betrachtet. Dass die einheit eines wortes auf der abgestuften unterordnung seiner übrigen elemente unter das eine vom accent bevorzugte besteht, ist allerdings keine frage. Aber ebenso verhält es sich mit der einheit des satzes und jedes aus mehreren wörtern bestehenden satzteiles, jeder enger zusammengehörigen wortgruppe. Der accent eines selbständigen wortes kann dabei vielfach eben so tief herabgedrückt sein als der eines untergeordneten compositionsgliedes. In der verbindung *durch liebe* hat *durch* keinen stärkeren ton als in *durchtrieben*, *zu* in *zu bett* keinen stärkeren als in *zufrieden*, *herr* in *herr schulze* keinen stärkeren als in *hausherr*. Man kann nicht einmal den unterschied überall durchführen, dass die stellung des accents im compositum eine feste ist, während sie in der wortgruppe wechseln kann. So gut wie ich *herr Schulze* im gegensatz zu *frau Schulze* sage, sage ich auch *der hausherr* im gegensatz zu die *hausfrau*. Es ist auch keine bestimmte stellung des hauptaccents zur entstehung eines compositums erforderlich, sondern sie ist bei jeder beliebigen stellung möglich. Nur allerdings, damit die jüngere compositionsweise in parallelismus zur älteren treten kann, ist es erforderlich, dass die accentuation eine gleiche ist. Damit z. b. eine bildung wie *rindsbraten* oder *rinderbraten* als wesentlich identisch mit einer bildung wie *rindfleich* empfunden werden konnte, war es allerdings nötig, dass der hauptaccent auf den voranstehenden abhängigen genitiv fiel. Wo aber die analogie der älteren compositionsweise nicht in betracht kommt, da ist auch im deutschen die stärkere betonung des zweiten elements kein hinderungsgrund für die entstehung eines nominalen compositums.

Es ist überhaupt nichts physiologisches, worin wir den

unterschied eines compositums von einer unter einem haupt-
accente vereinigten wortgruppe suchen dürfen, sondern es sind
lediglich die psychologischen gruppierungsverhältnisse.
Alles kommt darauf an, dass das ganze den elementen
gegenüber, aus denen es zusammengesetzt ist, in irgend
welcher weise isoliert wird. Welcher grad von isolierung
dazu gehört, damit die verschmelzung zum compositum vollendet erscheine, das lässt sich nicht in eine allgemeingültige
definition fassen.

Es kommen dabei alle die verschiedenen arten von isolierung in betracht, die wir früher kennen gelernt haben. Entweder kann das ganze eine entwickelung durchmachen, welche
die einzelnen teile in ihrer selbständigen verwendung nicht
mitmachen, oder umgekehrt die einzelnen teile eine entwickelung, welche das ganze nicht mitmacht, und zwar sowol nach
seiten der bedeutung als nach seiten der lautform, oder es
können die einzelnen teile in selbständiger verwendung untergehen, während sie sich in der verbindung erhalten, oder endlich es kann die verbindungsweise aus dem lebendigen gebrauche
verschwinden und nur in der bestimmten formel bewahrt bleiben.

Der eintritt irgend eines dieser vorgänge kann genügen
um ein syntaktisches gefüge zu einem compositum zu wandeln.
Doch bleibt in gewissen fällen ein hinderndes moment, das
ist die variabilität des ersten bestandteils, welche verhindert,
dass das ganze den eindruck eines festen gefüges macht. Dies
moment spielt eine rolle bei der verbindung von adj. und subst.
Im französischen, wo keine casusunterschiede mehr bezeichnet
werden, hindert nichts *sang-froid*, *Terre-sainte*, *Saint-esprit*,
beaux-arts als composita aufzufassen, während wir in *kaltes
blut*, *das heilige land*, *der heilige geist*, *die schönen künste* in
der schreibung keine verbindung bezeichnen und auch wol
keinen so engen zusammenhang empfinden als die Franzosen.
Die flexion bringt die selbständigkeit des adj. zum bewusstsein
oder, von anderer seite her betrachtet, die identität dieses
elements der gruppe mit dem sonst in selbständiger verwendung
üblichen adjectivum, ist also ein der isolierung entgegenwirken-
des moment. Doch ist es trotz dem üblich *derselbe*, *derjenige*
zu schreiben. Ferner findet sich *hohelied*, *hohepriester*, *hohe-
schule*, *geheimerat*, *langeweile*.

Versuchen wir nun uns die im allgemeinen bezeichenten vorgänge im einzelnen anschaulich zu machen. Der anfang wird gewöhnlich damit gemacht, dass das ganze eine bedeutung annimmt, die sich nicht mehr vollständig mit derjenigen deckt, die man aus der bedeutung der einzelnen elemente und ihrer verbindungsweise ableiten würde. Alle andern isolierungen sind gewöhnlich erst folge dieser ersten isolierung. Sehr häufig ist der vorgang der, dass die gruppe κατ' ἐξοχήν gebraucht wird für etwas specielleres, als der wortlaut eigentlich besagt. Mit *eau-de-vie* oder *lebenswasser* könnte man an und für sich noch viele andere flüssigkeiten bezeichnen ausser derjenigen, auf welche diese wörter conventionell beschränkt sind. *Tiers-état* ist nicht jeder dritte stand in irgend einer beliebigen ständeabstufung, sondern der bürgerstand im gegensatz zu adel und geistlichkeit. *Mittelalter* bezeichnet eine ganz bestimmte periode der weltgeschichte und ist ganz verschieden von *das mittlere alter;* ebenso *moyen âge,* welches mit dem selben rechte zusammengeschrieben werden könnte wie die meisten derartigen verbindungen im französischen. Vgl. ferner *aide-de-camp, gentilhomme, saint-esprit, terre-sainte* etc. Auf diese weise entstehen namentlich eigennamen, vgl. oben s. 156.

Eine andere art, wie in eine wortgruppe ein sinn hineingelegt wird, der sich nicht unmittelbar aus den einzelnen worten ergibt ist die, dass zur bezeichnung von artunterschieden eins von mehreren vorhandenen merkmalen willkürlich herausgewählt wird, während die übrigen stillschweigend hinzuverstanden werden, vgl. *haubenlerche, seidenraupe, wälschkohl, blumenkohl, rosenkohl, schwarzwild, edelstein, dünnbier, weissbier, braunbier.*

Häufig ist ferner metaphorische anwendung in der weise, dass dabei die composition gewissermassen als correctur der metapher dient. Man ist sich zugleich der übereinstimmung und der verschiedenheit zwischen dem neuangeknüpften begriff und dem alten bewust. Beispiele: *katzengold, neusilber, ziegenlamm, bienenköniginn, bienenwolf, ameisenlöwe, äpfelwein, namensvetter;* vgl. die eigentlichen composita *heupferd, seelöwe, buchwaizen, erdapfel, gallapfel, augapfel, zaunkönig, stiefelknecht.*

Davon zu unterscheiden sind solche fälle, wo das compositum auch eine eigentliche bedeutung hat und erst als compositum metaphorisch verwendet wird, wie *himmelsschlüssel, hahnen-fuss, löwenmaul, schwalbenschwanz, eintagsfliege, glücksritter* oder die eigentlichen composita *stiefmütterchen, brummbär.*

Als eine besondere art von metapher ist hervorzuheben pars pro toto, womit sich dann anderweitige metapher oder gebrauch κατ᾽ ἐξοχήν verbinden kann, in solchen fällen wie nhd. *dickkopf, dummkopf, graukopf, kahlkopf, krauskopf, linkhand, rotbart, hasenherz, löwenherz, lügenmaul, grossmaul, gelbschnabel, rotkehlchen, Rotkäppchen, schwarzrock, blaustrumpf, barfuss,* franz. *esprit fort, bel esprit, blanc-bec, grosse-tête, rouge-gorge, rouge-queue, pied-plat, gorge-blanche, trois-mâts, mille-pieds, patte-pelu* (adj., eigentlich sammtpfote) und viele andere. Dass auf solche weise mit übergang der substantivischen verwendung in die adjectivische die sogenannten bahuvrîhi-composita des indogermanischen entstanden sind, hat Osthoff, Das verbum in der nominalcomposition s. 128 ff. überzeugend dargetan.

Deckt sich einmal die bedeutung eines compositionsgliedes nicht mehr vollständig mit der des betreffenden simplex, so ist damit die veranlassung gegeben, dass bei der weiterentwickelung der bedeutung beide ihren eigenen weg gehen und immer weiter von einander divergieren.

Als die wichtigsten factoren bei der bildung von compositis müssen wir die syntaktische und die formale isolierung anerkennen. Beide treten so häufig zusammen auf, dass es kaum möglich ist sie in der betrachtung von einander zu sondern. Es sind dabei zwei fälle zu unterscheiden. Erstens: die verbindung als ganzes wird gegenüber den übrigen bestandteilen des satzes isoliert. Zweitens: das verhältniss der einzelnen glieder zu einander wird von der isolierung betroffen. Für den eintritt der ersteren art von isolierung ist es irrelevant, dass der betreffende satzteil aus mehreren elementen besteht, sie kann eben so gut ein einzelnes wort treffen. Das resultat ist immer ein unflectierbares wort,[1] eine partikel oder sonst ein wort, welches in das gewöhnliche schema der redeteile nicht unterzubringen ist, vgl. nhd. *keinesfalls, keineswegs, gewissermassen, jederzeit, einmal, allemal, alldieweil;* lat. *magnopere,*

---

[1] Manche dieser wörter können allerdings später wider flexion annehmen, aber erst in folge einer sich weiter anschliessenden umwandlung.

quare, quomodo, hodie; franz. *long-temps, toujours, toutefois, encore* (hanc horam), *malgré* (malum gratum); nhd. *allerhand, einerlei.* Die zweite art der isolierung kann mit der ersten verbunden sein, und das resultat sind dann gleichfalls indeclinabilia, vgl. nhd. *zufrieden, zurecht, vorhanden, abhanden, überhaupt, überall, vorweg, trotzdem, demungeachtet, allzumal;* lat. *admodum, interea, idcirco, quapropter, quamobrem;* franz. *amont, aval, environ, parmi, pourtant, cependant, tout-à-coup; débonnaire* (de bonne air). Die isolierung kann aber auch auf das verhältniss der glieder zu einander beschränkt bleiben, während das ganze nicht aus der gruppe, in die es eingereiht ist, heraustritt. Wir suchen uns das wesen dieses vorganges an einigen der am häufigsten vorkommenden fälle klar zu machen.

Bei dem zusammenwachsen des genitivs mit dem regierenden substantivum im deutschen ist zunächst zu beachten, dass es nur bei voranstellung des genitivs eintritt. Die umgekehrte stellung taugt zunächst deshalb nicht zur composition, weil dabei eine flexion im innern der verbindung stattfindet, wodurch man immer wider an die selbständigkeit der elemente erinnert wird, weshalb auch z. b. im lat. die zusammenfügung in *paterfamilias* weniger fest ist als in *plebiscitum.* Ferner besteht bei voranstellung des genitivs analogie in der betonung zu den echten compositis (ahd. *táges stèrro = tágostèrro,* dagegen *stérro des táges*). Das entscheidende moment für das zusammenwachsen liegt aber in veränderungen der syntaktischen verwendung des artikels. Wie derselbe vielfach zum blossen casuszeichen herabgesunken ist, so ist er insbesondere bei dem genitiv eines jeden appellativums, welches nicht mit einem attributiven adjectivum verknüpft ist, allmählig unentbehrlich geworden. Nur der deutlich charakterisierte gen. sing. der starken masculina und neutra kommt zuweilen noch ohne artikel vor, namentlich in sprüchwörtern (*biedermanns erbe*) und überschriften (*schäfers klagelied, geistes gruss, wandrers nachtlied* etc.). Im ahd. fehlt der artikel noch ganz gewöhnlich. Indem sich nun bei dem allmähligen absterben der construction gewisse verbindungen ohne artikel traditionell fortpflanzten, war die verschmelzung vollzogen. Begünstigt wurde sie noch ganz besonders durch die ursprünglich allgemein übliche und dann gleichfalls absterbende weise, den gen.

wie im griech. zwischen artikel und dem zugehörigen subst.
zu setzen. Diese construction hat sich besonders in der sprache
des volksepos lange lebendig erhalten, allerdings nur bei eigennamen und verwandten wörtern, vgl. im Nibelungenlied *daz
Guntheres lant, das Nibelunges swert, diu Sîvrides hant, daz
Etzelen wîp* etc.; verbindungen wie *der gotes haz, segen, diu
gotes hant,* etc. sind im dreizehnten jahrhundert noch allgemein
üblich. In der älteren zeit konnte der genitiv eines jeden
substantivums so eingeschoben werden, ohne selbst mit dem
artikel verbunden zu sein, vgl. *ther mannes sun* (des menschen
sohn) häufig bei Tatian, *then hiuuiskes fater* (patremfamilias)
ib. 44, 16 (dagegen *thes h. fater* 72, 4. 147, 8; *fatere hiuuiskes*
77, 5), *ein ediles man* (ein mann von edler abstammung) Otfrid
IV, 35, 1; ähnliche einschiebung zwischen zahlwort und substantivum in *zwa dubono gimachun* (zwei paar tauben) Otfrid
I, 14, 24. Indem allmählig unmittelbare nebeneinanderstellung
von artikel und subst. notwendig wurde, musste die verbindung
vom sprachgefühl als eine einheit aufgefasst werden. Mit der
zeit sind vielfach noch formale isolierungen hinzugekommen,
indem sich die älteren formen des genitivs in der composition
bewahrt haben (*lindenblatt, hahnenfuss, Mägdesprung* etc.) vgl.
oben s. 88. Ferner dadurch, dass bei den einsilbigen mas-
culinis und neutris im compositum gewöhnlich die syncopierten
formen verallgemeinert sind, im simplex die nichtsyncopierten,
vgl. *hundstag, landsmann, schafskopf, windsbraut* gegen *hundes*
etc. (doch auch *gotteshaus, liebeskummer*). Dazu kommt endlich
noch, dass die genitivform im compositum häufig mit der des
nom. pl. übereinstimmt und daher vom sprachgefühl, wo die
bedeutung dazu stimmt, an diesen angelehnt wird, vgl. *bienen-
schwarm, rosenfarbe, bildersaal, äpfelwein, bürgermeister.* Im
letzten falle stimmt die form auch zum nom. sing.; in *Baier-
land, Pommerland* (ahd. *Beiero lant*) nur zu diesem, während
der pl. des simplex seine flexion verändert hat.

Die älteste schicht genitivischer composita im französischen
ist hervorgegangen aus den alten lateinischen genitivformen
ohne hinzufügung der präp. *de.* Im altfranz. ist solche constructionsweise wenigstens bei persönlichen begriffen noch allgemein lebendig, z. b. *la volonté le rei* (der wille des königs);
sie musste allmählig untergehen, weil die form mit der des

dat. und acc. zusammengefallen und deshalb die beziehung unklar geworden war. Einige traditionelle reste der alten weise haben sich bis heute erhalten, ohne dass in der schrift composition bezeichnet würde, vgl. *rue St. Jacques* etc., *église Saint Pierre, musée Napoléon*. In andern fällen ist die zusammenfügung fester geworden, teilweise durch anderweitige isolierung begünstigt, vgl. *Hôtel-Dieu, Connetable* (*comes stabuli*), *Château-Renard, Bourg-la-Reine, Montfaucon, Fontainebleau* (*f. Blialdi*). Durch das schwinden jedes casuszeichens ist im franz. im gegensatz zum deutschen die verschmelzung auch bei nachstellung des gen. möglich gemacht. Bei der umgekehrten stellung musste sie erst recht erfolgen, da dieselbe schon frühzeitig ausser gebrauch kam; daher *Abbeville* (*abbatis v.*), *Thionville* (*Theodonis villa*).

Das zusammenwachsen des adjectivs mit dem zugehörigen subst. geht im deutschen namentlich von der sogenannten unflectierten form aus, die im attributiven gebrauch allmählig ausstirbt, vgl. oben s. 91. Im mhd. sind (*ein*) *junc geselle*, (*ein*) *edel mann*, (*ein*) *niuwe jâr* noch ganz übliche constructionen, im nhd. können *junggeselle, edelmann, neujahr* nur als composita gefasst werden. Einen weiteren ausgangspunkt bilden die schwachen nominative von mehrsilbigen adjectiven auf *r, l n,* die im mhd. ihr *e* abwerfen, während es im nhd. nach analogie der einsilbigen wider hergestellt wird. Im mhd. sind *der ober roc, diu ober hant, daz ober teil* noch reguläre syntaktische gefüge (daher auch noch acc. *die obern hant* neben *die oberhant*), im nhd. können *der oberrock, die oberhand, das oberteil* nur als composita gefasst werden, weil es sonst *der obere rock* etc. heissen müsste. Indessen reicht das einfache beharren bei dem älteren zustande nicht aus um wirkliche composition zu schaffen, und viele derartige composita sind schon vor dem eintritt dieser syntaktischen isolierung entstanden. Schon ahd. bestehen *altfater, frîhals, guottât, hôhstuol* und viele andere. Vielmehr ist der vorgang der, dass die verbindung so formelhaft, der begriff so einheitlich wird, dass sich damit für das sprachgefühl eine flexion im innern des complexes nicht mehr verträgt, und es ist dann natürlich, dass der eigentliche normalcasus, der nom. sg. massgebend wird.

Im französischen geht, wie schon bemerkt, das zusammen-

wachsen leichter vor sich, weil die casusunterscheidung verloren gegangen ist. Wenn bloss noch sg. und pl. unterschieden
werden, so hat man jedenfalls schon erheblich weniger veranlassung an die fuge erinnert zu werden. Ausserdem kommen
manche verbindungen ihrer natur nach nur im sg. (z. b. *sainte-
écriture, terre-sainte*) oder nur im pl. (z. b. *beaux-arts, belles-
lettres*) vor. Formale und syntaktische isolierungen können
aber auch hier hinzutreten um das gefüge fester zu machen.
Im afranz. haben die adjectiva, die im lat. nach der dritten
declination flectieren, im fem. noch kein *e* angenommen, welches erst später nach analogie der adjectiva dreier endungen
antritt, z. b. *grand = grandis*, später *grande* nach *bonne* etc.
In compositis bewahren sich formen ohne *e*: *grand' mere, grand'
messe, Granville, Réalmont, Ville-réal, Rochefort*. In *Vaucluse*
(*vallis clausa*), hat das compositum, von der sonstigen lautgestalt abgesehen, den im neufranz. eingetretenen geschlechts-
wechsel des simplex (*le val*) nicht mitgemacht. Es erfolgen
dann auch ausgleichungen ähnlich wie im deutschen. Bei
adjectiven, die häufiger in der composition gebraucht werden,
wird die form des masc. und des sing. verallgemeinert, so in
mi-, demi-, mal- (*malfaçon, malheure, maltôte*), *nu-* (*nu-tête, nu-
pieds*). Dadurch ist die composition deutlich marquiert.

Wo im nhd. der genitiv mit einem regierenden adj. zu-
sammengewachsen ist, da zeigt sich auch vielfach, dass die
construction entweder gar nicht oder nicht mehr allgemein
üblich und durch eine andere ersetzt ist, vgl. *ehrenreich —
reich an ehren, geistesarm — arm an geist, freudenleer — leer
von freuden*.

Zu lautveränderungen, die eine isolierende wirkung haben
ist in den traditionellen gruppen mannigfache veranlassung
gegeben. Wir dürfen wol behaupten, wenn wir die entwickelung auch nicht immer historisch verfolgen können, dass solche
veränderungen meistens zuerst allgemein bei engerer syntaktischer verbindung eintreten, dann aber durch ausgleichung
wider beseitigt werden, und nur da wo in folge der bedeutungsentwickelung die elemente schon zu eng mit einander verwachsen sind, bewahrt bleiben. Die leichteste veränderung ist
hinüberziehung eines auslautenden consonanten zur folgenden
silbe, vgl. nhd. *hinein, hieran, allein, einander,* lat. *etenim, etiam.*

Eine solche hinüberziehung wirkt da nicht isolierend, wo sie wie im französischen allgemein bei engerer syntaktischer verbindung eintritt. Sie kann z. b. in fällen wie *peut-être* nicht dazu beitragen einen engeren zusammenhang zu begründen, weil sie auch in *il peut avoir* eintritt. Wo sie aber durch einwirkung des etymologischen princips auf die traditionellen formeln beschränkt wird, da werden diese eben dadurch fester zusammengefügt. Ferner kommt in betracht contraction eines auslautenden vokals mit dem anlautenden des folgenden wortes, respective elision eines von beiden, vgl. lat. *reapse, magnopere, aliorsum, rursus* (aus **re-ursus*), franz. *aubépine* (*alba espina*), *Bonnétable* (ort im departement Sarthe), *malaise*, got. *sah* (dieser, aus *sa-uh*) *þammuh* (diesem, aus *þamma-uh*), mhd. *hinne* (= *hie inne*), *hûzen* = nhd. *haussen*, nhd. *binnen*. Die ausstossung im französischen artikel (*l'état*) oder in der präposition *de* begründet wider keine composition, weil sie nach einer allgemeinen regel erfolgt und nicht auf einzelne formeln beschränkt ist. Ein dritter häufig vorkommender fall ist die assimilation eines auslautenden consonanten an den anlaut des folgenden wortes, vgl. nhd. *hoffart, Homburg* (= *Hohenburg*) *Bamberg* (= *Babenberg*), *empor* (= *ent-bor*), *sintemal* (= *sint dem mal*), lat. *illico, affatim, possum*. Die durchgreifendste isolierung aber wird durch wirkungen des accents geschaffen, vgl. nhd. *nachbar* (= mhd. *nâchgebûr*), *junker* (= *juncherre*), *jungfer* (= *juncfrouwe*), *grummet* (= *gruonmât*), *immer* (*ie mêr*), *mannsen, weibsen* (= *mannes, wîbes name*), *neben* (aus *in eban, eneben*) lat. *denuo* (= *de novo*), *illico*, franz. *celle* (*ecce illa*); vgl. die entsprechenden erscheinungen bei den nach indogermanischer weise gebildeten compositis: nhd. *adler* (mhd. *adel-ar*), *wimper* (*wint-brâ*), *wildpret* (*wiltbrât* oder *wiltbræte*), *schulze* — *schultess* (*schultheize*), *schuster* (*schuochsûtære*, schuhnäher), *glied* (*gelit*), *bleiben* (*belîben*), franz. *conter* (*computare*), *coucher* (*collocare*), *coudre* (*consuere*), lat.[1]) *subigere* (gegen *agere*), *reddere* (gegen *dare*), *surgere* (aus *sub-regere*), *præbere* (aus *præ-hibere*), *contio* (aus *conventio*), *cuncti* (aus *cojuncti*).

Seltener ist es, dass lautliche veränderungen der einfachen

---

[1]) Man muss, um die entstehung der angeführten formen zu verstehen, auf die vorhistorische betonungsweise zurückgehen.

wörter die veranlassung zur isolierung geben. Es geschieht das z. b. in der weise, dass ein auslautender consonant durch hinüberziehen zum folgenden worte sich erhält, während er sonst abfällt; vgl. nhd. *da* (ahd. *dâr*) *wo* (ahd. *wâr*) gegen *daran, woran* etc., mhd. *hieran* etc. gegen *hie, sârie* gegen *sâ.* Eine andere modification ist durch die hinüberziehung vermieden in *vinaigre* gegen *vin.* Wie die geringere tonstärke eines compositionsgliedes veränderungen hervorrufen kann, denen das simplex nicht unterliegt, so kann sie umgekehrt auch schützend wirken, wo das simplex unter dem einflusse des haupttons verändert wird, vgl. nhd. *heran, herein* gegen *her,* franz. *cordieu, corbleu* gegen *coeur.* Im nhd. wird der vokal eines ersten compositionsgliedes durch die folgende doppelconsonanz vor der dehnung geschützt, der das simplex unterliegt, vgl. *herzog, Hermann, herberge, wollust, Wiesbaden* (in der aussprache der eingeborenen mit kurzem *i*).

Die selben lautveränderungen, welche das compositum vom simplex trennen, trennen auch die einzelnen composita, welche das gleiche glied enthalten, von einander, und auch dadurch verliert das gefühl für die selbständigkeit der glieder an kraft.

Besonders entscheidend für das zusammenwachsen der elemente ist es natürlich auch, wenn das eine als simplex verloren geht; vgl. nhd. *bräutigam* (ahd. *-gumo* mann), *nachtigal* (*-gala* sängerin), *weichbild* (*nîch-* heilig), *augenlid* (*-lid* deckel), *einerlei* (*-leie* art), *wahrnehmen,* franz. *aubépine* (*alb-*), *printemps* (*primum-*) *tiers-état* (*tertius-*), *minuit* (*media-*), *bonheur* (*-augurium*), *ormier* (*-merum*).

Wir haben bisher immer nur den gegensatz von wortgruppe und worteinheit im auge gehabt und uns bemüht alle momente zusammenzufassen, welche dazu dienen die erstere immer entschiedener zur letzteren umzugestalten. Es kommt dabei aber noch ein anderer gegensatz in betracht. Die geschilderte entwickelung muss bis zu einem gewissen punkte gediehen sein, damit der complex den eindruck eines compositums macht, sie darf aber auch nicht über einen gewissen punkt hinausgehen, wenn er noch diesen eindruck machen soll und nicht vielmehr den eines simplex. Was man vom standpunkt des sprachgefühls ein compositum nennen darf, liegt in der mitte zwischen diesen punkten.

Syntaktische und formale isolierung führen nicht leicht zur überschreitung dieses zweiten punktes; in der regel ist es untergang des einen elementes in selbständigem gebrauche, was die veranlassung gibt, oder lautliche isolierung, namentlich das zusammenschmelzen des lautkörpers unter accenteinflüssen.

Die lebendigkeit des gefühls für die composition zeigt sich besonders in der fähigkeit eines compositums als muster für analogiebildungen zu dienen. Wenn wir die composition aus der syntax abgeleitet haben, so soll damit keineswegs gesagt sein, dass jedes einzelne compositum aus einem syntaktischen complex entstanden ist. Vielmehr sind vielleicht die meisten sogenannten composita in den verschiedenen sprachen nichts anderes als analogiebildungen nach solchen, die im eigentlichen sinne composita zu nennen wären. So ist z. b. jedes in der flexivischen periode der indogermanischen grundsprache und vollends jedes innerhalb der einzelsprachlichen entwickelung neugeschaffene eigentliche nominalcompositum als eine analogiebildung aufzufassen und nicht als zusammensetzung eines gar nicht mehr existierenden reinen stammes mit einem flectierten worte. Ebenso sind unsere neuhochdeutschen genitivischen und adjectivischen composita zum grossen teile von anfang an nicht syntaktisch gewesen. Das sieht man am besten an solchen fällen, wo das aus der genitivendung entstandene *s* des ersten gliedes auf wörter übertragen wird, denen es im gen. gar nicht zukommt (*regierungsrat* etc., vgl. s. 87) und auf solche, wo der genitiv gar nicht hingehört, vgl. *wahrheitsliebend* nach *wahrheitsliebe* u. dergl.

Vermöge der analogie kann denn auch eine compositionsweise leicht über ihre ursprüngliche sphäre hinaus ausgedehnt werden. In der indogermanischen periode sind keine andern unflexivischen wörter mit nominibus zusammengesetzt als die alten adverbia, die zugleich präpositionen waren. Damit aber war das muster gegeben, wonach im deutschen allmählig alle adverbia, auch die erst spät aus erstarrten casus und syntaktischen verbindungen entstandenen in der nominalcomposition verwendet werden konnten. Bildungen wie *ankunft, abkunft* etc. haben als muster für solche wie *herkunft, hingang, niederschlag, heimkehr, rückkehr, voraussicht, vorwegnahme, übereinkunft* etc. gedient. Vom sprachgefühl rücksichtlich ihrer bildungsweise umgedeutete composita werden nach der neuen auffassung zum muster für neubildungen, vgl. oben s. 148 ff. Ableitungen aus einem simplex können nicht nur als muster für ableitungen aus einem compositum dienen, sondern auch für ableitungen aus solchen syntaktischen verbindungen, die für sich noch nicht zum compositum verschmolzen sind, während die ableitung natürlich eine wirkliche worteinheit bildet. Neuhochdeutsche verbindungen wie *aufheben, nachweisen, darbringen, heimsuchen, hervorziehen, zurechtweisen, zufriedenstellen, wahrsagen, preisgeben, lossagen* etc. können trotz der üblichen zusammenschreibung noch nicht als wirkliche composita betrachtet werden, da die stellung der glieder zu einander nach den allgemeinen syntaktischen regeln wechselt: *ich breche auf, ich sage mich los* etc. Aber die ableitungen wie *aufhebung, zurechtweisung, zugrundelegung, instandsetzung, vorkommniss, zuhülfenahme* etc., *wahrsager* etc., *aufhebbar, nachweislich* etc. sind zweifellose worteinheiten, auch schon substantivirte infinitive wie *das aufsehen, das herkommen, das zustandekommen* und adjectivische participien wie *auffallend, zuvorkommend, zusammenhängend, teilnehmend; ausgenommen, umgekehrt, eingezogen, insichgekehrt*. Die ableitungen haben entschieden einen rückwirkenden einfluss gehabt, indem dadurch das gefühl der zusammengehörigkeit des adverbiums mit dem verbum verstärkt wird. Die selbe wirkung haben composita wie *abbruch, fortgang, einfall, teilnahme zurückkunft* etc. gehabt, indem sie zu *abbrechen, fortgehen* etc. in directe beziehung gesetzt, zum teil auch schon als wirkliche ableitungen daraus zu betrachten sind.

Auf syntaktischer und formaler isolierung beruht nun auch die indogermanische nominalcomposition. In ihr sind uns reste der primitivsten syntaktischen verbindungen erhalten, wie sie vor dem ursprunge der nominalflexion verwendet wurden. In dieser periode gab es natürlich keine andere constructionsweise als einfache aneinanderreihung der stämme, wobei die beziehung, in welche die damit verknüpften vorstellungen gesetzt wurden, unausgedrückt blieb. Als nun mit der herausbildung der casus ein mittel geschaffen wurde die beziehung zu lautlichem ausdruck zu bringen, da war es nach allen unsern bisherigen erfahrungen das natürliche, dass die ältere einfachere constructionsweise nicht mit einem male zu grunde ging, dass sie vielmehr in allen denjenigen verbindungen erhalten blieb, die als ganzes traditionell waren. So erhielt sich als erstes glied des wortgefüges der blosse stamm, wo etwa später der genitiv angewendet sein würde, und sobald im selbständigen gebrauch der stamm von den verschiedenen casus verdrängt war, war auch die composition fertig.

Aber nicht alle indogermanischen composita sind aus dem verhältniss der unterordnung entsprungen, ein beträchtlicher teil derselben beruht auf einem appositionellen oder copulativen verhältniss. Das erstere wird ja auch in der späteren syntax gewissermassen nur indirect bezeichnet, durch den parallelismus im casus und, soweit es angeht, auch im numerus und genus, das letztere kann wenigstens in vielen fällen noch unbezeichent bleiben, wenn es auch gewöhnlich durch eine partikel zum ausdruck gebracht wird. In der zeit nun, wo das flexionssuffix noch als ein selbständiges element an den selbständigen wortstamm antrat, wurde es natürlich zu einem zusammengehörigen complex nur einfach gesetzt. Indem dann das flexionssuffix zu einem integrierenden bestandteile jedes nomens ward, konnte das flexionslose erste glied eines traditionellen complexes nicht mehr als ein selbständiges nomen gefasst werden.

Wird die grenze überschritten, bis zu welcher das compositum dem sprachgefühl noch als solches erscheint, so macht das gebilde, von den eventuellen flexionsendungen abgesehen, entweder den eindruck vollkommener einfachheit oder den einer mit einem suffix oder präfix gebildeten ableitung. So nehmen sich wörter wie nhd. *amt* (got. *and-bahti*), *öhmd* (mhd. *uo-mât*), *schulze* (mhd. *schuldheize*), *echt* (aus mnd. *êhaht* = mhd. *ê-haft*), *heute* (aus *hiu tagu*), *heint* (mhd. *hi-naht*), *Seibt* (ahd. *Sigi-boto*), *bange* (aus *bi-ango*), *gönnen* (aus *gi-unnan*), *fressen* (got. *fra-itan*), *nicht* (aus *ni io wiht*), lat. *demere* (aus *de-emere*), *promere* (aus *pro-emere*), *surgere* (aus *sub-regere*), *prorsus* (aus *pro-versus*) nicht anders aus wie etwa *stand, hase, bald, binden, pangere, versus;* und wörter wie *adler* (ahd. *adal-ar*), *schuster* (mhd. *schuochsiutære*), *wimper* (ahd. *wint-brâwa*), *drittel* (= *dritte teil*), *Meinert* (= *Mein-hard*) nicht anders als solche wie *schneider, leiter, mittel, hundert.* Auch in wörtern wie *nachbar, bräutigam, nachtigal* wird die letzte silbe nicht anders

aufgefasst werden wie die vollen ableitungssilben in *trübsal,
rechnung* u. dergl.

Hier sind wir bei dem ursprunge der ableitungssuffixe und
präfixe angelangt. Dieselben entstehen anfänglich stets so,
dass ein compositionsglied die fühlung mit dem ursprünglich
identischen einfachen worte verliert. Es muss aber noch meh-
reres andere hinzukommen, damit ein wortbildendes element
entsteht. Erstlich muss das andere glied etymologisch klar
sein, mit einem verwandten worte oder einer verwandten wortgruppe associiert sein, was z. b. bei *adler, wimper* nicht der
fall ist. Zweitens muss das element nicht blos in vereinzelten
wörtern auftreten (wie in *nachbar, bräutigam*), sondern in einer
gruppe von wörtern und in allen mit gleicher bedeutung. Sind
diese beiden bedingungen erfüllt, so kann die gruppe schöpfe-
risch werden und sich durch neuschöpfungen nach den auf
dem wege der composition entstandenen mustern vermehren.
Es muss dann aber drittens noch die bedeutung des betreffenden compositionsgliedes entweder schon im simplex eine gewisse abstracte allgemeinheit haben (wie wesen, eigenschaft,
tun) oder sich innerhalb der composition aus der individuelleren,
sinnlicheren des simplex entwickeln. Dieser letztere umstand
kann sogar unter umständen entscheidend sein, wenn auch das
gefühl des zusammenhangs mit dem simplex noch nicht ganz
verloren ist.

Wir haben innerhalb der verfolgbaren historischen entwickelung gelegenheit genug zu beobachten, wie auf die bezeichnete
weise ein suffix entsteht. Am bekanntesten sind aus dem deutschen *-heit, -schaft, -tum, -bar, -lich, -sam, -haft*. Der typus eines
wortes wie *weiblich* z. b. geht zurück auf ein altes bahuvrîhi-
compositum, urgermanisch * *wîbo-lîkis* [1]) eigentlich 'weibesgestalt', dann durch metapher 'weibesgestalt habend'. Zwischen
einem derartigen compositum und dem simplex, mhd. *lîch*, nhd.
leiche ist eine derartige discrepanz anfänglich der bedeutungen,
später auch der lautformen herausgebildet, dass jeder zusam-

[1]) Mir kommt es hier und im folgenden nur darauf an die bildungsweise zu veranschaulichen, und ich will nicht behaupten, dass gerade
das als beispiel gewählte wort zu den ursprünglichen bildungen gehört
habe.

menhang aufgehoben ist. Vor allem aber hat sich aus der
sinnlichen bedeutung des simplex 'gestalt, äusseres ansehen'
die abstractere 'beschaffenheit' entwickelt. Bei einem worte
wie *schönheit* hat sich erst innerhalb des westgermanischen
aus der syntaktischen gruppe ein compositum, aus dem compositum eine ableitung entwickelt. Urgerm. *skaunis haidus
'schöne eigenschaft', daraus regelrecht lautlich entwickelt ahd.
scônheit. Durch übertragung der flexionslosen form in die obliquen casus ist die composition vollzogen gerade wie in *hôchzît*
und dergl., vgl. s. 170. Vermöge seiner abstracten bedeutung
wird dann das zweite glied zum suffix, zumal nachdem es in
selbständiger verwendung verloren gegangen ist.

Auch noch in einer späteren zeit nähern sich manche
zweite compositionsglieder dem charakter eines suffixes. So
sind *schmerzvoll, schmerzensreich* in ihrer bedeutung nicht verschieden von lat. *dolorosus,* franz. *douloureux,* der unterschied
zwischen *anmutsvoll* und *anmutig, reizvoll* und *reizend* ist ein
geringer. Das *-tel* (= *teil*) in *drittel, viertel* etc. ist dem
sprachgefühl ein suffix. Auch in *allerhand, allerlei, gewissermassen, seltsamerweise* etc. ist der ansatz zur suffixbildung gemacht. Von *-weise* könnte man sich recht gut vorstellen, dass
es sich bei weiter gehender verallgemeinerung zum durchgehenden adverbialsuffix hätte entwickeln können gerade wie
mente in der romanischen volkssprache. [1]

Die scheidelinie zwischen compositionsglied und suffix
kann nur nach dem sprachgefühl bestimmt werden. Objective
kriterien zur beurteilung desselben haben wir in der hand,
sobald durch die analogie bildungsweisen geschaffen werden,
die als composita undenkbar sind. So könnte man zwar franz.
fièrement noch als *fera mente* auffassen, aber z. b. ein *récemment*
wäre auf *recente mente* zurückgeführt widersinnig. Die grundbedeutung unseres *-bar* (= mhd. *-bære*) ist '*tragend*, bringend'.
Wörter wie *ehrbar, furchtbar, wunderbar* würden dazu noch

---

[1] Im anzeiger der Zschr. f. deutsches Altert. wird von Bock den
aufstellungen Osthoffs gegenüber geltend gemacht, dass zur verwandlung
eines zweiten compositionsgliedes in ein suffix unbetontheit desselben
erforderlich sei. Das ist eine ganz grundlose behauptung wie *-mente*
beweisen kann.

einigermassen passen; aber schon mhd. *magetbære* (jungfräulich), *meienbære* (zum mai gehörig), *scheffenbære* (zum schöffenamt befähigt) nicht mehr. Vollends entschieden ist der suffixcharakter, wenn die analogie zum hinübergreifen in ganz andere sphären führt wie in *vereinbar, begreiflich, duldsam* etc., die nur als ableitungen aus *vereinen, begreifen, dulden* gefasst werden können (vgl. darüber oben s. 148); oder wenn suffixverschmelzungen stattfinden (vgl. darüber oben s. 149) wie in mhd. *miltecheit, miltekeit* aus *miltec-heit,* woraus dann analogiebildungen entspringen wie einerseits *frömmigkeit, gerechtigkeit,* anderseits *eitelkeit, heiterkeit, dankbarkeit, abscheulichkeit, folgsamkeit.*

Aus diesen beobachtungen, zu denen wir leicht aus andern sprachen eine menge ähnlicher hinzufügen könnten, müssen wir schliessen, dass die suffixbildung nicht das werk einer bestimmten vorhistorischen periode ist, das mit einem bestimmten zeitpunkte abgeschlossen wäre, sondern vielmehr ein, so lange die sprache sich lebendig fortentwickelt, ewig sich wiederholender process. Wir können speciell vermuten, dass auch die gemeinindogermanischen suffixe nicht schon alle vor der entstehung der flexion vorhanden waren, wie die zergliedernde grammatik gewöhnlich annimmt, sondern dass auch die vorgeschichtliche flexivische periode nicht ganz unfruchtbar in dieser beziehung gewesen sein wird. Wir müssen die vorgeschichtliche entstehung von suffixen durchaus nach dem massstabe beurteilen, den uns die geschichtliche erfahrung an die hand gibt, und mit allen theorieen brechen, die nicht auf diese erfahrung basiert sind, die uns zugleich den einzigen weg zeigt, auf welchem der vorgang psychologisch begreifbar wird.

Noch ein wichtiger punkt muss hervorgehoben werden. Die entstehung neuer suffixe steht in stätiger wechselwirkung mit dem untergang alter. Wir dürfen sagen, dass ein suffix als solches untergegangen ist, sobald es nicht mehr fähig ist zu neubildungen verwendet zu werden. In welcher weise namentlich der lautwandel darauf hinwirkt diese fähigkeit zu vernichten, ist oben s. 81 auseinandergesetzt. So stellt sich immer von zeit zu zeit das bedürfniss heraus ein zu sehr abgeschwächtes, in viele lautgestaltungen zerspaltenes suffix durch

ein volleres, gleichmässiges zu ersetzen. Dazu bieten sich
häufig die verschmolzenen suffixcomplexe dar. Man sehe z. b.,
wie im ahd. von den nomina agentis auf -âri, den nomina
actionis auf -unga, den abstractis auf -nissa die älteren einfacheren bildungsweisen zurückgedrängt werden. In andern
fällen aber sind es die composita von der beschriebenen art,
die den willkommenen ersatz bieten, in der regel zunächst
neben die älteren bildungen treten, dann aber rasch wegen
ihrer grösseren deutlichkeit, ihrer innigeren beziehungen zum
grundworte ein entschiedenes übergewicht über diese erlangen
und sie bis auf eine grössere oder kleinere zahl traditioneller
reste überwältigen. So verdrängt *schönheit* das jetzt veraltete
schöne, *finsterkeit* das noch im mhd. lebendige *diu vinster* etc.

Auf die gleiche weise wie die ableitungssuffixe entstehen
flexionssuffixe. Zwischen beiden gibt es ja überhaupt keine
scharfe grenze. Wir haben auch hier für die vorgeschichtlichen
vorgänge einen massstab an den geschichtlich zu beobachtenden. Das anwachsen des pronomens an den tempusstamm
lässt sich z. b. durch vorgänge aus heutigen bairischen mundarten erläutern. Hier sagt man *mir hamme, mîr gemme* (= wir
haben-wir, wir gehen-wir) und sogar *hamme mîr, gemme mîr;*
ebenso *es lebts* (= ihr lebt-ihr), *lebts es*. Die bildung eines
tempusstammes zeigt sich am handgreiflichsten am romanischen
fut.: *j'aimerai* = *amare habeo*. Doch es scheint mir überflüssig
aus der masse des allgemein bekannten und jedem zur hand
liegenden materiales noch weitere beispiele zusammenzutragen.

Zieht man aus unserer betrachtung die methodologischen
consequenzen, so wird man zugestehen müssen, dass das verfahren, welches bisher bei der construction der urverhältnisse
des indogermanischen eingeschlagen zu werden pflegte, sehr
verwerflich ist. Ich hebe einige nach dem obigen selbstverständliche sätze hervor, nach denen die bestehenden theorieen
zu corrigieren oder gänzlich umzustossen sind.

Wenn man die indogermanische grundform eines wortes,
auch vorausgesetzt, dass sie richtig construirt ist, nach der
üblichen weise in stamm und flexionssuffix und den stamm
wider in wurzel und ableitungssuffix oder suffixe zerlegt, so
darf man sich nicht einbilden, damit die elemente zu haben,

aus denen das wort wirklich zusammengesetzt ist. Man darf
z. b. nicht glauben, dass die 2 sg. opt. präs. *bherois (früher
als *bharais angesetzt) aus bher + o + i + s entstanden sei.
Erstens muss man in betracht ziehen, dass zwar die ersten
grundlagen der wortbildung und flexion durch das zusammenwachsen ursprünglich selbständiger elemente geschaffen sind,
dass aber diese grundlagen sobald sie einmal vorhanden waren,
auch sofort als muster für analogiebildungen dienen mussten.
Wir können von keiner einzelnen indogermanischen form wissen,
ob sie aus einem syntaktischen wortcomplex entstanden oder
ob sie eine analogiebildung nach einer fertigen form ist. Wir
dürfen aber auch gar nicht einmal ohne weiteres voraussetzen,
dass der typus einer form auf die erstere weise entstanden
sein müsste. Vielmehr müssen wir auch schon für die älteste
periode den factor in anschlag bringen, der in den jüngeren
eine so grosse rolle spielt, die verschiebung des bildungsprincipes durch analogiebildung. So wenig, wie wir die typen
besuch, unbestreitbar, unveränderlich, verwaltungsrat, auf einen
syntaktischen complex zurückführen können, ebensowenig wird
das bei vielen indogermanischen bildungen statthaft sein.
Zweitens muss berücksichtigt werden, dass auch in denjenigen
formen, die wirklich syntaktischen ursprungs sind, die elemente
nicht mehr in der lautgestaltung vorzuliegen brauchen, die sie
vor ihrem aneinanderwachsen hatten. So wenig wie schusters
aus schu + ster + s entstanden ist, so wenig braucht ein indogermanischer gen. akmenos aus ak + men + os enstanden
zu sein. Eine reihe von veränderungen, welche die elemente
erst innerhalb des gefüges erlitten haben können, hat man
längst erkannt, andere sind neuerdings nachgewiesen. Es ist
aber durchaus möglich und sogar wahrscheinlich dass die
summe dieser veränderungen mit dem erkannten noch lange
nicht erschöpft ist.

Noch weniger darf man glauben, dass die durch analyse
gefundenen elemente die urelemente der sprache überhaupt sind.
Unser unvermögen ein element zu analysieren beweist gar
nichts für dessen primitive einheit.

Gänzlich fallen lassen muss man die für die geschichte
der indogermanischen flexion beliebte scheidung in eine periode
des aufbaus und eine periode des verfalls. Das, was man auf-

bau nennt, kommt ja, wie wir gesehen haben, nur durch einen
verfall zu stande, und das, was man verfall nennt, ist nur
die weitere fortsetzung dieses processes. Aufgebaut wird nur
mit hülfe der syntax. Ein solcher aufbau kann in jeder periode stattfinden, und neuaufgebautes tritt immer als ersatz ein
da, wo der verfall ein gewisses mass überschritten hat.

Cap. X.

Urschöpfung.

Wir haben es uns bisher zum gesetz gemacht uns unsere anschauungen über die sprachlichen vorgänge aus solchen beobachtungen zu bilden, die wir an der historisch deutlich zu verfolgenden entwickelung machen konnten, und erst von diesen aus rückschlüsse auf die urgeschichte der sprache zu machen. Wir müssen versuchen diesem principe auch bei der beurteilung der urschöpfung möglichst treu zu bleiben, wenn sich hier auch grössere schwierigkeiten in den weg stellen. Das ist zwar nicht gerade bei der syntaktischen urschöpfung der fall, wol aber bei der schöpfung neuen sprachstoffes.

Die letztere unmittelbar zu beobachten bietet sich uns nicht leicht die gelegenheit. Denn solche singulären fälle, von denen uns wol einmal berichtet wird, wie etwa die willkürliche erfindung des wortes *gas* können nicht gerade viel aufschluss über die natürliche sprachentwickelung geben. So schwebt denn über dem vorgange ein gewisses mystisches dunkel, und es tauchen immer wider ansichten auf, die ihn auf ein eigentümliches vermögen der ursprünglichen menschheit zurückführen, welches jetzt verloren gegangen sein soll. Solche anschauungen müssen entschieden zurückgewiesen werden. Auch in der gegenwärtig bestehenden leiblichen und geistigen natur des menschen müssen alle bedingungen liegen, die zu primitiver sprachschöpfung erforderlich sind. Ja, wenn die geistigen anlagen sich zu höherer vollkommenheit entwickelt haben, so werden wir daraus sogar die consequenz ziehen müssen, dass auch diese bedingungen jetzt in noch vollkommenerer weise vorhanden sind als zur zeit der ersten anfänge menschlicher sprache. Wenn wir im

allgemeinen keinen neuen sprachstoff mehr schaffen, so liegt
das einfach daran, dass das bedürfniss dazu nicht mehr vorhanden ist. Es kann kaum eine vorstellung oder empfindung
in uns auftauchen, von welcher nicht eine associationsleitung
zu dem überlieferten sprachstoff hinüberführte. Dies massenhafte material, auf das wir einmal eingeübt sind, lässt nichts
neues neben sich aufkommen, zumal da es sich durch mannigfache zusammenfügung und durch bedeutungsübertragung
bequem erweitern lässt. Würde man aber das experiment
machen eine anzahl von kindern ohne bekanntschaft mit irgend
einer sprache aufwachsen zu lassen, sie sorgfältig abzuschliessen
und nur auf den verkehr unter sich einzuschränken, so brauchen
wir kaum zweifelhaft zu sein, was der erfolg sein würde: sie
würden sich, indem sie heranwüchsen, eine eigene sprache aus
selbstgeschaffenen wörtern bilden.

Etwas einem solchen experimente wenigstens annähernd
gleichkommendes soll wirklich vorliegen. Bekannt ist durch
Max Müllers vorlesungen der bericht des Robert Moffat über
die sprachlichen zustände in vereinzelten wüstendörfen Süd-
afrikas. Danach sollen sich dort die kinder während häufiger
langer abwesenheit ihrer eltern selbst eine sprache erfinden.
Doch möchte ich ohne die mitteilung genauerer beobachtungen
nicht zu viel wert auf solche angaben legen.

Aber wir brauchen gar nicht so weit zu gehen. Wir sind,
glaube ich, zu der behauptung berechtigt, dass selbst in den
sprachen der europäischen culturvölker die schöpfung
neuen stoffes niemals ganz aufgehört hat. Nach allen
fortschritten, welche die indogermanische etymologie in den
letzten decennien gemacht hat, bleibt immer noch ein sehr
beträchtlicher rest von wörtern, der weder auf wurzeln der
grundsprache zurückgeführt, noch als entlehnung aus fremden
sprachen nachgewiesen werden kann. Ja, wenn wir den wortvorrat der lebenden deutschen mundarten durchmustern, so
finden wir darin sehr vieles, was wir ausser stande sind zu
dem mittelhochdeutschen wortvorrate in beziehung zu setzen.
Gewiss müssen wir die ursache dieses umstandes zu einem
grossen teile darin sehen, dass unsere überlieferung vielfach
lückenhaft, unsere wissenschaftlichen combinationen noch unvollkommen sind. Immerhin aber bleibt eine beträchtliche anzahl

von fällen, in denen schwer abzusehen ist, wie vermittelst der lautentwickelung oder analogiebildung eine anknüpfung an älteren sprachstoff je möglich werden soll. Wir werden daher den jüngeren und jüngsten sprachperioden nicht bloss die fähigkeit zur urschöpfung zuzuschreiben haben, sondern auch die wirkliche ausübung dieser fähigkeit. Wir dürfen auch hier die ansicht nicht gelten lassen, als seien in der entwickelung der sprache zwei perioden zu unterscheiden, die eine, in welcher der ursprüngliche sprachstoff, die sogenannten wurzeln, geschaffen würde, und eine zweite, in welcher man sich begnügt hätte aus dem vorhandenen stoffe combinationen zu gestalten. In der entwickelung der volkssprache gibt es keinen zeitpunkt, in welchem die urschöpfung abgeschlossen wäre. Anderseits haben sich gewiss kurz nach den ersten urschöpfungen die selben arten der weiterentwickelung des ursprünglich geschaffenen geltend gemacht, wie wir sie in den späteren perioden beobachtet haben. Es besteht in dieser hinsicht zwischen den verschiedenen entwickelungsphasen kein unterschied der art, sondern nur des grades. Es ändert sich nur das verhältniss der urschöpfung zu der traditionellen fortpflanzung des geschaffenen und zu den anderweitigen mitteln der sprachbereicherung, der bedeutungserweiterung durch apperception, der combination einfacher elemente, der analogiebildung etc.

Das wesen der urschöpfung besteht, wie wir schon gesehen haben, darin, dass eine lautgruppe in beziehung zu einer vorstellungsgruppe gesetzt wird, welche dann ihre bedeutung ausmacht, und zwar ohne vermittelung einer verwandten vorstellungsgruppe, die schon mit der lautgruppe verknüpft ist. Man kann aber nicht sagen, dass ein wort dadurch geschaffen ist, dass es einmal von einem individuum mit beziehung auf eine vorstellungsgruppe hervorgebracht wird. Vielmehr muss diese hervorbringung auch eine bleibende psychische nachwirkung hinterlassen, in folge derer späterhin der laut vermittelst der bedeutung, die bedeutung vermittelst des lautes gedächtnissmässig reproduciert werden kann. Das wort muss ferner auch von andern individuen verstanden und dann gleichfalls reproduciert werden.

Die erfahrungen, die wir über die entstehung neuer wörter durch composition und analogiebildung und die erfassung neuer anschauungen mit hülfe des vorhandenen wortvorrates gemacht haben, dürfen wir auch für die beurteilung der urschöpfung verwerten. Wir haben bisher immer gesehen, dass die benennung des neuen durch eine apperception mit dem schon benannten erfolgt, sei es, dass man einfach die schon vorhandene benennung auf das neue überträgt, oder dass man aus derselben ein compositum oder eine ableitung bildet; d. h. also: es besteht ein causalzusammenhang zwischen dem neubenannten objecte und seiner benennung, vermittelt durch ein früher benanntes object. Dieser causalzusammenhang ist es zunächst allein, wodurch die benennung bei dem, der sie zuerst anwendet, hervorgerufen wird und wodurch sie von andern verstanden werden kann. Erst durch mehrfache widerholung wird eine solche causalbeziehung überflüssig, indem die bloss äusserliche association allmählig fest genug geknüpft wird. Die folgerung, dass auch die urschöpfung, um überhaupt geschaffen und vollends um verstanden zu werden, eines solchen causalzusammenhanges bedarf, ist gewiss nicht abzuweisen. Wenn es nun ein vermittelndes glied hier nicht gibt, so muss ein directer zusammenhang zwischen object und benennung bestehen. Doch muss wenigstens, was die erzielung des verständnisses betrifft, noch ein vermittelndes glied in betracht gezogen werden, nämlich die gebährdensprache, auf die wir noch weiter unten zurückkommen.

Wir haben gesehen, dass in der regel nichts in der sprache usuell werden kann, das nicht spontan von verschiedenen individuen geschaffen wird. Auch gehört dazu, dass es von dem gleichen individuum zu verschiedenen zeiten spontan, ohne mitwirkung des gedächtnisses geschaffen werden kann. Wenn aber der gleiche lautcomplex sich zu verschiedenen malen und bei verschiedenen individuen an die gleiche bedeutung anschliesst, so muss dieser anschluss überall durch eine gleichmässige ursache veranlasst sein, die ihren sitz in der natur des lautes und der bedeutung hat, nicht in einem zufällig begleitenden umstande. Es kann zugegeben werden, dass gelegentlich auch eine von einem einzelnen einmal geschaffene verbindung allgemeine verbreitung findet. Aber die möglichkeit dieses vorganges ist in bestimmte grenzen eingeschlossen. Ist etwa derjenige, welcher zuerst eine bezeichnung für ein object

findet, der entdecker, erfinder des betreffenden objects, so dass
alle übrigen von ihm darüber unterrichtet werden, so ist damit
auch der von ihm gefundenen bezeichnung eine autorität ver-
liehen. Bei den wenigsten objecten ist ein solches verhältniss
denkbar. In der regel kann es nur die angemessenheit der
bezeichnung sein, was ihr allgemeinen eingang verschafft, d. h.
also wider die innere beziehung zwischen laut und bedeutung,
die, wo eine vermittelung fehlt, auf nichts anderem beruhen
kann als auf dem sinnlichen eindruck des lautes auf den
hörenden und auf der befriedigung, welche die zur erzeugung
des lautes erforderliche tätigkeit der motorischen nerven dem
sprechenden gewährt.

Fassen wir nun die wörter, bei denen ein begründeter
verdacht vorliegt, dass sie verhältnissmässig junge neuschöpfungen sind, näher ins auge, so zeigt sich, dass es vorzugsweise
solche sind, welche verschiedene arten von geräuschen und
bewegungen bezeichnen. Man vgl. z. b. nhd. *bambeln, bammeln,
baumeln, bummeln, bimmeln, batzen* (nd. schallend auffallen) *bau-
zen* (= *batzen* — bellen) *belfen, belfern, blaffen, blarren, blerren,
blatzen, platzen, pletzen, bletschen, pletschen, platschern, planschen,
panschen, plätschern, blodern, plaudern, blubbern, plappern, blauzen,
böller, bollern, bullern, ballern, boldern, poltern, bompern, bum-
pern, buff, buffen, puff, puffen, burren, bubbeln, puppeln, puppern,
dudeln, fimmeln, fummeln, flattern, flimmen, flimmern, flinder, flin-
dern, flinderling, flandern, flink, flinken, flinkern, flirren, flarren,
flarzen, flartschen, flismen, flispern, flitter, flodern, flunkern, flüs-
tern, gackeln, gackern, gautsche, gautschen, glucken, glucksen,
grackeln, hampeln, humpen, humpeln, hätscheln, holpern, hurren,
hussen, kabbeln, kichern, kischen* (zischen), *klabastern, klachel*
oder *klächel* (bairisch = glockenschwengel oder anderes bau-
melndes ding), *klatschen, kletzen, kleschen* (= *klatschen*), *klim-
pern, klirren, klunker, knabbeln, knabbern, knacken, knacks,
knarpeln, knarren, knarzen, knarschen, knirren, knirschen, knur-
ren, knascheln, knaspeln, knastern, knisten, knistern, knaster*(-*bart*),
*knatschen, knetschen, knitschen, knutschen, knattern, knittern,
knuffen, knüffeln, knüllen, knuppern, knuspern, kollern, kullern,
krabbeln, kribbeln, krakeln, kräkeln, kreischen, kuckern,* (*cucu-
rire*), *lodern, lullen, manschen, mucken, mucksen, munkeln, murren,
nutschen, pfuschen, pimpeln, pimpelig, pinken, pladdern, plumpen,*

188

plumpsen, prosseln, prusten, quabbeln, quabbelig, quackeln, quaken,
quäken, quiken, quitschen, **rappeln, rapsen, rascheln, rasseln,**
räuspern, rempeln, rummel, rumpeln, rüppeln. *schlabbern, schlam-*
pen, schlampampen, schlockern, schlottern, schlürfen, schmettern,
schnack, schnacken, schrill, schummeln, schwabeln, schwappen,
schwirren, schwarm, stöhnen, stolpern, strullen, summen, surren,
tatschen, tätschen, tätscheln, ticken, torkeln, turzeln, (hessisch
= *torkeln), tuten, wabbeln, wibbeln, watscheln, wimmeln, wimmern,*
wudeln, ziepen, zirpen, zischen, zischeln, zullen und *zulpen (sau-*
gen), züsseln (schütteln), zwitschern. Ich habe mich absichtlich
auf solche wörter eingeschränkt, die frühestens im spätmittel-
hochdeutschen nachweisbar sind. Man könnte ebenso eine reichliche liste derartiger wörter aus den älteren germanischen dialecten zusammentragen, die nichts vergleichbares in den übrigen
germanischen sprachen haben, desgleichen aus dem griechischen
und lateinischen. Man wird sich dem schlusse nicht entziehen
können, dass, wenigstens so weit unsere beobachtungen zurück-
reichen, hier das eigentliche gebiet der sprachlichen urschöpfung
liegt.

Dass wir bei dieser art von wörtern eine innere beziehung
von klang und bedeutung empfinden, ist allerdings im einzelnen
falle kein beweis dafür, dass sie wirklich einer solchen beziehung ihren ursprung verdanken. Denn es gibt nachweislich
eine anzahl von wörtern, die erst durch secundäre entwickelung
eine solche lautgestaltung oder eine solche bedeutung erlangt
haben, dass sie den eindruck onomatopoetischer bildungen
machen. Aber ein überblick der wörter in ihrer gesammtheit
schliesst doch die annahme durchgehenden zufalls aus. Es
fällt dabei noch ein umstand schwer ins gewicht, nämlich die
häufigkeit ähnlicher, namentlich nur durch den vokal verschiedener wörter von gleicher oder sehr ähnlicher bedeutung, die
doch nicht lautgesetzlich aus einer grundform abgeleitet werden
können. So finden sich auch vielfach in verschiedenen sprachen
ähnlich klingende wörter dieser art, die doch nach den lautgesetzen nicht urverwandt sein können.

Nur aus dem onomatopoetischen triebe erklären sich auch
gewisse umgestaltungen schon fertiger wörter. Eines
der charakteristischsten beispiele ist mhd. *gouch* = nhd. *kukuk*
mit den zwischenformen *guckauch, kuckuch* und ähnlichen.

Auch diese bildungen bezeichnen nur zum teil geräusche, zum teil unruhige bewegungen. Ich habe schon oben s. 39 darauf hingewiesen, dass wir dergleichen umwandlungen von dem, was wir lautwandel nennen, gänzlich zu trennen und als partielle neuschöpfungen zu betrachten haben. Auch die weiter oben angeführten wörter können nicht als totale neuschöpfungen betrachtet werden, wie noch später zu erörtern sein wird. Absolute neuschöpfungen sind eigentlich nur die interjectionen.

Es wird hier der ort sein etwas näher auf das wesen dieser wortart einzugehen. Uns muss vor allem die frage interessieren, ob man in ihnen mit recht die primitivsten äusserungen der sprachtätigkeit zu sehen hat, wie von verschiedenen seiten angenommen, von andern bestritten ist. Wir verstehen unter interjectionen unwillkürliche reflexlaute, die durch den affect hervorgetrieben werden, auch ohne jede absicht der mitteilung. Man darf aber darum nicht die vorstellung damit verknüpfen, als wären sie wirkliche naturlaute, die mit ursprünglicher notwendigkeit aus dem affecte entsprängen wie lachen und weinen. Vielmehr sind die interjectionen, deren wir uns gewöhnlich bedienen, gerade so gut durch die tradition erlernt wie die übrigen elemente der sprache. Nur vermöge der association werden sie zu reflexbewegungen, weshalb denn auch die ausdrücke für die gleiche empfindung in verschiedenen sprachen und mundarten und auch bei den verschiedenen individuen der gleichen mundart je nach der gewöhnung sehr verschieden sein können. Es ist ja auch eine in den verschiedensten sprachen zu machende beobachtung, dass interjectionen aus andern wörtern und wortgruppen entstehen, vgl. z. b. *ach gott, alle wetter, gott sei dank, leider.* Durch lautveränderungen kann der ursprung so sehr verdunkelt werden, dass er selbst bei angestellter reflexion nicht mehr zu erkennen ist, vgl. *herrje (herr jesus), jemine (jesu domine).* Wir sind daher auch bei den in keiner weise analysierbaren und scheinbar ganz einfachen interjectionen nicht von vornherein sicher, ob sie nicht auf ähnliche weise entstanden sind. Aber anderseits tritt uns gerade unter den erst spät auftauchenden interjectionen, bei denen eine derartige verdunkelung der etymologie nicht wol anzunehmen ist, eine beträchtliche anzahl entgegen, die entweder zu gar keinen andern wörtern in beziehung gesetzt werden können oder nur

zu der eben besprochenen kategorie, von denen es daher mindestens in hohem grade wahrscheinlich ist, dass sie unmittel-
bar durch| reflexbewegung entsprungen sind. Die meisten unter
diesen und die individuellsten in bezug auf die lautform und
den empfindungston sind reactionen gegen plötzliche erregungen
des gehörs- oder gesichtssinnes. So müssen wir wol wenigstens
ihr ursprüngliches wesen auffassen. Sie werden dann auch
bei der erinnerung und erzählung der solche plötzliche erregung
wirkenden vorgänge gebraucht. Ich meine wörter wie nhd.
paff, patsch, bardautz, perdauz, bauz, blauz, bläff, buff, puff, bums,
futsch, hurre, husch, hussa, klacks, klaps, kladderadatsch, knacks,
plump, plumps, ratsch, rutsch, schrumm, schwapp, wupp etc.
Manche dieser wörter sind auch substantiva oder haben
verba zur seite, und es ist dann zum teil schwer zu sagen,
was eigentlich das ursprüngliche ist. Es ist das aber auch
nicht von belang, sobald die wörter als reactionen gegen die
sinneserregung anerkannt sind. Der onomatopoetische charakter solcher wörter tritt noch stärker hervor bei der häufig
angewendeten verdoppelung und verdreifachung, ganz besonders,
wenn dabei die mehrfach gesetzten elemente durch ablaut
differenziert werden, vgl. *fickfack, gickgack, kliffklaff, klippklapp,*
klitschklatsch, klimperklamper, kribbeskrabbes, krimskrams, mick-
mack, pinkepanke, ripsraps, ritschratsch, schnickschnack, schnipp-
schnapp (schnurr), stripstrap (strull), schwippschwapp, ticktack,
lirumlarum, bimbambum, piffpaffpuff. Diese wörter werden zum
teil auch als substantiva gebraucht, und es werden direct substantiva so gebildet, vgl. *kringelkrangel, tingeltangel;* auch werden
weitere ableitungen aus solchen bildungen gemacht wie
fickfacken, fickfacker, wibbelwabbelig. Uebrigens wird dabei
mehrfach alter sprachstoff benutzt, der sonst gar keinen inter-
jectionellen charakter hat, vgl. *klingklang, singsang, hickhack,*
mischmasch, wirrwarr, zickzack. Vgl. auch onomatopoetische
ausgestaltungen wie *klinglingling* (vielleicht aus *klingklingkling*
entstanden), *hoppsasa.* Aus dem selben triebe entsprungen,
aber in den grenzen der normalen sprache sich haltend sind
verbindungen mehrerer nur durch den vokalismus verschiedener
schallwörter, wie *flimmen und flammen, flimmern und flammern,*
klippen und klappen, klippern und klappern, knistern und knas-
tern, knittern und knattern, krimmen und krammen, kritzen und

kratzen, gekritz und gekratz, rischeln und rascheln (alle durch beispiele aus schriftstellern belegt).

Onomatopoetisch sind ferner die meisten wörter der ammensprache, und auch in ihnen spielt die reduplication eine grosse rolle, vgl. *wauwau, putput, papa, mama* etc. Diese sprache ist nicht eine erfindung der kinder. Sie wird ihnen so gut wie jede andere sprache überliefert. Ihr wert besteht darin, dass sie einem leicht erkennbaren pädagogischen zwecke dient. Die innere beziehung des lautes zur bedeutung, welche in ihr noch besteht und jedenfalls immer neu geschaffen wird, erleichtert die verknüpfung beider sehr erheblich. Das geht sogar so weit, dass auch die wörter der ausgebildeten sprache teilweise zuerst in einer composition mit wörtern der ammensprache erlernt werden, vgl. *wauwauhund, bäschaf, puthuhn* und dergl.

Zwischen den urschöpfungen, durch welche eine schon ausgebildete sprache bereichert wird, und denjenigen, mit welchen die sprachschöpfung überhaupt begonnen hat, ist noch ein bedeutender unterschied. Jene fügen sich, soweit sie nicht reine interjectionen sind, in das schon bestehende formensystem ein. Sie erscheinen mit den zu der zeit, wo sie geschaffen werden, üblichen ableitungs- und flexionssilben. In *poltern* z. b., wenn es hierher gehört, ist nur *polt-* durch urschöpfung, *-ern* nach analogie gebildet. Wir können daher in einem solchen worte eigentlich nur eine partielle urschöpfung anerkennen. Wir sehen übrigens aus diesem beispiele, dass das, was man gewöhnlich als wurzel aus einem worte abstrahiert, durchaus nicht immer einmal als selbständiges element existiert zu haben braucht, auch nicht in einer älteren lautgestalt (vgl. s. 181), sondern sogleich bei seinem entstehen, mit einem oder mehreren suffixen versehen sein kann, und versehen sein muss, sobald es der dermalige sprachzustand fordert.

Nicht bloss die suffixe werden nach analogie des vorhandenen sprachmaterials geschaffen, sondern auch die function als subst., verb. etc., und es wird also auch damit etwas in die neuen wörter hineingetragen, was nicht auf urschöpfung beruht.

Bei den ersten schöpfungen, mit denen die sprache begonnen hat, kann natürlich von einem solchen mitwirken der analogie keine rede sein. An ihnen kann noch keine

spur einer grammatischen kategorie haften. Ebensowenig aber irgend welche logische kategorie. Wir dürfen wol
behaupten, dass alle logischen kategorieen erst mit oder nach
den grammatischen entstanden sind. So lange es kein subject
und prädicat gab, gab es auch keine unterscheidung zwischen
ding und eigenschaft oder tätigkeit. Ehe eine anzahl von objecten benannt waren, gab es auch kein deutliches bewustsein
von ihrer einheit und ihrer abgeschlossenheit gegen die übrige
erscheinungswelt. So können auch die ersten wörter weder
objecten noch eigenschaften oder tätigkeiten, sondern nur anschauungen correspondieren. Es muss aber doch etwas bestimmtes aus der ganzen fülle dessen, was gleichzeitig in die
sinneswahrnehmung fällt, ausgesondert werden. Da nun diese
aussonderung noch nicht durch eine logische operation bewerk-
stelligt werden kann, so muss sie durch die aussenwelt veranlasst werden. Es muss etwas vorgehen, wodurch die aufmerksamkeit nach einer bestimmten richtung hin fixiert wird. Nicht
die ruhende und schweigende welt, sondern die bewegte
und tönende ist es, deren sich der mensch zuerst bewust wird, und für die er die ersten sprachlaute schafft.
An stelle einer bewegung der umgebung kann auch eine bewegung des eigenen leibes dienen, wodurch die augen plötzlich
auf einen unerwarteten anblick gelenkt werden. Der eindruck
wird natürlich um so intensiver sein, wenn dadurch freude
oder schmerz, begierde oder furcht erregt werden. Es ist
also das die aufmerksamkeit erregende object zugleich
mit dem, was an dem objecte vorgeht, was durch den
sprachlaut bezeichnet wird. Wir nähern uns dieser primitiven sprechweise noch jetzt in ausrufungen der überraschung
und im affect. Erblicken wir plötzlich wider vermuten eine
person, die uns interessiert, oder sehen wir eine solche person
plötzlich in gefahr geraten, so rufen wir einfach *Karl, der vater* u.
dergl. Der ausruf dient dazu unserer erregung luft zu verschaffen
und eventuell die aufmerksamkeit anderer anzuziehen. Hierher gehören ausrufe wie *feuer, diebe, hülfe*, ferner solche wie
her, weg, auf. Wenn auch sonst bestimmte grammatische kategorieen an dabei gebrauchten wörtern haften, so sind sie
doch in dieser verwendung so gut wie losgelöst davon, nähern
sich dabei zugleich den interjectionen. Und so können wir

auch von den ältesten wörtern sagen, dass sie den
unvollkommenen ausdruck einer anschauung, wie sie
später durch einen satz widergegeben wird, mit inter-
jectionellem charakter verbinden.

Noch in anderer hinsicht muss es sich mit den ersten urschöpfungen anders verhalten als mit den später nachfolgenden.
Bei den letzteren kann von anfang an die absicht der mitteilung mitwirken, bei den ersteren nicht. Zu absichtlicher
ausübung einer tätigkeit behufs eines bestimmten zweckes
gelangen wir erst, nachdem wir die erfahrung gemacht haben,
dass dieser zweck dadurch erreichbar ist, und diese erfahrung
machen wir, indem wir sehen, dass die unabsichtlich oder in
anderer absicht angestellte tätigkeit den betreffenden erfolg
gehabt hat. Vor schöpfung der sprache weiss der mensch
nichts davon, dass er einem andern mit hülfe der sprachlaute
etwas mitteilen kann. Dieser grund allein würde genügen um
jede annahme einer absichtlichen erfindung zuzückzuweisen.
Wir müssen in bezug auf die ersten sprachlaute durchaus bei
Steinthals [1]) ansicht stehen bleiben, dass sie nichts anderes
sind als reflexbewegungen. Sie befriedigen als solche
lediglich ein bedürfniss des einzelnen individuums ohne rücksicht auf sein zusammenleben mit andern. Sobald aber ein
solcher reflexlaut von andern individuen percipiert wird zugleich
mit der sinnlichen wahrnehmung, die ihn hervorgerufen hat,
so kann beides in beziehung zu einander gesetzt werden
Dass ein anderes individuum diese beziehung empfindet, kann
auf dem wirklichen causalzusammenhange beruhen, der zwischen der wahrnehmung und dem laute durch vermittelung
der nervenerregung besteht. Sind die verschiedenen individuen
im wesentlichen gleich organisiert, so wird der gleiche sinnliche
eindruck in ihnen ungefähr den gleichen reflexlaut erzeugen,
und sie müssen sich, wenn sie den selben von andern hören,
sympathetisch berührt fühlen. Gewiss aber ist die zahl der
so erzeugten reflexlaute eine verhältnissmässig geringe gewesen.
Erheblich von einander abweichende anschauungen werden den
gleichen reflexlaut hervorgerufen haben. Es ist daher auch

[1]) Vgl. seinen 'Ursprung der sprache' und seine 'Einleitung in die
psychologie und sprachwissenschaft'. Ich gehe über alles, was er meiner
meinung nach überzeugend dargetan hat, kurz hinweg.

zunächst noch durchaus nicht daran zu denken, dass ein solcher
laut, auch wenn er widerholt von verschiedenen individuen in
der gleichen weise hervorgebracht wäre, das erinnerungsbild einer
bestimmten anschauung wach rufen könnte. Alles, was er vermag,
besteht nur darin, dass er die aufmerksamkeit erregt. Spe-
cielleren inhalt gibt erst die anschauung selbst. Dass die aufmerksamkeit der übrigen individuen sich auf den selben gegenstand
lenkt, welcher in dem einen oder in mehreren den reflexlaut
hervorgerufen hat, kann zum teil durch die begleitenden ge-
bärden veranlasst sein. Wir werden uns überhaupt zu denken
haben, dass die lautsprache sich in ihren anfängen an
der hand der gebärdensprache entwickelt hat, dass
ihr die unterstützung durch dieselbe erst nach und nach entbehrlich geworden ist, je weiter sie sich vervollkommt hat.
Die gebärdensprache muss natürlich gleichfalls von unwillkür-
lichen reflexbewegungen ihren ausgang genommen haben. Bei
ihr ist dieser ursprung noch viel leichter erkennbar, weil wir
sie auf einer primitiveren stufe der entwickelung beobachten
können. Ist es einem individuum widerholt gelungen durch
eine reflexbewegung die aufmerksamkeit zu erregen, mag sie
nun in den augen, den gesichtszügen, den händen oder in den
sprechorganen ihr endziel finden, so wird es allmählig dazu
geführt, dass es mit hülfe der betreffenden bewegung auch absichtlich die aufmerksamkeit zu erregen sucht, sobald es durch
das bedürfniss dazu gedrängt wird.

Ist einmal die möglichkeit der absichtlichen mitteilung
erkannt, so hindert nichts mehr, dass zu den durch unwillkürliche reflexbewegung erzeugten lauten auch solche hinzutreten,
zu deren erzeugung von anfang an die absicht der mitteilung
mitgewirkt hat. Wir müssen aber betonen die absicht der
mitteilung, nicht etwa die absicht ein bleibendes werkzeug
der mitteilung zu schaffen. Eine solche absicht bleibt wie
überall in der natürlichen sprachentwickelung, so auch bei der
urschöpfung ausgeschlossen. Es ist das bedürfniss des augenblicks, welches eine neue lautgruppe hervorbringt. Ob aber
eine solche lautgruppe mit der ersten hervorbringung zu grunde
geht, oder ob sie eine bleibende wirkung hinterlässt, das hängt
von ihrer beschaffenheit und von vielen zufälligen umständen ab.

Noch von einer schwierigkeit müssen wir sprechen, die

erst überwunden werden muss, bevor auch nur die ersten anfänge einer sprache sich herausbilden können, einer schwierigkeit, die, soviel ich sehe, bis jetzt noch nirgends gewürdigt ist. Der urmensch, der noch nicht gesprochen hat, kann so wenig wie ein neugeborenes kind irgend einen sprachlaut willkürlich erzeugen. Auch er muss das erst lernen, auch bei ihm kann sich erst allmählig durch mannigfache tätigkeit der sprechorgane ein mit einem lautbilde associiertes bewegungsgefühl herausbilden, welches dann einen regulator für sein sprechen abgeben kann. Man darf sich daher nicht einbilden, dass eine lautgruppe, wie sie einmal von einem individuum hervorgebracht wurde, nun sofort von den andern hätte nachgeahmt werden können. Nicht einmal das selbe individuum konnte sie absichtlich widerholen. Die sache liegt für den urmenschen noch viel schwieriger als für ein kind unserer zeit. Das letztere ist in der regel von einer anzahl von menschen umgeben, bei denen sich schon wesentlich übereinstimmende bewegungsgefühle ausgebildet haben. Es hört daher aus der menge der möglichen laute eine bestimmt abgegrenzte anzahl immer wider von neuem. Damit ist von vornherein eine bestimmte richtung gegeben, nach welcher sich seine eigenen bewegungsgefühle entwickeln, der sich seine sprechversuche immer mehr annähern. Für den menschen vor der sprachschöpfung gibt es keine norm, keine autorität. Es scheint demnach, dass das sprechen mit einem durcheinander der verschiedenartigsten articulationen, wie sie jetzt nirgends in einer sprache beisammen zu finden sind, begonnen haben müsse. Wie konnte aber aus einem solchen gewirr sich eine gleichmässigkeit des bewegungsgefühles herausbilden?

Wir werden auch von dieser seite her wider zu der annahme gedrängt, dass gewisse lautgruppen besonders häufig nicht nur von dem gleichen, sondern auch von verschiedenen individuen spontan, d. h. ohne mitwirkung irgend welcher nachahmung im wesentlichen gleichmässig erzeugt sein müssen. Nur für solche den natürlichen bedingungen nach bevorzugte lautgruppen kann sich in ermangelung einer schon bestehenden norm ein bewegungsgefühl herausbilden. In einer solchen bevorzugten lage befinden sich am ehesten die reinen reflexlaute, und an ihnen werden sich die ersten bewegunsgefühle entwickelt haben. Wir können es uns auch nicht wol anders vorstellen, als dass die bewegungsgefühle für die einzelnen laute sich sehr langsam eins nach dem andern entwickelt haben, und dass die traditionelle sprache in ihren anfängen sich mit einem minimum von lautzeichen begnügt haben wird, wenn auch vielleicht daneben von den verschiedenen individuen bald dieser, bald jener laut gelegentlich hervorgebracht wurde.

Aus unseren erörterungen geht hervor, dass eine längere ausübung der sprechtätigkeit vorangegangen sein muss, bis etwas entsteht, was wir allenfalls eine sprache nennen können in dem sinne, wie wir von deutscher oder französischer sprache reden, sollte es auch nur eine aus ein paar wörtern bestehende sprache sein. Das, was wir urschöpfung genannt haben, ist an sich nicht ausreichend eine sprache zu schaffen. Es muss gedächtnissmässige bewahrung des geschaffenen durch die zu einer genossenschaft gehörigen individuen hinzutreten. Erst, wo sprechen und verstehen auf reproduction beruht, ist sprache da.

Betrachten wir dies als ausreichend für die anerkennung des vorhandenseins einer sprache, so müssen wir auch vielen tieren sprache zuschreiben. Man wird schwerlich bestreiten können, dass die lock- und warnrufe derselben schon etwas traditionelles, nicht mehr etwas bloss spontanes sind. Sie repräsentieren ein entwickelungsstadium, welches auch die menschliche sprache durchlaufen haben muss, eben dasjenige welches wir zu schildern versucht haben. Damit aber diejenige art von sprache entstehe, die wir jetzt bei dem ganzen menschengeschlechte finden, gehört noch ein weiterer schritt dazu. Es ist gewiss von grosser bedeutung, dass die zahl der traditionellen wörter und damit die zahl der unterschiedenen anschauungen bei dem menschen weit über das mass irgend einer tiergattung hinausgewachsen ist, aber der eigentlich charakteristische unterschied der menschensprache von der tiersprache oder der jetzt bestehenden sprache von der früheren entwickelungsstufe liegt in ganz etwas anderem. In der zusammenfügung einzelner wörter zu einem satze besteht der entscheidende schritt vorwärts.

Für die art, wie wir jetzt sätze bilden, ist fast durchaus die analogie nach dem muster fertig überlieferter sätze massgebend. Die urschöpfung ist auch auf syntaktischem gebiete in den hintergrund gedrängt. Am meisten nähern sich dem charakter der ursprünglichen sätze solche satzformen, die sich den gewöhnlichen constructionsregeln entziehen, die namentlich kein verbum finitum enthalten, vgl. etwa aufforderungen wie *bier her, tür zu, hand auf, gewehr über*, oder fragen und ausrufe wie *Karl tot?*(!), *er ein mörder?*(!). Solche sätze werden jetzt zwar auch nach analogie gebildet, aber die ersten muster dafür sind jedenfalls erst durch urschöpfung entstanden, nachdem im allgemeinen die analogische bildung der sätze mit verbum finitum längst herrschend geworden war. Wenn man dergleichen als ellipsen bezeichnet, so ist das insofern zu rechtfertigen, als etwas darin unausgedrückt bleibt, was zum verständniss ergänzt werden muss, aber man darf damit nicht die vorstellung verbinden, als hätten sich solche satzformen historisch aus vollständigeren entwickelt. Wirkliche urschöpfungen machen wir im affect. Vielfach können wir sie an kindern beobachten. Das wesen des satzes besteht darin, dass mehrere vorstellungscomplexe in beziehung zu einander gesetzt werden durch nebeneinanderstellung der wörter, an die sie sich angeschlossen haben. Bei der analogischen satzbildung kann diese beziehung noch einen besonderen ausdruck finden durch casus, personalendung, präpositionen u. s. w., bei der syntaktischen urschöpfung ist es immer lediglich die aneinanderreihung, wodurch die beziehung versinnlicht wird, ist daher auch gar keine specialisierung der beziehung durch die lautgestaltung möglich, abgesehen vom accent. So lange es noch keine beziehungswörter und keine suffixe gibt, können auch analogisch gebildete sätze keine andere form haben als die ursprünglich gebildeten. Es hat jedenfalls eine längere zeit dazu gehört, bis die satzbildung sich von dem primitiven zustande hat entfernen können, der in unvollkommen entwickelten sprachen noch reichlich vorliegt. Denn, wie wir in cap. IX gesehen haben, entspringen alle mittel zur bezeichnung einer relation aus einer allmähligen umbildung stofflicher elemente durch traditionelle verwendung im satze. Abgesehen von den einfachsten verbalformen, sind dazu sätze aus mindestens drei elementen erforderlich. Diese können ursprünglich kaum etwas anderes sein als eine zusammenziehung aus zwei oder mehr sätzen. Drei elemente können nicht mit einem male von der seele unter einander verknüpft werden, sondern es werden zunächst zwei verknüpft und dann das dritte an eins von beiden oder an die verbindung angeknüpft. Die reihenfolge der verknüpfung, die nähere oder fernere beziehung kann ursprünglich nur durch wortstellung und accent ausgedrückt sein.

Wenn das, was früher durch ein wort ausgedrückt wurde, jetzt durch mindestens zwei wörter widergegeben wird, so erscheint uns das jetzt, logisch betrachtet, als eine zerlegung der anschauung in ding und tätigkeit oder eigenschaft.[1]) Wir dürfen uns aber den hergang nicht so vorstellen, dass diese zerlegung vorangegangen sein muss, bevor die ersten sätze gebildet werden konnten. Vielmehr kann die fähigkeit zu einer solchen zerlegung erst allmählig an der satzbildung erworben sein. Die primitiven sätze sind keine logischen urteile. Sie beruhen nicht auf zerlegung, sondern auf zusammenfügung. Sie entstehen dadurch, dass zwei anschauungen gleichzeitig oder unmittelbar hinter einander percipiert werden, für deren jede schon ein wort zur verfügung steht. Man begreift leicht, wie auf diese weise copulative sätze entstehen können von der art, wie sie Steinthal, Einl. § 534. 5 nach beobachtungen an einem kinde anführt, z. b. „papa hut", wofür es in der ausgebildeten sprache heissen würde „papa hat einen hut auf." Diese copulativen sätze, die sich in den höchstentwickelten sprachen nicht mehr finden, sind, wie Steinthal nach seinen beobachtungen constatiert, beim kinde die ältesten. Dass sie es auch in der entwicklung des menschengeschlechtes gewesen sind, lässt sich nicht nur nach einem analogieschlusse vermuten, es ist auch eine unabweisbare consequenz, wenn wir von der voraussetzung ausgehen, dass es vor der satzbildung nur wörter gegeben hat, die eine ganze anschauung repräsentieren, deren bedeutung sich unter keine von den drei kategorien, ding, eigenschaft

---

[1]) Vgl. zum folgenden Steinthal, Einl. § 534 ff.

oder tätigkeit unterbringen lässt. Eine differenzierung der wörter nach diesen kategorieen entwickelt sich erst gleichzeitig mit der differenzierung ihrer fnnction im satze, die mit der unterscheidung von subject und prädicat beginnt, und es gehört dazu eine längere tradition. Diesen process werden wir im folgenden capitel zu besprechen haben.

Die urschöpfung spielt auf einer höheren entwickelungsstufe noch einmal eine rolle. Wie wörter, so können auch sätze durch blosse nebeneinanderstellung in beziehung zu einander gesetzt werden. Solche durch urschöpfung gebildeten satzcomplexe sind die grundlage, aus welcher sich dann weiter mit hülfe der bedeutungserweiterung und verengung und der analogie perioden entwickeln, in denen auch die beziehung zwischen den sätzen einen ausdruck findet.

Cap. XI.

Die scheidung der redeteile.

Wir haben gesehen, dass durch urschöpfung keine grammatische kategorie entsteht. Das ursprüngliche wort bezeichnet anschauung, der ursprüngliche satz eine verbindung von anschauungen. Zur bezeichnung eines dinges, einer eigenschaft, einer tätigkeit, einer beziehung entwickelt sich das wort erst allmählig durch längeren traditionellen gebrauch; ebenso der satz erst allmählig zu einem gegliederten ganzen, in dem die einzelnen teile ihrer function noch differenziert sind. Diese entwickelung von wort und satz ist der nämliche process. Eben innerhalb des satzgefüges entwickeln sich die wortklassen, die redeteile, wie sie danach ganz passend benannt werden. Hand in hand mit der logischen differenzierung geht die schöpfung lautlicher mittel zum sinnlichen ausdruck der differenzen. Wie diese vor sich geht, ist schon in cap. IX gezeigt worden. Wir haben es dort hauptsächlich mit der negativen seite der entwickelung zu tun gehabt; hier wird uns die positive seite beschäftigen. Wir gehen dabei wider von vorgängen aus, die unserer beobachtung zugänglich sind.

Betrachten wir die verhältnisse in den nach dieser richtung am weitesten entwickelten sprachen, den indogermanischen, so muss zunächst bemerkt werden, dass die übliche unterscheidung der redeteile, wie sie von den antiken grammatikern übernommen ist, besonders an einem starken logischen fehler leidet. Wenn man beim nomen eine dreiteilung macht, substantivum, adjectivum und pronomen, oder vielleicht gar als viertes das zahlwort hinzufügt, so liegt darin eine vermischung zwei ganz verschiedener einteilungsprincipien. Der gegensatz von substantivum und adjectivum geht auch durch die pronomina und zahlwörter hindurch; in einem satze wie *jeder spricht* oder *welcher spricht* sind *jeder* und *welcher* substantiva, in einem satze wie *jeder (welcher) mensch spricht* sind *jeder* und *welcher* adjectiva. Der gegensatz zwischen substantivum-adjectivum in dem gewöhnlichen sinne und pronomen und zahlwort hat mit den syntaktischen verhältnissen nichts zu schaffen. Er geht durch das adverbium genau so hindurch wie durch das nomen: *bene — huc — bis* verhalten sich zu einander wie *bonus — hic — duo*.

Die ursache, warum man nicht dazu gekommen ist das pron. unter subst. und adj. zu verteilen, liegt gewiss zunächst darin, dass die meisten pronomina sowol substantivisch als adjectivisch gebraucht werden können, und zwar ohne eine veränderung der flexion oder ein sonstiges unterscheidungszeichen. Weiterhin brachten es die eigentümlichkeiten in der flexion mit sich, dass dem pron. in der grammatischen darstellung immer ein besonderer abschnitt gewidmet bleiben musste, wiewol nach dieser seite hin gar keine einheit besteht und deshalb auch vom standpunkte der flexionslehre die übliche einteilung zu verwerfen ist. Es kommt dazu, dass man sich bei dem pron. ausnahmsweise veranlasst gesehen hat die lexicalische seite mit in die grammatik aufzunehmen, teils wegen des häufigen gebrauches, teils wegen der verwendung einiger pronomina zum ausdruck grammatischer beziehungen.

Man sieht an diesem beispiele, wie verschiedenartige rücksichten bei der aufstellung und bewahrung der einteilung massgebend gewesen sind. Dieser logische fehler liesse sich wol noch corrigieren. Aber ein wirkliches consequentes system aufzustellen wird überhaupt auf keine weise gelingen. Versuchen wir unsere behauptung, dass die scheidung der redeteile ihren ursprung im satzgefüge habe, an den bestehenden verhältnissen durchzuführen, so verwickeln wir uns zunächst in unläugbare widersprüche.

Von unserm gesichtspunkte aus müssten wir vorerst die interjectionen als ausserhalb des satzes stehend den übrigen wortklassen gegenüber stellen. Diese würden wir dann wol zunächst zu scheiden haben in wörter, die eine selbständige vorstellung, und wörter, die ein verhältniss zwischen vorstellungen bezeichnen. Ein wort von der letzteren art kann immer nur in verbindung mit wenigstens zweien von der ersteren art auftreten. Verhältnisswörter wären also die präpositionen und conjunctionen wie *und, oder*. Aber auch die copula in einem satze wie *der mann ist (wird) gut* müssen wir vom standpunkte des jetzigen sprachgefühls aus als verhältnisswort auffassen, und doch ist sie ihrer form nach ein verbum. Nehmen wir die wörter, die eine selbständige vorstellung bezeichnen, so ergibt sich, wenn wir uns an die am meisten charakteristischen gebrauchsweisen halten, eine vierteilung oder vielmehr eine doppelte zweiteilung: subst.-adj. — verb.-adv., subst.-verb. — adj.-adv. Mit rücksicht auf den satz *homo sapiens sapienter loquitur* können wir die proportion ansetzen *homo : sapiens = loquitur : sapienter*, respective *homo : loquitur = sapiens : sapienter*. Berücksichtigen wir aber auch den gebrauch des adj. als prädicat (*homo est sapiens*), so hört der parallelismus auf, so will unser einteilungsprincip nicht mehr passen. Und sehen wir vollends, dass auch das subst. als attribut und als prädicat gebraucht wird, ziehen wir die sogenannten nominalformen des verbums mit in betracht und so vieles andere, so finden wir uns vielleicht den verhältnissen gegenüber ratlos. Dem aufgestellten parallelismus der function entspricht auch kein parallelismus der formation. Das adv. steht in dieser hinsicht durchaus nicht in dem selben verhältnisse zum verb. wie das adj. zum subst. Und weiter nimmt das einfach für sich gestellte *loquitur* eine andere stellung ein als in dem satze *homo loquitur*. Das blosse verbum kann auch ein ganzer satz, subject und prädicat zusammen sein.

Nun kommt hinzu, dass wir bei unserer einteilung von der analyse des einzelnen satzes ausgegangen sind, während doch auch das verhältniss zwischen mehreren sätzen einen lautlichen ausdruck gefunden hat. Es sind die conjunctionen, die dazu verwendet werden, von denen einige aber auch innerhalb des einzelsatzes functionieren, ausserdem aber auch einige pronomina, die man daher ganz anders unterbringen müsste, je nachdem man ihre function innerhalb des satzes oder rücksichtlich der verbindung von sätzen betrachtet.

Bei den widersprüchen, die sich uns überall entgegenstellen, scheint unsere behauptung überhaupt nicht durchzuführen, dass die scheidung der redeteile aus der function im satzgefüge entsprungen ist. Ich glaube aber diese widersprüche lösen sich durch geschichtliche betrachtung der wandlungen, die sich auf diesem gebiete vollzogen haben. Betrachten wir zunächst den unterschied zwischen subst. und adj. Die formelle scheidung beider beruht in den indogermanischen sprachen auf der wandelbarkeit des letzteren nach dem geschlecht und auf der bildung der steigerungsformen. In einzelnen sprachen haben sich dazu noch weitere unterscheidungsmittel herausgebildet. So hat namentlich das germanische adj. die möglichkeit einer doppelten, wir können sogar sagen dreifachen flexionsweise erlangt (vgl. *gut — guter — der gute*), wobei sich formen finden, die in der flexion der substantiva gar keine analogie haben.

Man ist auf grundlage solcher kriterien z. b. nicht zweifelhaft, dass man *hund* für ein subst., *jung* für ein adj. erklären muss. Aber sagen wir *der (die, das) junge*, ohne dabei ein bestimmtes subst. im gedanken zu ergänzen, so sagen wir, das adj. sei substantiviert, wir erkennen also, trotzdem mit der form keine veränderung vor sich gegangen ist, das, was wir sonst als adj. bezeichnen, als subst. an. Das tut auch der jetzige schreibgebrauch durch verwendung der majuskel. Diese operation können wir mit jedem beliebigen adj. machen. Durch traditionelle verwendung kann sich aus dem substantivierten adj. ein subst. schlechthin entwickeln, indem es gegen die sonstigen formen des adj. isoliert wird. Dabei gibt es eine vermittelnde stufe. *Der bekannte, verwandte, gesandte, der vertraute, geliebte, verlobte, beamte, bediente, liebste* werden jetzt als substantiva empfunden und demgemäss construiert (*der bekannte des mannes, mein bekannter*), aber als adjectiva verraten sie sich noch durch den regelmässigen wechsel starker und schwacher flexion (*der bekannte — ein (mein) bekannter*), die entsprechenden feminina dazu durch die schwache flexion im sing., die beim eigentlichen subst. ausgestorben ist (*der bekannten* gegen *der zunge*). In vollständige substantiva aber umgewandelt sind *der junge (ein junge), der greis* (mhd. *grîse* vom adj. *grîs*), *der jünger* (die beide aus der schwachen declination in die starke übergetreten sind), *oberst*. Aelteren ursprungs sind *feind, freund, heiland,* mhd. *wîgant* (kämpfer) *vâlant* (teufel), alles alte participia präs., ferner *fürst* (alter superl.), *herr* (alter compar. von *hehr*), *mensch* (adj. *mennisch* von *man*) und die neutra *gut, übel, recht, leid, wild.* Diese verwandlung des adjectivums in ein substantivum ist allbekannt und lässt sich in allen sprachen nachweisen. Fragen wir, worauf sie eigentlich beruht, so müssen wir sagen, darauf, dass zu der eigenschaft die kategorie ding in gedanken hinzugefügt wird.

Nicht so bekannt und viel interessanter ist der umgekehrte vorgang. Wenn wir heute sagen *es ist schade,* so ist schwer zu entscheiden, ob man *schade* für ein subst. oder für ein adj. erklären soll. Der überwiegend geltende schreibgebrauch entscheidet sich durch anwendung der minuskel für das letztere, gewiss in übereinstimmung mit dem sprachgefühl. Der zusammenhang mit dem eigentlichen substantivum ist um so mehr verloren, weil dieses jetzt gewöhnlich *schaden* lautet. Aber das wort ist keiner adjectivischen flexion und keiner attributiven verwendung fähig und ist überhaupt mit dem subst. ursprünglich vollkommen identisch. Im mhd. wird es auch als prädicat zu persönlichen subjecten gebraucht und es kommt auch ein comparativ und superlativ davon vor, z. b. im Trojanerkrieg Konrads v. Würzb. *der was den Kriechen scheder dan iemen anders bî der zît;* [1] ferner wird dazu ein adv. gebildet wie zu einem adj.: *swie schade er lebe* (Mhd. wb. II[b] 63[b]). Ebenso wie *schade* wird im ahd. *fruma* (vorteil) gebraucht, z. b. Otfried III, 10, 33 *‚nist' quad er tho ‚fruma thaz'* (es ist das kein vorteil). Schon im mhd. ist daraus ein wirkliches adj. *frum,*

---

[1] Auch von andern substantiven kommen im mhd. steigerungsformen vor, selbst wo das satzgefüge die auffassung als adj. nicht zulässt. So von *zorn,* vgl. *do enkunde Gîselhêre nimmer zorner gesîn;* von *nôt,* vgl. *diner helfe mir nie nœter wart;* von *durft,* vgl. *wand im nie orses dürfter wart.* Von *angst* gibt es im älteren nhd. einen comp., vgl. *also viel engster sol dir werden* Luth. (Wb. I, 359a). In diesen fällen hat nicht so wol die analogie des adj. als die des adv. gewirkt. Das zeigt schon die häufige verbindung *angst und bange (bange* ist ursprünglich nur adv.). In Gottfrieds Tristan 17815 heisst es *in was dô zuo einander vil anger und vil ander: ange* ist adv. zu *enge, ande* subst. (schmerz). Wir verwenden das adv. noch so in *mir ist wol, weh.* Lateinische superlative aus substantiven kommen bei Plautus vor: *oculissime homo, patrue mi patruissime,* jedoch wol mit beabsichtigter komischer wirkung.

nhd. *fromm* geworden. Man sagt *ein frumer man* etc. Wie
sehr dabei die grenzlinie verwischt wird, zeigt eine stelle im
Flore 1289 *daz wirt in nütze unde frume* (:*kume*), wo wir mit
rücksicht auf die verbindung mit *nütze* das adj., mit rücksicht
auf das auslautende *e* noch das subst. annehmen müssten. In
einer ähnlichen mittelstellung wie *schade* befindet sich *schuld*,
nur dass es auch mit persönlichem subject gebraucht wird; *er
ist schuld* bedeutet eigentlich 'er ist veranlassung'. Auch das
adj. *ernst*, welches bei Luther zuerst auftritt, ist auf die nämliche weise wie *fromm* aus dem subst. entstanden. Das subst.
geck ist in nieder- und mitteldeutschen dialecten zum adj.
geworden. Unser *barfuss* ist ursprünglich zusammenfügung
zweier wörter, *bar* (bloss) und *fuoz* und wird zunächst
als nom. oder acc. absolutus gebraucht in der verbindung *bar-
vuoz gân*. Jetzt wird es als adj. empfunden. Wirkliche adjectivische flexion, die in der heutigen schriftsprache nicht möglich
ist, findet sich z. b. bei Hans Sachs: *mit barfuszen füszen*.
Sämmtliche sogenannte bahuvrîhi-composita sind ursprünglich
substantiva. Denn ein ῥοδοδάκτυλος, βαρύθυμος, βαθύθριξ,
εὔελπις, *magnanimus, ignipes, misericors* sind ja eigentlich 'ro-
senfinger, schwermut, tiefhaar, gute hoffnung, grosssinn, feuer-
fuss, mitleidiges herz.' Der substantivische ursprung documentiert sich zum teil noch in einem mangelhaften ausdruck der
adjectivischen function. Die masculinform ῥοδοδάκτυλος muss
auch für das femininum dienen.

Im nhd. ist verwandlung eines subst. in ein adj. im allgemeinen nicht mehr möglich, deshalb nicht, weil dem als
prädicat oder als apposition gesetzten subst. der artikel bei-
gesetzt wird, wodurch es als subst. charakterisiert wird. Es
sind überhaupt nur syntaktische und formale ursachen, welche
die unmittelbare vollständige verwandlung verhindern. Gäbe
es keine formale differenzierung und keinen artikel, so würden
wir sagen müssen: es steht ganz in unserem belieben, ob wir
ein wort als subst. oder als adj. gebrauchen wollen. So ist
es ja wirklich bei pronominibus wie *der, welcher, dieser, jeder,
alle* etc. Die nomina bezeichnen eigentlich alle nur eine eigenschaft oder einen complex von eigenschaften. Ob wir ein ding
als den träger dieser eigenschaften hinzudenken wollen oder
nicht, steht in unserm belieben. Sobald ein nomen als prädicat

gebraucht oder einem als dingbezeichnung gefassten worte beigeordnet wird, so kann es keine dingbezeichnung sein, ist von
diesem gesichtspunkte aus betrachtet eo ipso adjectivum. Der
jetzt bestehende unterschied kann nur so entstanden sein, dass
von den beliebig verwendbaren wörtern der eine teil vorwiegend
als dingbezeichnung, der andere vorwiegend als blosse eigenschaftsbezeichnung verwendet ist. Nachdem sich daran formale
unterschiede angeschlossen haben, ist die scheidung fertig.
Aber diese unterschiede können trotzdem nicht hindern, dass
nicht doch immer wider eine vertauschung der rollen eintritt,
und daher entsteht der widerspruch zwischen form und function.

Wenn wir davon absehen, ob das nomen unter der kategorie ding aufgefasst wird oder nicht, so gibt es allerdings
noch in einer andern richtung einen gegensatz zwischen subst.
und adj. Das adj. bezeichnet eine einfache oder als einfach
vorgestellte eigenschaft, das subst. schliesst einen complex von
eigenschaften in sich. Betrachten wir diesen unterschied als
die hauptsache, so können wir allerdings *orator* in einer verbindung wie *Cicero orator* oder *Cicero est orator* noch als ein
reines subst. fassen. Aber dieser unterschied ist wieder nicht
festzuhalten. Er kreuzt sich mit den andern unterschieden,
vgl. einerseits adjectiva wie *königlich, kriegerisch* etc., anderseits substantivierte adjectiva wie *der gute.* Auch zwischen
diesen gegensätzen gibt es eine vermittelung, die unvermerkt
von dem einen zum andern hinüberführt. Der übergang aus
der bezeichnung einer einfachen eigenschaft in die eines complexes von eigenschaften geht so vor sich, dass ein substantiviertes adj. κατ’ ἐξοχήν gebraucht und in dieser gebrauchsweise traditionell wird. Wer das wort zuerst so gebraucht,
der ergänzt die vorstellungen, die in der bisher üblichen bedeutung des wortes noch nicht ausgedrückt sind. Einem späteren aber, dem dieser gebrauch übermittelt wird, können sich
von anfang an die ergänzten vorstellungen ebenso direct an
den lautcomplex anfügen wie die grundvorstellung, und diese
braucht sich ihm nicht mehr vor den andern ins bewustsein
zu drängen. Wenn dies nicht mehr geschieht, so ist von seiten
der bedeutung der übergang zum subst. vollkommen, und durch
weitere isolierungen kann dann die gänzliche loslösung vom
adj. eintreten, vgl. die oben angeführten beispiele.

Der umgekehrte vorgang, dass in einer complication von eigenschaften alle übrigen gegen eine einzelne zurücktreten, lässt sich an adjectivischen ableitungen aus substantiven beobachten, die sich zu bezeichnungen ganz einfacher qualitäten entwickeln. Besonders lehrreich sind in dieser hinsicht die farbenbezeichnungen, vgl. griech. πορφύρεος von πορφύρα (purpurschnecke), φοινίκειος von φοίνιξ, ἀέρινος (luftfarben) μήλινος (quittengelb), lat. *coccinus* von *coccum* (scharlachbeere) *croceus*, *crocinus* von *crocus*, *luteus* von *lutum* (wau), *miniaceus* von *minium* (zinnober), *niveus*, *roseus*, *violaceus*. In allen diesen wörtern liegt an und für sich keine beschränkung der beziehung auf die farbe des mit dem grundworte bezeichenten dinges und sie werden zum teil auch ohne diese beschränkung verwendet, vgl. *unguentum crocinum*, *vinculum roseum* (rosenkranz) etc. Auch substantiva können direct zu farbenbezeichnungen werden, vgl. πορφύρα, *coccum*, *crocus*, *lutum* und die modernen *lila* (= *lilac* spanischer *flieder*), *rosa*, die auch adjectivisch verwendet werden (*ein rosa band*).

Nach massgabe dieses vorgangs ist die erste entstehung von bezeichnungen für einfache qualitäten zu beurteilen. Dass diese jünger sind als die bezeichnungen für complicationen ist selbstverständlich, wenn wir davon ausgehen, dass ganze anschauungen die allererste grundlage sind. Auch hier kann es anfänglich nur die momentane auffassung des sprechenden gewesen sein, wodurch die übrigen in dem complexe enthaltenen qualitäten von der einen in den hintergrund gedrängt sind. Es ist das im grunde der selbe process wie bei der bildlichen verwendung eines wortes. Wenn wir z. b. sagen *der mensch ist ein esel, ein ochse, ein schaf, ein fuchs*, so haben wir dabei immer nur eine bestimmte eigentümlichkeit des betreffenden tieres im auge und abstrahieren von den sonstigen eigenschaften. Dies ist nur möglich, wo ein wort prädicativ oder attributiv gesetzt wird. Denn sowie man die vorstellung eines selbständigen dinges damit verbindet, verbindet man auch die vorstellung des ganzen complexes von eigenschaften damit. Indem bei einer anzahl von wörtern, die sich dazu besonders eigneten, die verwendungsweise traditionell wurde, war der erste ansatz zur bildung einer besonderen wortklasse gemacht.

Einigermassen fest ist diese absonderung aber erst durch

die formelle scheidung geworden. Das wesentliche charakteristicum des adj. ist die geschlechtliche variabilität. Diese ist die folge der herstellung syntaktischer congruenz, kann sich daher nur am attribut oder prädicat entwickelt haben. Erst durch die ausbildung des geschlechtsunterschiedes ist das adj. zu einer eigenen grammatischen kategorie geworden. Umgekehrt ist erst durch die entstehung des adj. die ausbildung des grammatischen geschlechts vollendet. Die übertragung des natürlichen geschlechtes auf geschlechtsloses ist ursprünglich ein act der phantasie, der keinen lautlichen ausdruck hat und daher auch nichts grammatisches ist. Grammatisch ist diese übertragung erst dadurch geworden, dass sich an gewisse stammauslaute und gewisse casusendungen die vorstellung eines bestimmten geschlechtes angeheftet hat. Dies ist aber nur teilweise geschehen. In einer grossen anzahl von fällen hat das geschlecht keinen solchen ausdruck gefunden. Hier tritt das beigefügte adj. ergänzend ein, und erst dadurch wird die grammatische unterscheidung der geschlechter eine durchgehende.

Zwischen adj. und subst. gibt es noch eine andere vermittelung als die besprochene. Die eigenschaft kann durch eine metapher als ding vorgestellt werden. Wir müssen den vorgang nach analogie der poetischen personification auffassen. Die hierher gehörigen wörter sind ableitungen aus dem adj., zum teil nachweislich auf grund einer alten composition ruhend: *breite, tiefe — schönheit, eitelkeit*. Aber wir können auch beobachten, dass das adj. direct in diese bedeutung übertritt, vgl. *das grün, rot* etc. Die substantivische eigenschaftsbezeichnung kann dann leicht auch als wirkliche dingbezeichnung dienen (vgl. *höhe, menge, jugend, schönheit [beauté], süssigkeit*), und von dieser abgeleiteten verwendungsweise kann die ursprüngliche ganz verdrängt werden, vgl. *ebene, fläche, strecke* (von *strac gerade*), *gemeinde, neuigkeit*. Der übergang tritt uns besonders deutlich entgegen in sätzen wie *er ist die freude seiner eltern*.

Wie mit der unterscheidung von subst. und adj., so verhält es sich auch mit der von nomen und verbum. Auch diese wird ursprünglich nur durch die stellung im satze hervorgebracht. Es ist wieder nur die formelle differenzierung, die allmählig den beliebigen wechsel in der function eines wortes unmöglich gemacht hat. Und trotz derselben ist eine überführung aus der einen in die andere klasse und eine vermittelung zwischen beiden immer noch möglich. Die selben verhältnisse, die im anfang die veranlassung zur entstehung des unterschiedes gegeben haben, wirken immer wider von neuem, und so entsteht ein widerspruch zwischen form und function, der dann weiterhin wider ausgeglichen werden kann.

Es sind sehr verschiedene punkte, durch welche das verb. gegenüber dem nom. charakterisiert ist: personalendung, unterscheidung von activum und medium oder passivum, modus- und tempusbezeichnung. Es ergibt sich danach die möglichkeit der existenz von formen, die nur einen teil dieser characteristica an sich tragen, und der spielraum der mannigfaltigkeit erweitert sich noch dadurch, dass solche formen die positiven characteristica des nomens, casusbezeichnung und geschlechtsunterschied an sich tragen können oder nicht. Und endlich ist bei einer differenzierung der constructionsweise des verbums und nomens die gelegenheit zu mannigfachen übergängen und vermischungen gegeben.

Gewöhnlich werden die personalendungen als das eigentliche formelle characteristicum des verb. angesehen. Danach würden part. und inf. von den verbalformen ausgeschlossen, genau genommen auch viele formen der 2 sg. imp.; denn ein βάλλε oder βάλε ist nichts anderes als der blosse stamm des präs. oder aor. Es wird heutzutage kaum noch von jemand bezweifelt, dass die personalendung aus dem personalpronomen entstanden ist. Betrachten wir mithin nur die mit personalendung versehenen formen als echte verbalformen, so müssen wir sagen: das verb. ist seinem ursprünglichen wesen nach ein satz, in welchem der verbalstamm oder tempusstamm das präd., die personalendung das subj., respective (im medium) das subj. und obj. darstellt. Auf diese function ist aber das verb. nicht beschränkt geblieben. Die nächste veränderung, die schon sämmtliche germanische sprachen kennen, ist die, dass der dritten person ein subst. zur nähern bestimmung beigefügt wird (also etwa, wie wenn wir jetzt sagen: das tut er, der könig), und dass diese fügung allmählig die jedenfalls früher vorhandene verbindung des blossen stammes mit dem subst. verdrängt. Weiter tritt eine nochmalige beifügung des pron. ein, zunächst zum zwecke der hervorhebung

des subj., die allmählig in den meisten modernen sprachen zur
notwendigkeit geworden ist. Bei uns hat nur noch der imp.
satzbildende kraft. Es ist klar, dass ein als satz und eine
nur als prädicat fungierende verbalform zwei sehr verschiedene
dinge sind, es ist ferner klar, dass nur für die erstere die
personalendung etwas wesentliches ist. Eine unterscheidung
der personenbeziehung am verb. ist für uns zwecklos geworden.
Sie hat nur dadurch noch einigen wert, als durch sie gelegentlich unterscheidungen möglich werden, die auszudrücken nicht
eigentlich ihre aufgabe ist, so der unterschied zwischen nom.
sg. f. und nom. pl. (*sie sagt — sie sagen*), zwischen ind. und
conj. (*er sagt — er sage*). Eine bezeichnung der verbalen
formation überhaupt ist, sobald das pron. beigefügt wird, kaum
erforderlich. Die personalendung kann, wenn das verb.
seine fähigkeit als satz zu functionieren eingebüsst
hat, nicht mehr als das wesentlichste moment an
demselben aufgefasst werden.

In der anfügung der personalendung liegt auch an und
für sich nichts, wodurch ein wort auf die bezeichnung einer
tätigkeit, einer bewegung oder veränderung beschränkt werden
müsste. Es steht nichts im wege, wenn wir uns die formelle
differenzierung wegdenken, einer verbindung wie *tun du* auch
solche wie *gut du, maler du* an die seite zu stellen. Und in
der tat kann ein griechisches ἐγκοτεῖς, βασιλεύεις gerade so
viel bedeuten wie ἔγκοτος εἶ, βασιλεὺς εἶ. Man bildet ferner
im griech. noch allgemein sätze wie κακὸς ὁ ἄνθρωπος ohne
copula. Auch wir brauchen sie noch in ausrufungen wie
glücklich der mann und in fragen wie *ich glücklich?* Der vorzug,
den die verwendung der copula auf dem gegenwärtigen stande
der sprache gewährt, besteht nicht in der möglichkeit die person,
sondern in der möglichkeit tempus und modus zu bezeichnen.
In früherer zeit war ausserdem eine redeweise wie *bist gut,
ist gut* ungefähr ebenso einfach wie *du gut, er gut.* Dazu
stimmt denn auch, dass im präsentischen behauptungssatze,
der nicht ein blosses pron. zum subject hat, die construction
ohne copula sich am längsten bewahrt, da sie hier ein blosser
luxus ist, so lange das verhältniss nicht attributiv aufgefasst
werden kann.

Die personalendung ist also zu einer für die deutlichkeit

der rede selten erforderlichen bezeichnung des prädicatsver-
hältnisses herabgesunken. Sie schliesst jede andere verwendung
aus. Sie ist notwendig für diesen zweck da, wo die copula
unentbehrlich geworden ist. Dagegen ist die nominale flexion
eben so notwendig zur bezeichnung des attributiven verhältnisses geworden.

Der bedeutungsgegensatz, in den man gewöhnlich das
verb. zum adj. (adjectivisch gebrauchtem subst.) stellt (tätig-
keit-eigenschaft) hat damit nichts zu schaffen. Dieser gegensatz ist nur so lange scharf, als das adj. die bleibende eigenschaft eines dinges, das verb. einen zeitlich begränzten vorgang
ausdrückt. Daher ist, von dieser seite her betrachtet, der
ausdruck des zeitlichen verhältnisses das wichtigste
formelle characteristicum des verbums. Das adj. kann aber
nicht bloss zur bezeichnung einer zum wesen des dinges gehörigen eigenschaft, sondern auch zur bezeichnung eines vorüber-
gehenden zustandes gebraucht werden, und damit nähert es
sich dem verbalen charakter. Um den zustand in tätigkeit
zu verwandeln braucht man sich nur das geraten, das versetzen in einen zustand vorzustellen. Wir sagen jetzt *ich
werde arm, ich mache arm.* Noch im mhd. kann man das
erstere durch *ich arme,* das letztere durch *ich erme* ausdrücken.
Umgekehrt kann die vorstellung der tätigkeit in die vorstellung
des zustandes, der bleibenden eigenschaft übergehen. Sobald
die tätigkeit als etwas dauerndes oder als etwas sich immer
widerholendes gefasst wird, so haben wir einen zustand. Wir
haben jetzt viele verba, die gar nichts anderes bezeichnen
können als einen zustand, und die dann andere zur seite haben,
welche die handlung bezeichnen, durch die der zustand hervorgerufen wird, vgl. *blühen — erblühen, zürnen — erzürnen
(erzürnt werden), sitzen — setzen (sich setzen), liegen — legen
(sich legen), stehen — aufstehen* oder *treten* etc. Noch im mhd.
aber können *sitzen, ligen, stân* auch bedeuten sich setzen, sich
legen, treten, und das ursprüngliche ist überall die vereinigung
beider verwendungsweisen in dem selben verbum. Zum teil
ist für die unterscheidung derselben eine zufällig entstandene
formelle differenz benutzt, so im impf. — aor. (vgl. s. 144).
Aber für den ind. präs. fehlt es an einer entsprechenden formellen scheidung, wiewol die verschiedenheit der bedeutung

gerade so besteht, ja in einem noch höheren masse, indem
nämlich im impf. die handlung nur in der relation zu einer
andern handlung als dauernd gefasst werden kann, im präs.
auch absolut, so dass die zeitbegränzung dieses specifische
characteristicum des verbums, darin aufgehoben ist. Einen
entsprechenden unterschied gibt es auch im perf. Es kann
damit einerseits das vorübersein einer tätigkeit bezeichnet
werden, anderseits (dies ist jedenfals eine abgeleitete bedeutung)
das bleibende resultat; man vgl. besonders die praeterito-
präsentia *οἶδα, novi, ich weiss* etc.

Bei der leichtigkeit, mit der die tätigkeitsbezeichnung in
die zustandsbezeichnung übergeführt werden kann und umgekehrt, ist es ganz natürlich, dass nicht nur die letztere auf
ein verb. finitum, sondern auch die erstere auf eine nominale
form übergehen kann. So entspringt das participium, durch
welches es möglich wird den ausdruck einer tätigkeit auch
attributiv zu verwenden. Wir können den übergang aus dem
eigentlichen adj. in das part. in mehreren fällen historisch
nachweisen. Unter andern gilt dies von dem deutschen sogenannten part. perf. oder prät. (*gegeben, gelegt*), welches so entstanden ist, dass die aus dem idg. überkommenen adjectiva
auf -*no*- und -*to*- sich in der bedeutung an die aus der gleichen
wurzel gebildeten verba und speciell an das perf. (prät.) derselben angelehnt haben, was dann weiterhin auch manche
formale anlehnungen zu folge gehabt hat. Ebenso verhält
es sich mit dem lateinischen und slavischen part. perf. Wir
müssen eine entsprechende entstehung auch für die älteren,
schon im idg. vorhandenen participia annehmen. Wir dürfen
ganz gewiss nicht, wie es von manchen seiten her versucht
ist, die kategorie des adj. aus der des part. entstehen lassen,
sondern umgekehrt die erstere muss vollkommen entwickelt
gewesen sein, bevor die letztere entstehen konnte. Sie wird
ausgegangen sein von formen, die eben so wol als ableitungen
aus dem präsens- oder aoriststamm aufgefasst werden konnten
wie als ableitungen aus der wurzel, nach deren muster dann
adjectivformen zu andern verbalstämmen gebildet wurden.

Die teilnahme an dem tempusunterschiede[1]) ist der cha-

---

[1]) Die bezeichnung des tempus beschränkt sich aber beim part.
(und ebenso beim inf.) auf das verhältniss zum verb. fin. Es gibt daher

rakteristische unterschied des part. von dem sogenannten verbaladjective. Eine weitere consequenz der anlehnung an die formen des verb. ist die übernahme der constructionsweise desselben. Als nomen wird das part. nur in rücksicht auf das subst. construiert, zu dem es als attribut gestellt wird. Es kann sich aber noch weiter von dem nominalen character entfernen, indem es seinen besonderen weg in der weiterbildung der constructionsweise geht. Dadurch, dass in unserem *er ist gegangen, er wird gefangen, er ist gefangen worden* casus und geschlecht nicht mehr erkenntlich gemacht werden, ist auch das gefühl für den nominalen charakter geschwächt, wenn auch die construction in den beiden ersten verbindungen die des gewöhnlichen adjectivums ist, in der letzten sich davon nur durch das *worden* gegen sonstiges *geworden* abhebt. Eine völlige loslösung von der constructionsweise eines adj. müssen wir in *er hat ihn gefangen, er hat geruht* etc. anerkennen. Zwar lässt sich historisch nachweisen, dass ersteres ursprünglich so viel ist wie 'er hat ihn als einen gefangenen', aber das ist für das jetzige sprachgefühl gleichgültig. Früher sagte man *habet inan gefanganan*, und damals war natürlich der nominale charakter unverkennbar. Eigentümlich sind die verhältnisse bei den entsprechenden verbindungen in den jetzigen romanischen sprachen. Es lässt sich daran deutlich der übergang aus der allgemein adjectivischen in die speciell participiale construction beobachten. Im franz. sagt man zwar *j'ai vu les dames*, aber *je les ai vus, les dames que j'ai vues*. Im italienischen kann man auch noch sagen *ho veduta la donna, ho vedute le donne* neben *ho veduto*. Im spanischen ist die flexion bei der umschreibung mit *haber* schon überall getilgt; man sagt *la carta que he escrito* gerade wie *he esrito una carta*. Aber bei der erst später üblich gewordenen umschreibung mit *tener* ist sie umgekehrt überall gewahrt: *tengo escrita una carta* wie *las cartas que tengo escritas*.

Umgekehrt aber kann das part. stufenweise wider zu rein nominaler natur zurückgeführt werden. Diese rückführung ist

---

für dasselbe keine zeitmodalität, wie sie dem impf. oder aor. entspräche, sondern nur die des perf. Es ist mir sehr wahrscheinlich, dass die eigentümliche bndeutung des perf. von den nominalformen ausgegangen ist, wie sie durch dieselben ersetzt wird, wo sie verloren gegangen ist.

eigentlich schon vollzogen, wenn das part. präs. für die dauernde
oder sich wiederholende tätigkeit, das part. perf. für das resultat
der tätigkeit verwendet wird, wie ja jede form des präs. oder
perf. verwendet werden kann. Eine gebrauchsweise κατ᾽
ἐξοχήν oder im metaphorischen sinne oder sonst irgend eine
art von isolierung kann die verwandlung vollständig machen,
vgl. beispiele wie *schlagend, treffend, reizend, zwingend, bedeutend,
getrieben, gelungen, berufen, verstorben, verzogen, verschieden,
bekannt, unumwunden, verlegen, gewogen, verwegen, erhaben, bescheiden, trunken, vollkommen* etc. Selbst die verbindung mit
einem andern worte nach den gesetzen verbaler construction
hindert diesen process nicht, nur dass dann das ganze im stande
sein muss sich an die analogie nominaler composition anzulehnen
vgl. *ansprechend, auffallend, ausnehmend, anwesend, abwesend,
zuvorkommend, hochfliegend, hellsehend, wolwollend, fleischfressend,
teilnehmend; abgezogen, ausgenommen, hochgespannt, neugeboren,
wolgezogen* etc.

Im subst. wird das part. wie jedes adj., und das substantivierte part. kann wie das abjectivische eine momentane
tätigkeit oder einen zustand bezeichnen. Es kann auch ebenso
wie dieses die verbale natur abstreifen, vgl. *der liebende, vor-
sitzende, geliebte, gesandte, abgeordnete, beamte* (= *beamtete*),
mhd. der *varnde, gernde,* (beide = spielmann), aus älterer
zeit *heiland, freund, feind* etc., *zahn* = lat. *dens* = gr. ὀδούς
(part. zu *essen, edere*).

Auch das nomen agentis kann ebenso wie das part.
entweder eine momentane oder eine dauernde, resp. sich wiederholende tätigkeit bezeichnen. In der ersteren verwendung bleibt
es immer eng an das verb. angeschlossen, und es wäre recht
wol denkbar, dass es ebenso wie das part. einmal verbale
constructionsweise annähme, dass man etwa sagte *der erzieher
den knaben,* wie man ja wenigstens im compositum *knabener-
zieher* den ersten bestandteil als acc. empfindet und in
analogie zu *knaben erziehen* setzt. Schon in verbindungen wie
der sieger in der schlacht, der befreier aus der not ist verbaler
charakter ersichtlich, noch mehr in solchen griechischen wie
ὑπηρέτης τοῖς νόμοις. Umgekehrt kann das nom. agentis als
bezeichnung dauernder oder widerholter tätigkeit sich mehr
und mehr dem verb. gegenüber isolieren und damit schliesslich

überhaupt den charakter eines nom. agentis einbüssen, vgl. *schneider, beisitzer, ritter, herzog* (heerführer), *vater* etc. Noch ein anderer weg führt vom verb. zum nom. Neben den nomina agentis stehen die no mina actionis. Diese können wie die substantivischen eigenschaftsbezeichnungen ihren ursprung nur einer metapher verdanken, indem die tätigkeit unter der kategorie des dinges aufgefasst wird. Auch sie können eine momentane oder eine dauernde widerholte tätig- bezeichnen. Auch sie können sich der verbalen construction nähern, vgl. *die befreiung aus der not, ἡ τοῖς νόμοις ὑπηρεσία, knabenerziehung.* Und es ist wider die bezeichnung der dau- ernden, widerholten tätigkeit, die zum verlust des charakters eines nomen actionis führt. Es entwickelt sich daraus die bezeichnung eines zustandes, vgl. *besinnung, bewegung, aufregung, verfassung, stellung, stimmung;* eines productes, vgl. *mischung, sammlung, stiftung, zeichnung, verbindung, windung;* eines mittels, vgl. *kleidung, nahrung, wohnung, erfrischung;* eine collectivbe- zeichnung für die gesammtheit der tätigen personen, vgl. *re- gierung, bedienung.* Ich habe absichtlich lauter beipiele mit dem gleichen suffixe gewählt, um die entbehrlichkeit jedes lautlichen ausdrucks für diese bedeutungsnuancen hervortreten zu lassen. Bei allen diesen verwendungsweisen kann das correspondieren der bedeutung mit der des verbums abgebrochen werden, vgl. *haltung, regung, gleichung, rechnung, festung* etc. Und durch weitere isolierung kann dann jede spur des ver- balen ursprungs vernichtet werden.

Soweit verhält sich das nom. actionis dem nom. agentis analog. Es wird aber auch dem verbalen charakter noch weit mehr angenähert als dieses, weiter sogar als das adj. (part.), nämlich dadurch, dass aus ihm der infinitiv (das supinum) entspringt. Der inf. verhält sich in sehr vielen be- ziehungen dem part. analog. Aber während dieses im allge- meinen die adjectivische form und die adjectivische constructions- weise neben der verbalen bewahrt und nur hie nnd da mit aufgebung der formellen characteristica des adj. für sich eine eigenartige constructionsweise entwickelt, so ist für den inf. isolierung gegenüber der form und constructionsweise des nomens bedingung seiner entstehung. Der inf. ist, wie die formelle analyse beweist, ein casus eines nom. actionis und muss ursprünglich nach analogie der sonst für die verbindung des nomens mit dem verb. geltenden constructionsweisen gesetzt sein. Aber er darf als casus nicht mehr empfunden werden, die constructionsweise darf nicht mehr in analogie zu den ursprünglichen mustern gesetzt werden, oder es ist noch kein inf. Die isolierte form und die isolierte constructionsweise werden dann die basis für die weiterentwickelung. Die form und constructionsweise des inf. ist nach der einen seite hin verbal wie die des part., nach der andern seite hin aber nicht nominal, sondern specifisch infinitivisch.

Auch für den inf. gibt es eine stufenweise rückkehr zu nominaler natur, aber er findet dabei mehr hindernisse als das part. wegen des mangels der flexion. Die annäherung an den nominalen charakter zeigt sich daher, solange nicht besondere unterscheidungsmittel angewendet werden, zunächst in solchen fällen, wo die charakterisierung durch eine flexionsendung am wenigsten erforderlich ist, d. h. in der verwendung als subject oder object. In satzformen wie *wagen gewinnt* dürfen wir wol mit sicherheit annehmen, dass der inf. nach analogie eines nomens construiert ist. Weniger sicher ist das in solchen wie *ich lasse schreiben, ich lernen reiten.* Jedenfalls, wenn hier einmal der inf. nach analogie eines objectsaccusativs gesetzt ist, so ist diese analogie für das jetzige sprachgefühl nicht mehr vorhanden. Schon weniger leicht tritt die verbindung mit präpositionen ein. Im mhd. ist besonders *durch* mit dem inf. üblich; in der römischen volkssprache tritt die verbindung von präpositionen mit dem inf. an die stelle des gerundiums (*ad legere* für *ad legendum* etc.). Eine weitere annäherung des inf. an das nom. bedarf besonderer begünstigender umstände. Es gelangen dazu im allgemeinen nur solche sprachen, die in dem artikel ein mittel der substantivierung und casusbezeichnung haben. Daher ist das griechische in dieser beziehung weiter gegangen als das lateinische. Das nhd. aber und die romanischen sprachen sind wider weiter gegangen als das griechische, indem in ihnen der inf. auch rücksichtlich der flexion dem reinen nomen gleichgesetzt wird. Diese gleichsetzung ist in den romanischen sprachen durch die allgemeine tilgung des casusunterschiedes ermöglicht. Für das nhd. kommt einerseits der umstand in betracht, dass die casusunterschiede bei den substantiven auf *-en* bis auf den gen. getilgt sind, anderseits die anlehnung des gerundiums (mhd. *gebennes, ze gebenne*) an den inf., mit dem es ursprünglich gar nichts zu tun hat.

Bei dieser entwickelung sind auch verschiedene stufen in bezug auf die beibehaltung der verbalen construction möglich. Ohne beifügung eines artikels oder pronomens findet sie in der regel statt, vgl. z. b. mhd. *durch behalten den lîp, durch âventiure suochen*. Im griech. hindert auch der artikel nicht; man sagt τὸ σκοπεῖν τὰ πράγματα, τὸ ἑαυτοὺς ἐξετάζειν, ἐπὶ τῷ βελτίω καταστῆσαι τὴν αὐτῶν διάνοιαν. Im nhd. dagegen ist, der annahme der nominalen flexion entsprechend, die verbale construction auf das selbe mass beschränkt wie beim nom. actionis. Im mhd. dagegen kommt zuweilen noch echt verbale construction vor; ja sogar ein auf den inf. bezogenes relativum kann verbale construction haben, vgl. Hartman Greg. 2667 *des scheltens des in der man tete.* Tristan 1067 *diz sehen daz ich in hân getân.*

Sobald der durch die flexion bewirkte abstand zwischen inf. und nomen getilgt ist, steht der verwandlung des ersteren in ein reines nomen nichts mehr im wege und diese ist daher im nhd. sehr häufig, auch in den romanischen sprachen nicht selten, vgl. nhd. *leben, ableben, leiden, scheiden, schreiben, tun und treiben, wesen, vermögen, betragen, belieben, einkommen, abkommen, auskommen, ansehen, aufsehen, andenken, vorhaben, wolwollen, wolergehen, gutdünken* etc.; franz. *être, plaisir, pouvoir, savoir, savoir-faire, savoir-vivre* etc. Dabei können die selben bedeutungsveränderungen eintreten wie sonst bei den nomina actionis und die selbe isolierung dem verbum gegenüber.

Hervorgehoben muss noch werden, dass es auch zwischen nomen actionis (inf.) und nomen agentis eine brücke gibt. Wir haben schon gesehen, dass aus dem ersteren collectivbezeichnungen der handelnden personen entspringen. Collectivbezeichnungen aber können zu bezeichnungen von einzelwesen werden, vgl. nhd. *rat, wache,* lat. *magistratus,* franz. *garde, guide* (mit übergang in das masc.); vgl. auch mhd. *daz rîche,* soviel als ‚der könig‘, nhd. *frauenzimmer,* noch im vorigen jahrhundert ‚das weibliche geschlecht‘. Man vgl. ferner wörter wie *haar, horn, gras, kraut, glas, wasser.* Dass die lateinischen

masculina auf -*a* (*poeta* etc.) auf ähnliche weise entstanden
sind wie *garde, guide* ist sehr wahrscheinlich.

Suchen wir uns jetzt eine anschauung davon zu bilden,
wie die differenzierung der beiden glieder des primitiven satzes entstanden sein, und wie von dieser differenzierung
die scheidung zwischen subst. und verb. ihren ausgang genommen
haben kann. Wir haben im vorigen cap. gesehen, dass die
entstehung der ersten sätze wie die der ersten wörter sich
unmittelbar an die wahrnehmung anschliesst. Ein ansatz zu
einer scheidung von subj. und präd. ist von anfang an vorhanden, und zwar können wir die definition aufstellen: das
subj. ist das früher wahrgenommene. Diese definition ist schon
anwendbar bei den copulativen sätzen von der form *papa hut*
(vgl. oben s. 198). Wir haben ferner gesehen, dass die ersten
wörter in der regel durch bewegungen von gegenständen hervorgerufen werden, dass daher ihre bedeutung gegenstand und
bewegung zugleich in sich schliesst. Wie es nun aber überhaupt nicht nötig ist, dass sämmtliche an ein wort angeknüpfte
vorstellungen gegeben sein müssen um an dasselbe zu erinnern,
wie dazu einige hervorstechende momente genügen oder selbst
ein einziges, wie ein wort, das eigentlich eine complication
von eigenschaften bezeichnet, zur bezeichnung einer einzigen
eigenschaft verwendet werden kann, so konnten auch in einem
worte die dauernden eigenschaften ohne die eigentlich noch
zu seiner bedeutung gehörige bewegung, die bewegung ohne
die zu seiner bedeutung gehörigen dauernden eigenschaften
erfasst werden. Schon in der vereinzelung der wörter konnte
bald das eine, bald das andere mehr hervortreten. Aber eine
eigentliche scheidung tritt erst im satze ein. Die wahrnehmung,
die dabei zu grunde liegt, ist die, dass ein bisher in vollkommener oder verhältnissmässiger ruhe befindlicher gegenstand
plötzlich in bewegung gerät. Ist nun etwa früher der gegenstand in einer andern bewegung die veranlassung zur schöpfung
eines wortes geworden und ebenso die bewegung, an einem
andern gegenstande ausgeführt, so geraten zwei momente aneinander aus zwei verschiedenen vorstellungskreisen, für deren
jeden ein besonderes wort zur verfügung steht, und es ist nun
ganz natürlich, dass das aneinandergeraten dieser momente
durch die nebeneinanderstellung der beiden wörter ausgedrückt

wird, wiewol nicht alles aneinander gerät, was die wörter an
und für sich ausdrücken könnten. So entspringt die gewöhnliche art des satzes aus dem copulativen satze. Erst nachdem
der mensch widerholt solche sätze gebildet hat, kann er darauf
verfallen auch eine von anfang an als einheit gegebene anschauung zu zerlegen. Es ist zunächst ein durch die wahrnehmung veranlasster act des sprechenden, wodurch diese
weitergehende differenzierung bewirkt wird. Das selbe wort,
welches in dem einen falle als subject zur bezeichnung des
zuerst wahrgenommenen ruhenden gegenstandes gebraucht wird,
kann in dem andern falle als prädicat zur bezeichnung der
dazutretenden bewegung gebraucht werden. Erst allmählig
kann bei dem einen diese, bei dem andern jene gebrauchsweise
zur herrschaft gelangen und erst die formelle differenzierung
vollendet die scheidung.

Die entstehung des adverbiums haben wir oben s. 158
besprochen. Die scheidung desselben vom adj. wird wesentlich
nur aufrecherhalten durch seine unveränderlichkeit im gegensatz
zu der fähigkeit des adj. sich in seiner form dem zugehörigen
nomen anzupassen. Im nhd. ist die scheidung wirklich zum
teil durchbrochen, nachdem das adj. in prädicativem gebrauche
unveränderlich geworden ist, und nachdem der im mhd. meist
noch bestehende unterschied zwischen der flexionslosen form
des adj. und dem adv. (*starc-starke, schœne-schône, guot-wol,
bezzer-baz*) aufgehoben ist. Wir haben kein recht mehr *gut*
in sätzen wie *er ist gut gekleidet, er spricht gut* und *gut* in
sätzen wie *er ist gut, man hält ihn für gut* einander als adv.
und adj. gegenüberzustellen. Das sprachgefühl weiss von
diesem unterschiede nichts. Das ersieht man am besten daraus,
dass die adverbialform des superlativs in die stelle eingerückt
ist, die sonst der flexionslosen form des adj. zukommt. Man
sagt *es ist am besten* und selbst *du bist am schönsten, wenn* etc.

Es verknüpft sich allerdings leicht eine gewisse modification der bedeutung damit, je nachdem ein wort attributiv
zu einem nomen oder zu einem verb. gestellt wird. Aber diese
ist nicht massgebend für die unterscheidung von adj. und adv.
Denn sowie die verbale bedeutung in substantivischer form
erscheint, tritt auch das adj. ein, vgl. *die gute erzählung, der
gute erzähler*. Letzteres ist zweideutig, indem *gut* sich auf

die ganze person oder auf die tätigkeit des erzählens beziehen
kann. Der unterschied wird nicht durch die verwendung des
adj. in dem einen, des adv. in dem andern falle ausgedrückt.
Am wenigsten ist natürlich die grenze zwischen adj. und adv.
beim inf. zu bewahren.

Die verwendung des adv. beim adj., die wahrscheinlich
erst auf einer übertragung vom verb. her beruht[1]), gibt ebenfalls zur entstehung zweifelhafter verhältnisse anlass. Mit
einer verbindung wie *die hohe schönheit* verhält es sich entsprechend wie mit *die gute erzählung*. Entsprechend der congruenz, in welcher das adj. zu seinem subst. steht, liesse sich
auch eine congruenz der nähern bestimmung des adj. zu diesem
denken. Und wirklich finden sich ansätze zur entwickelung
einer solchen in verschiedenen sprachen, vgl. franz. *toute pure,
toutes pures*, in vielen deutschen mundarten *ein ganzer guter
man, eine ganze gute frau.*

Der parallelismus zwischen den zum subst. gesetzten bestimmungen einerseits und den zum verb. und adj. gesetzten
bestimmungen anderseits ist nur ein partieller; denn es gibt
eine grosse menge von adverbien, die kein entsprechendes
adj. zur seite haben. Es liegt nun sehr nahe den parallelismus
zu verallgemeinern, und so geschieht es, dass die abverbial-
form trotz ihrer unveränderlichkeit und unfähigkeit zur congruenz auch zum subst. gestellt wird. Im unbeschränktem
masse geschieht das im griech., begünstigt dadurch, dass die
zwischensetzung zwischen art. und subst. einen ersatz für die
mangelnde flexion bietet, vgl. τὴν ἐκεῖ παίδευσιν, τὴν πλησίον
τύχην, τῷ νῦν γένει, ἡ λίαν τρυφή; aber auch ohne artikel:
προσέμιξε τῷ ἀνδρὶ πάνυ νέος πάνυ πρεσβύτῃ, τινῶν σφόδρα
γυναικῶν. Im deutschen ist diese constructionsweise nur in
eingeschränkterem masse zur geltung gekommen, vgl. *die fahrt
hierher, der berg dort, der baum drüben.* Fälle wie *zurück-
fahrt, jetztzeit* können hiermit nicht wol verglichen werden,
weil sie nach analogie alter composita gebildet sind. Wir

---

[1]) Die übertragung braucht allerdings nicht erst stattgefunden zu
haben, nachdem ein eigentliches adv. entstanden war, sie kann schon
eingetreten sein, als die constructionsweise, die darin erstarrt ist, noch
lebendig war, vgl. verbindungen wie *in jeder hinsicht vortrefflich, über
alle begriffe schön.*

haben uns vielfach mit schöpfung wirklicher adjectiva geholfen,
welche auf grund älterer bildungen geschaffen sind, aber mit
überschreitung des ursprünglichen bildungsprincipes: *hiesig,
jetzig, diesseitig, vorig, nachmalig* etc.
    Wie jedes adj. so kann auch das dem adjectivischen
charakter angenäherte adv. mit hülfe des art. substantiviert
werden, vgl. τὸ νῦν, τὸ αὔριον; vereinzelt auch im deutschen
das dort, das heute, das jenseits u. dergl.
    Noch leichter als zum attribut wird das adv. und andere
erstarrte formen zum prädicat. Neben *sein* und den übrigen
verben, die ein prädicatives adj. neben sich haben können,
dürfen so gut wie bei andern verben auch adverbia stehen,
und damit ist wider der anstoss zur verwischung der grenzlinie gegeben. Er ist es namentlich da, wo das prädicative
adj. keine flexionsendung hat. In sätzen wie *er ist wol, er
ist zugegen, er ist mir entgegen, er ist mir zuwider, er ist mir
über, die tür ist zu, ich mache mich zurecht, es ist mir abhanden
gekommen* wird die construction vom sprachgefühl nicht anders
aufgefasst als in solchen wie *er ist gut, die tür ist offen, ich
mache mich fertig, er ist frei gekommen.* So werden denn von
einer anzahl so verwendeter adverbia auch flectierte formen
gebildet, und der übertritt ins adj. ist vollendet, vgl. *selten,
einzeln* (eigentlich dat. pl. des verloren adj. *einzel*), *zufrieden,
vorhanden, behende* (ahd. *bi henti*), *öfter;* franz. *débonnaire.* Dialectisch sagt man *ein zues fenster.* Schon im ahd. sind zu
den adv. *nâh* und *nâho* adjectivische flectierte formen und ein
flectierter comp. und superl. gebildet (*nâhêr, nâhisto* etc.).
    Dass es zwischen adv. und präp. keine feste grenze gibt,
geht schon daraus hervor, dass viele wörter beides zugleich
sind. Der unterschied von präp. und adv. liegt in der casusrection. An sich aber macht ein abhängiger casus ein adv.
noch nicht zur präposition. Es fällt niemand ein in einem
satze wie *er hat ihn seinen verdiensten entsprechend belohnt*
das wort *entsprechend* für eine präposition zu erklären. Die
präposition muss rücksichtlich ihrer casusrection isoliert sein.
Das adv. *entsprechend* dagegen hat in diesem falle die gleiche
construction wie das adj. und wie das verb. *entsprechen.* Wir
können überhaupt folgende definition aufstellen: eine präposition ist eine syntaktisch (eventuell auch noch in anderer

hinsicht) isolierte form, mit welcher ein casus eines
beliebigen substantivums verknüpft werden kann,
ohne dass die verknüpfungsweise noch in analogie
zu einer nominalen oder verbalen constructionsweise
steht. Diese analogie ist früher immer vorhanden gewesen.
So ist in *anstatt des mannes* der gen. ursprünglich das reguläre
zeichen der nominalen abhängigkeit. Ob er noch als solches
empfunden wird, hängt davon ab, ob man *anstatt* noch als
verbindung der präp. *an* mit dem subst. *statt* empfindet. Wo
nicht, tritt auch die construction mit dem gen. aus der gruppe,
in die sie bisher eingereiht war, heraus, und die präp. ist geschaffen. Es kann in diesem falle das sprachgefühl recht wol
noch schwankend, bei verschiedenen individuen verschieden
sein. Sagt man *an meiner statt*, so wird man stärker an die
substantivische natur von *statt* erinnert. In anderen fällen ist
die isolierung eine absolute geworden. Unser *nach* ist ursprünglich adv. = *nahe*. Aber zwischen *seinem ende nahe* und
nach seinem ende ist jede beziehung abgebrochen, wiewol beide
auf die nämliche constructionsweise zurückgehen. Hier ist es
die verdunkelung der etymologischen beziehung durch divergierende bedeutungsentwickelung, was die isolierung der constructionsweise veranlasst hat. In andern fällen ist es das
verschwinden dieser constructionsweise aus dem lebendigen
gebrauche. Im idg. wurde nach dem comp. wie im lat. der
abl. gebraucht. Diese construction war im altgermanischen
noch bewahrt, nur dass der abl. wie allgemein sich mit dem
instr. und dat. mischte. Indem sie im allgeimenen unterging,
erhielt sie sich unter andern bei zwei adverbialen comparativen, die durch diese isolierung zu präpositionen wurden, mhd.
ê (nhd. noch in *ehedem*) und *sît* (nhd. seit) = got. *seiþs* in
þanaseiþs, lautlich regelmässiger comp. zu *seiþus*. Bei den
ältesten präpositionen des idg. war der casus wol zunächst
auf das verb. bezogen. Denn er bezeichnete an sich die richtung
wohin oder woher oder das sichbefinden an einem orte. Die
partikel trat nur zur näheren bestimmung des raumverhält-
nisses hinzu, war also noch adv. Indem die casus ausserhalb
der verbindung mit der präp. ihre alte bedeutung verloren,
wurde eben aus dieser verbindung eine eigenartige constructionsweise geschaffen.

Ueber den begriff conjunction pflegen die grammatiker nicht sehr im klaren zu sein. Wenn man es als zum wesen der conjunction gehörig betrachtet, dass sie eine verbindung oder besser beziehung zwischen coordinierten teilen eines satzes oder zwischen verschiedenen sätzen ausdrückt, so darf man natürlich nicht, wie es gewöhnlich geschieht, die bejahungs- und verneinungspartikeln zu den conjunctionen rechnen. Unser *nicht* ist ein adv., unser *ja* und *nein* wären eigentlich unter eine ganz eigene rubrik zu bringen. Es ist ferner inconsequent, wenn man die relativen und demonstrativen orts-, zeit- und modalitätsbestimmungen schlechthin zu den adverbien rechnet, da doch in einer satzgruppe wie *er ist da, wo ich bin* sowol *da* als *wo* zur verbindung der beiden sätze dienen. Die auch noch in anderer hinsicht bestehende unsicherheit in der unterscheidung zwischen conj. und adv. hat ihre ursache darin, dass es, um die beziehung zwischen verschiedenen sätzen auszudrücken, zwar einerseits wörter gibt, die lediglich diesem zwecke dienen, anderseits aber auch solche, die ausserdem noch eine function innerhalb des einzelnen satzes haben. Erstere könnte man reine conjunctionen, letztere conjunctionelle adverbien nennen. Wenn man aber einmal die letzteren von den übrigen adverbien abtrennt und damit in der einleitung nicht bloss die function im einzelsatze, sondern auch die function in der satzgruppe berücksichtigt, so sollte man consequenterweise noch weiter gehen. Es gibt nicht bloss unflexivische wörter, die zur satzverbindung dienen, sondern auch flexivische, wie *der, welcher, andere* etc., es gibt auch conjunctionelle nomina, die sich ganz analog wie die conjunctionellen adverbia verhalten und im zusammenhang mit diesen zu betrachten sind.

Es ergibt sich daraus schon, dass es zwischen reinem adv. und reiner conj. eine reihe von vermittelungsstufen gibt. Die function innerhalb des satzes kann, wenn sie anfangs die hauptsache war, allmählig immer mehr hinter der conjunctionellen zurücktreten und schliesslich ganz verdrängt werden.

Es gibt eine anzahl von conjunctionen, die sowol zur verbindung von satzgliedern als von sätzen dienen. Dies ist die ursache, warum man nicht auf grund dieser beiden verschiedenen functionen zwei verschiedene klassen unterscheidet.

Die erstere ist meist mit der letzteren vereinigt, nicht so umgekehrt. Wo man dem ursprunge, der zu beiden functionen
verwendbaren conjunctionen nachgehen kann, da stellt sich
meistens heraus, dass sie zunächst nur für die eine entwickelt
und erst analogisch auf die andere übertragen sind. Die analogie zwischen dem verhältniss von satzgliedern und dem von
ganzen sätzen zu einander macht sich um so leichter geltend,
weil es keine scharfe grenze zwischen einzelsatz und satzgruppe gibt. So kann namentlich eine satzgruppe in der weise
zusammengezogen werden, dass ein gemeinsames glied nur
einmal gesetzt wird, vgl. etwa *wenn der vater, wenn die mutter
geht: ich habe ihn gefragt und keine antwort erhalten.* Solche
gruppen stehen nicht weit ab von sätzen wie *der vater und
die mutter gehen, ich habe ihn und sie gefragt,* die ja auch als
zusammengezogene sätze bezeichent werden, jedenfalls mit un-
recht, wenn damit ihre genesis gekennzeichent werden soll.

Die sätze, welche durch eine conjunction verbunden werden,
können einander beigeordnet oder der eine dem andern
untergeordnet sein. Die satzglieder dagegen sind immer
einander coordiniert. Wo innerhalb des satzes ein glied dem
andern untergeordnet wird, da nennt man das dabei angewendete verhältnisswort eine präposition. Es wäre ganz consequent, wenn man die einteilung der verhältnisswörter in
conjunctionen und präpositionen auch auf die zur verbindung
von sätzen angewendeten verhältnisswörter übertrüge. Man
brauchte dann z. b. nicht *ehe, seit, während* einerseits als präpositionen, anderseits als conjunctionen zu bezeichnen.

Der unterschied zwischen beiordnung und unterordnung,
zwischen conjunction und präposition findet innerhalb des
satzes seinen ausdruck in den casusverhältnissen. Ohne das
würde unter umständen eine verschiebung der auffassung sehr
leicht sein. Zeigen sich doch selbst trotzdem ansätze dazu.
Ob man sagt *ego cum omnibus aliis, ich samt allen übrigen*
oder *ego et omnes alii,* kommt dem sinne nach ungefähr auf
das selbe hinaus, und so geschieht es, dass man zu einer durch
cum hergestellten verbindung das prädicat oder die apposition
im pl. setzt, wo die berücksichtigung des eigentlichen grammatischen verhältnisses den sg. verlangen würde, vgl. aus
Livius *ipse duo cum aliquot principibus capiuntur* und sogar

filiam cum filio accitos. Hier müssen wir *cum*, wenn wir auf
den daneben stehenden casus sehen, als präposition, wenn wir
auf die gestalt des prädicates sehen, als conjunction anerkennen.
Beispiele für den wirklichen übertritt von der präp. zur conj.
bieten nhd. *ausser* und *ohne*, vgl. z. b. *niemand kommt mir entgegen ausser ein unverschämter* Lessing, *dass ich nicht nachdenken kann ohne mit der feder in der hand* Lessing, *wo ist
ein gott ohne der herr* Luther. Umgekehrt wird die conjunction
wan im mhd. zu einer präp. c. gen., vgl. *daz treip er mit der
reinen wan eht des alters einen* Konr. v. Würzburg, statt *wan
eht daz alters eine.* Man begreift demnach, dass da, wo noch
keine casus ausgebildet sind, eine grenzlinie zwischen präposition und conjunction kaum bestehen kann, dass daher die
letztere auf die nämliche weise aus einem nomen entspringen
kann wie die erstere. Es lassen sich auch noch mancherlei
andere verschiebungen in den ursprünglichen beziehungen des
verhältnisswortes und der verbundenen glieder denken. Im
mhd. kann man eine verbindung wie *beide vater unde sun* noch
so auffassen, dass *beide* einerseits und *vater unde sun* anderseits in einem appositionellen verhältniss zu einander stehen.
Aber dass die bedeutung von *beide* schon verdunkelt ist, zeigt
die öfter vorkommende verbindung dreier begriffe wie *beide
vriunt, man unde mâge,* und dass es nicht mehr als casus eines
nomens gefasst wird, solche fälle wie *beide des vaters und des
suns, meineide* (meincidig) *und triuwelôs beide, alsus zürne ich
unde süene beide.* War aber *beide* einmal vollkommen isoliert,
so konnte es leicht vom sprachgefühl in parallelismus zu *und*
gesetzt werden. So verhält es sich jedenfalls mit dem heutigen
englischen *both-and.* Ebenso mit unserm *entweder* (mhd. *eint-
weder* aus *eindeweder* eins von beiden) *-oder; weder* (ursprünglich *neweder* nicht irgend eins vons beiden) — *noch;* mhd.
weder (welches von beiden) — *oder* in doppelfragen = lat.
utrum — an; auch in anderer weise verwendet, z. b. *weder
wazzer oder lant,* eigentlich eins von beiden, wasser oder land.
In diesen fällen ist immer schon eine conjunction vorhanden.
Derartige wörter wie *beide, weder* konnten aber auch schon
zu wortreihen gesetzt werden, die ohne jedes bindemittel zusammengefügt waren; und konnten dann gerade so durch
isolierung zu verhältnissbezeichnungen werden.

Für die unterscheidung von beiordnung und unterordnung in dem verhältniss von sätzen zu einander ist das jetzt im deutschen am durchgehendsten angewendete mittel die wortstellung (*ich gehe hin — dass ich hingehe, wenn ich hingehe* etc.). Ein anderes in den verschiedenen indogermanischen sprachen angewendetes mittel, wodurch aber nirgends ein durchgängiger unterschied hervorgebracht wird, ist der modusgebrauch. In vielen fällen ist die unterscheidung lediglich durch die wahl der conjunction (des conjunctionellen adv. oder nom.) ausgedrückt, indem einige conjunctionen nur für die beiordnung, andere nur für die unterordnung verwendet werden. Wir können nun die beobachtung machen, dass da, wo ein grammatischer ausdruck für das logische verhältniss existiert, zuweilen grammatik und logik in widerspruch mit einander treten, vgl. sätze wie *kaum war er eingetreten, als alles still wurde, jam in conspectu utraque acies erat, quum Persae sustulere clamorem.* Bemerkenswert ist, dass in solchen fällen *quum* mit dem ind. (sogar mit dem inf. historicus) construiert wird, während es sonst in der erzählung den conj. regiert. Logisch betrachtet, ist der satz mit *quum* hauptsatz, grammatisch betrachtet ist er mit rücksicht auf die verwendung von *quum* nebensatz, mit rücksicht auf den ind. des verb. hauptsatz. Wir sehen aus einem solchen beispiele am besten, dass die logische beziehung der sätze zu einander von den mitteln des sprachlichen ausdruckes ganz unabhängig existieren kann. Sie war da, ehe es solche mittel gab, in der seele des sprechenden und des hörenden. Die mittel entstanden allmählig durch zufällige association dieser beziehung mit sprachlichen verhältnissen, die ursprünglich davon unabhängig waren.

Noch viel häufiger ist es, dass der grammatische ausdruck für die unterordnung nicht angewendet wird, wo doch eine logische unterordnung stattfindet. Wir müssen versuchen uns wesen und entstehung der logischen unterordnung klar zu machen. Man kann, glaube ich, zwei fälle unterscheiden. Entweder kann die unterordnung durch einen einfachen act geschaffen werden, oder sie kann sich allmählig in der tradition aus der nebenordnung herausbilden. Im ersteren falle geschieht es nach analogie des verhältnisses zwischen gliedern des nämlichen satzes. So z. b. bei der

oratio directa. Eine construction wie *er sprach „ich bin bereit"*
ist anfänglich gebildet nach dem muster einer construction wie
er sprach ein wort. Eben so aufzufassen ist natürlich *ich
denke, ich bin fertig*. Eine logische abhängigkeit ist hier gerade so vorhanden, wie wenn man sagt *er sagte, er wäre
bereit* oder *ich dachte, ich wäre fertig*, aber es fehlt noch der
grammatische ausdruck für das abhängigkeitsverhältniss. Im
andern falle gibt es mehrfache abstufungen zwischen nebenordnung und unterordnung. Zwei sätze sind einander beigeordnet, wenn jeder für sich einen selbständigen gedanken
enthält, der um seiner selbst willen ausgesprochen wird. Dagegen ist der eine dem andern untergeordnet, wenn er dazu
dient, demselben oder einem gliede desselben irgend eine bestimmung hinzuzufügen. Nun kann sich aber beides sehr wol
mit einander verbinden. Ein satz kann um seiner selbst willen
mitgeteilt werden und doch zugleich als bestimmung für einen
andern dienen. Dies ist schon der fall, wenn eine anzahl von
begebenheiten in der reihenfolge, wie sie sich zugetragen haben,
erzählt werden. Es dient dann die voraufgehende immer als
zeitbestimmung, eventuell auch als causalitätsbestimmung für
die folgende. Wenn wir z. b. sagen *Karl kam nach hause ; er
fand einen brief vor; der brief enthielt unangenehme nachrichten,*
so können wir das logische verhältniss der sätze zu einander
nicht mehr als einfache coordination fassen. Wir könnten
uns ebenso gut so ausdrücken: *Als Karl nach hause kam, fand
er einen brief vor, der unangenehme nachrichten enthielt*. Rücksichtlich der grammatischen form muss man eine bestimmte
entscheidung zwischen unterordnung und nebenordnung treffen,
rücksichtlich des logischen verhältnisses ist das in vielen, man
kann wol sagen in den meisten fällen unmöglich. Es ergibt
sich daraus, wie leicht eine ausdrucksweise, die ursprünglich
nebenordnung bezeichnet, durch feste association mit einer
ursprünglich nur dazu gedachten nebenbeziehung zum ausdruck
für unterordnung werden kann.

Auf sehr verschiedene weise können wörter dazu gelangen
neben ihrer function innerhalb des satzes eine beziehung zu
andern sätzen auszudrücken. Die wichtigste rolle spielt das
demonstrativ-pron. und adv., aus welchem weiter das relativum
entspringt. Das dem. ist von hause aus nicht satzverbindend,

ist es auch heute noch nicht, wenn damit unmittelbar auf
einen gegenstand hingewiesen wird. Es wird satzverbindend
dadurch, dass dieser hinweis auf die bezeichnung des gegenstandes übertragen wird, wenn man sich der früher ausge-
sprochenen oder noch auszusprechenden bezeichnung in analoger
weise gegenüberstellt wie einem wirklich vorliegenden gegenstande. Damit ist ein höchst bequemes mittel zur satzverbindung geschaffen, dessen anwendbarkeit noch dadurch bedeutend erhöht wird, dass das pron. auch auf einen ganzen
satz, der damit gewissermassen zum subst. erhoben wird, bezogen werden kann.

Wir wollen hier nicht im einzelnen auf alle übrigen
möglichen entstehungsweisen conjunctioneller wörter eingehen.
Man wird dabei zwei hauptarten unterscheiden müssen. Entweder liegt in dem worte, schon ehe es conjunctionell angewendet wird, eine relation, oder es ist ursprünglich gar nicht
relativ und associiert sich erst allmählig mit einer ursprünglich
nicht ausgedrückten, sondern nur hinzugedachten beziehung
zwischen zwei sätzen. Im ersteren falle ist der vorgang gewöhnlich der, dass man nach analogie der beziehung, in welche
sonst ein satzglied zu dem relativen worte gesetzt wird, einen
ganzen satz setzt. So entstehen z. b. conjunctionen aus comparativen; vgl. *ferner, weiter, vielmehr, nichtsdestoweniger; potius;
mais, plutôt, néanmoins*. Ebenso aus anderen den comparativen
in ihrem wesen nahestehenden wörtern; vgl. *anders, übrigens,
sondern, andernfalls, ebenfalls, gleichfalls, ingleichen, gleichwol,
zugleich, mittlerweile; ἀλλά, ὅμως; ceterum*. In die andere
klasse gehören namentlich wörter, die ursprünglich nur eine
bekräftigung ausdrücken; z. b. *allerdings, freilich, nämlich, wol,
zwar;* ahd. *nalles* (aus *ni alles* aber nicht); got. *raihtis* (aber
oder denn); lat. *certe, verum, vero, scilicet, videlicet*.

Häufig dient die anaphora dazu eine beziehung zwischen
sätzen herzustellen. Dies kann so geschehen, dass die beiden
gleichen wörter, die dann natürlich relativer natur sein müssen,
in verschiedenen beziehungen gedacht und so in gegensatz
zu einander gebracht werden; vgl. *bald — bald, jetzt — jetzt,
einmal — einmal, sei es — sei es; modo — modo, nunc — nunc,
tum — tum* u. dergl. Die gleichheit der wörter kann aber auch
zum ausdruck der correspondenz dienen; vgl. z. b. *er (der)*

*hat es begonnen, er (der) mag es auch enden; jetzt ist es ge-
schehen, jetzt ist es nicht mehr zu ändern;* mhd. *selbe tæte, selbe
habe* (du hast es selbst getan, du magst auch selbst die folgen
tragen). Die logische unterordnung des einen der auf diese
weise verbundenen sätze ist die veranlassung zur verwandlung
des demonstrativ-pron. (oder adv.) in ein relativ-pron. gewesen.
Die ursprüngliche identität beider zeigt sich im mhd. noch
sehr klar, wo fast durchweg demonstrative und relative function
in den gleichen wörtern vereinigt ist. Es können übrigens
auch andere wörter relativ werden, z. b. die personalpronomina
(ahd. *fater unsêr, thu pist in himilôm* der du bist im himmel),
mhd. *nu* = nhd. *nun*, mhd. *ie* = nhd. *je* (*je länger, je
lieber* etc.).

Ein wichtiges moment bei der bildung der satzconjunctionen
ist die verschiebung rücksichtlich der zugehörigkeit zu dem
einen oder dem andern der beiden verbundenen sätze. Wörter
(oder eigentlich wortverbindungen) wie *nachdem, sintemal, sobald, insofern, damit, auf dass* gehören eigentlich dem haupt-
satze an, und erst in folge syntaktischer isolierung wird dies
verhältniss verdunkelt.

Ich fühle sehr wol, dass ich in diesem capitel nur dürf-
tige andeutungen geben konnte. Es ist mit denselben bei
weitem nicht die ganze mannigfaltigkeit der hierhergehörigen
vorgänge erschöpft. Doch werden sie genügen um die unzu-
länglichkeit und die relativität der gewöhnlich angenommenen
unterscheidungen klar hervortreten zu lassen. Zugleich aber
ist uns hierbei immer von neuem eine erfahrung recht lebendig
entgegengetreten, die wir in einen allgemeinen satz fassen
können, der für die gesammte entwickelung der sprache von
höchster wichtigkeit ist. Die worte und sätze sind niemals adäquater ausdruck der vorstellungen, welche
der sprechende damit verbindet, sondern diese vorstellungen sind stets bestimmter oder reicher, sie
enthalten immer noch etwas, was, wenn wir auf die
durch den usus bestimmte bedeutung sehen, nicht
ausgedrückt ist. Dergleichen hinzugedachtes kann
nichtsdestoweniger von dem hörer mitverstanden
werden, und die folge davon kann sein, dass es allmählig sich mit den worten und sätzen fest verbindet,

dass es gleichfalls usuell wird. So erlangen anfangs aussersprachliche vorstellungen sprachliche natur [1]), indem das momentane zum bleibenden, das individuelle zum eigentum der gesammtheit wird.

---

[1]) Dieser gedanke ist bereits in einer etwas anderen art ausgeführt von M. Bréal in seinem vortrage Les idées latentes du language, Paris 1868, auf den ich erst eben durch Osthoff aufmerksam gemacht worden bin. Es freut mich die übereinstimmung unserer beiderseitigen anschauungen constatieren zu können.

Cap. XII.

Die spaltung in dialecte.

Wir haben schon widerholt veranlassung nehmen müssen den process der dialectspaltung zu berühren, besonders in dem capitel über den lautwandel. Man sollte erwarten, dass sich bei der betrachtung dieses processes mehr als irgend wo anders die analogieen aus der entwickelung der organischen natur aufdrängen müssten. Es ist zu verwundern, dass die Darwinisten unter den sprachforschern sich nicht vorzugsweise auf diese seite geworfen haben. Hier in der tat ist die parallele innerhalb gewisser grenzen eine berechtigte und lehrreiche. Wollen wir diese parallele ein wenig verfolgen, so kann es nur in der weise geschehen, dass wir die sprache des einzelnen, also die gesammtheit der sprachmittel über die er verfügt, dem tierischen oder pflanzlichen individuum gleich setzen, die dialecte, sprachen, sprachfamilien etc. den arten, gattungen, klassen des tier- und pflanzenreichs.

Es gilt zunächst in einem wichtigen punkte die vollständige gleichheit des verhältnisses anzuerkennen. Der grosse umschwung, welchen die zoologie in der neuesten zeit durchgemacht hat, beruht zum guten teile auf der erkenntniss, dass nichts reale existenz hat als die einzelnen individuen, dass die arten, gattungen, klassen nichts sind als zusammenfassungen und sonderungen des menschlichen verstandes, die je nach willkühr verschieden ausfallen können, dass artunterschiede und individuelle unterschiede nicht dem wesen, sondern nur dem grade nach verschieden sind. Auf eine entsprechende grundlage müssen wir uns auch bei der beurteilung der dialectunterschiede stellen. Wir müssen eigentlich so viele sprachen unterscheiden als es individuen gibt. Wenn wir die sprachen einer bestimmten anzahl von individuen zu einer gruppe zusammenfassen und die anderer individuen dieser gruppe gegenüber ausschliessen, so abstrahieren wir dabei immer von gewissen verschiedenheiten, während wir auf andere wert legen. Es ist also der willkühr ein ziemlicher spielraum gelassen. Dass sich überhaupt die individuellen sprachen unter ein klassensystem bringen lassen müssten, ist eine ganz unberechtigte voraussetzung. Man wird, so viele gruppen man auch unterscheiden mag, immer eine anzahl von individuen finden, bei denen man zweifelhaft bleibt, ob man sie dieser oder jener unter zwei naheverwandten gruppen zuzählen soll. Und in das selbe dilemma gerät man erst recht, wenn man die kleineren gruppen in grössere zusammenzuordnen und diese gegen einander abzuschliessen versucht. Eine scharfe sonderung wird erst da möglich, wo mehrere generationen hindurch die verkehrsgemeinschaft abgebrochen gewesen ist.

Wenn man daher von der spaltung einer früher einheitlichen sprache in verschiedene dialecte spricht, so ist damit das eigentliche wesen des vorganges sehr schlecht ausgedrückt. In wirklichkeit werden in jedem augenblicke innerhalb einer volksgemeinschaft so viele dialecte geredet als redende individuen vorhanden sind, und zwar dialecte, von denen jeder einzelne eine geschichtliche entwickelung hat und in stätiger veränderung begriffen ist. Dialectspaltung bedeutet nichts anderes als das hinauswachsen der individuellen verschiedenheiten über ein gewisses mass.

Ein anderer punkt, in dem wir uns eine parallele gestatten dürfen, ist folgender. Die entwickelung eines tierischen indiduums hängt von zwei factoren ab. Auf der einen seite ist sie durch die natur der eltern bedingt, wodurch ihr ursprünglich auf dem wege der vererbung eine bestimmte bewegungsrichtung mitgeteilt wird. Auf der andern seite stehen alle die zufälligen einwirkungen des klimas, der nahrung, der lebensweise etc., denen das individuum in seinem speciellen dasein ausgesetzt ist. Durch den einen ist die wesentliche gleichheit mit den eltern bedingt, durch den andern eine abweichung von denselben innerhalb gewisser grenzen ermöglicht. So gestaltet

sich die sprache jedes individuums einerseits nach den einwirkungen der sprachen seiner verkehrsgenossen, die wir von
unserm gesichtspunkte aus als die erzeugerinnen seiner eignen
betrachten können, anderseits nach den davon unabhängigen
eigenheiten und eigentümlichen erregungen seiner geistigen
und leiblichen natur. Auch darin besteht übereinstimmung,
dass der erstere factor stets der bei weitem mächtigere ist.
Erst dadurch, dass jede modification der natur des individuums,
die von der anfänglich mitgeteilten bewegungsrichtung ablenkt,
mitbestimmend für die bewegungsrichtung einer folgenden generation wird, ergibt sich mit der zeit eine stärkere veränderung
des typus. So auch in der sprachgeschichte. Wir dürfen
ferner von der sprache wie von dem tierischen organismus
behaupten: je niedriger die entwickelungsstufe, desto stärker
der zweite factor im verhältniss zum ersten.

Auf der andern seite dürfen wir aber die grossen verschiedenheiten nicht übersehen, die zwischen der sprachlichen
und der organischen zeugung bestehen. Bei der letzteren hört
die directe einwirkung der erzeuger bei einem bestimmten
punkte auf, und es wirkt nur die bis dahin mitgeteilte bewegungsrichtung nach. An der erzeugung der sprache eines
individuums behalten die umgebenden sprachen ihren anteil
bis zu seinem ende, wenn auch ihre einwirkungen in der
frühesten kindheit der betreffenden sprache am mächtigsten
sind und um so schwächer werden, je mehr diese wächst und
erstarkt. Die erzeugung eines tierischen organismus geschieht
durch ein individuum oder durch ein paar. An der erzeugung
der sprache eines individuums beteiligen sich die sprachen
einer grossen menge anderer individuen, aller, mit denen es
überhaupt während seines lebens in sprachlichen verkehr tritt,
wenn auch in sehr verschiedenem grade. Und, was die sache
noch viel complicierter macht, die verschiedenen individuellen
sprachen können bei diesem zeugungsprocess im verhältniss
zu einander zugleich activ und passiv, die eltern können kinder
ihrer eigenen kinder sein. Endlich ist zu berücksichtigen, dass,
auch wenn wir von der sprache eines einzelnen individuums
reden, wir es nicht mit einem concreten wesen, sondern mit
einer abstraction zu tun haben, ausser, wenn wir darunter die
gesammtheit der in der seele an einander geschlossenen auf

die sprachtätigkeit bezüglichen vorstellungsgruppen mit ihren mannigfach verschlungenen beziehungen verstehen.

Der verkehr ist es allein, wodurch die sprache des individuums erzeugt wird. Die abstammung kommt nur insoweit in betracht, als sie die physische und geistige beschaffenheit des einzelnen beeinflusst, die, wie bemerkt, allerdings ein factor in der sprachgestaltung ist, aber im verhältniss zu den einflüssen des verkehrs ein sehr untergeordneter. Gehen wir von dem unbestreitbar richtigen satze aus, dass jedes individuum seine eigene sprache und jede dieser sprachen ihre eigene geschichte hat, so besteht das problem, das zu lösen uns durch die tatsache der dialectbildung auferlegt wird, nicht sowol in der frage, wie es kommt, dass aus einer wesentlich gleichmässigen sprache verschiedene dialecte entspringen; die entstehung der verschiedenheit scheint ja danach selbstverständlich. Die frage, die wir zu beantworten haben, ist vielmehr die: wie kommt es, dass, indem die sprache eines jeden einzelnen ihre besondere geschichte hat, sich gerade dieser grössere oder geringere grad von übereinstimmung innerhalb dieser so und so zusammengesetzten gruppe von individuen erhält?

Alles anwachsen der dialectischen verschiedenheit beruht natürlich auf der veränderung des sprachusus. Um so stärker die veränderung, um so mehr gelegenheit ist zum wachstum der verschiedenheit gegeben. Aber der grad dieses wachstums ist nicht durch die stärke der veränderung allein bedingt, denn keine veränderung schliesst notwendig eine differenzierung ein, und die umstände, welche auf die erhaltung der übereinstimmung wirken, können in sehr verschiedenem masse vorhanden sein.

Wir konnten uns schon in cap. IV den vorgang des lautwandels nicht veranschaulichen, ohne näher auf die dabei eintretende dialectische spaltung einzugehen (s. 51 ff.). Im wesentlichen analog ist der vorgang bei allen übrigen veränderungen. Ueberall kommt es darauf an sich das verhältniss der spontanen entwickelung zu der beeinflussung durch die überlieferung klar zu machen. Von diesen beiden factoren hängt das zusammentreffen oder nichtzusam-

mentreffen der verschiedenen individuen in einer sprachver-
änderung ab.

Die möglichkeit des zusammentreffens in spontaner veränderung ist, wie schon mehrfach hervorgehoben, durch übereinstimmung in der geistigen und leiblichen organisation, in
der umgebenden natur, den culturverhältnissen und erlebnissen
gegeben. Ganz besonders kommt dabei die schon bestehende
übereinstimmung in der überkommenen sprache in betracht.
Jeder momentan bestehende sprachzustand trägt vermöge seiner
eigentümlichen beschaffenheit auch die tendenz in sich, sich
nach bestimmten richtungen hin zu verändern. Ich erinnere,
was die lautverhältnisse betrifft, an den einfluss von accent,
quantität und indifferenzlage. Ich erinnere ferner daran, dass
die erhaltung oder der untergang von flexionsformen, ableitungen
und constructionsweisen, der eintritt oder nichteintritt von neuschöpfungen nach analogie, die entscheidung über das muster,
an welches sich die neuschöpfungen anschliessen, dass alles
dies zum grossen teile durch die organisation der auf die
sprache bezüglichen vorstellungsgruppen bedingt ist.

Was die gegenseitige beeinflussung der verschiedenen individuen betrifft, so können wir den satz, den wir zunächst
rücksichtlich der lautlichen verhältnisse aufgestellt haben, verallgemeinern, dass sich die abweichungen zwischen individuen,
die in regelmässigem engen verkehr mit einander stehen, stets
innerhalb enger grenzen halten müssen. Dieser satz ist zu
selbstverständlich, als dass er weiterer erörterung bedürfte.
Allerdings ist nicht in allen stücken eine so unmerklich abge-
stufte verschiedenheit möglich wie bei den lauten. Gebraucht
z. b. der eine die altüberlieferte form, der andere eine junge
analogiebildung, so ist die differenz deutlich fühlbar. Es gibt
aber auch in solchen fällen vermittelnde übergangsstufen. Es
kann z. b. sein, dass von zwei individuen das eine sich einer
andern form zu bedienen pflegt als das andere, das aber jedes
die vom andern gebrauchte form nicht nur versteht, sondern
auch öfters zu hören gewohnt ist. Es kann ferner sein, dass
zwischen den individuen, die die eine, und denen, die die
andere form gebrauchen, sich solche stellen, die sich beider
nebeneinander bedienen. Und jedenfalls ist nach der zahl der

vorhandenen verschiedenheiten eine sehr mannigfaltige abstufung
möglich.

Wir haben schon bei der betrachtung der verschiedenen
sprachveränderungen gesehen, dass dieselben sich in der regel
nicht allgemein über ein bestimmtes gebiet verbreiten können,
wenn sie nicht von einer anzahl verschiedener individuen
spontan erzeugt werden. Höchstens in solchen fällen kann
ein einzelner massgebend werden, wo die veränderung eine
bereicherung ist, die zu dem bestehenden usus nicht in widerspruch tritt. Es ist aber nicht immer nötig, dass die veränderung sich an der majorität der zusammenlebenden individuen spontan entwickelt. Der einfluss des einzelnen auf die
sprachentwickelung kann von sehr verschiedener stärke sein,
weil bei weitem nicht jeder die sprechtätigkeit in gleichem
masse und vor gleich grosser und dem einflusse gleich zugäng-
licher zuhörerzahl ausübt. Ausserdem aber hängt die fähigkeit
zur beeinflussung auch sehr von der natur des neu geschaffenen
ab. Das zweckmässigere kann stärkeren einfluss ausüben als
das weniger zweckmässige, auch wenn es weniger oft gehört
wird als das letztere, vgl. darüber besonders s. 125 ff.

Es besteht ein ewiger kampf zwischen den individuellen sprachen, wobei jede einfluss übt und einfluss leidet.
Da jede veränderung vom individuum ausgeht und doch eine
vollkommen gleichmässige und gleichzeitige spontane entwickelung aller undenkbar ist, so muss die veränderung immer zunächst eine differenz, auch innerhalb der engsten verkehrsgemeinschaft hervorrufen. Auf jede solche differenzierung folgt
aber notwendig eine ausgleichung, bei der, je nach dem kräfteverhältniss der parteien, entweder das neue wider ausgestossen
oder das alte verdrängt wird oder beides neben einander zu
gleicher berechtigung gelangt. Auch wenn das schlussresultat
auf dem ganzen sprachgebiete gleich ausfällt, so geht doch
eine übergangsstufe mit differenzen vorher.

Nun kann aber das kräfteverhältniss in den verschiedenen
teilen eines sprachgebietes ein sehr verschiedenes sein. Es
kann sogar sein, dass eine veränderung, die sich in einem
geographisch zusammenhängenden teile an der majorität spontan
vollzieht, in einem andern sich nicht an einem einzigen individuum zeigt. Auch dann wird die tendenz zur ausgleichung

nicht fehlen, so lange der verkehrszusammenhang nirgends
unterbrochen ist. Unter solchen umständen muss in den von
einander abgelegenen teilen, die in keinem verkehr mit ein-
einander stehn, die ausgleichung, soweit sie nötig ist, zu verschiedenem resultate führen. Dazwischen wird dann der kampf
fortdauern und deshalb nicht leicht zur entscheidung kommen,
weil auf diesen teil die eine, auf jenen die andere seite stärker
einwirkt. Dieses zwischengebiet bildet einen grenzwall, durch
welchen die einflüsse von der einen auf die andere seite nicht
durchdringen können, oder nur in solcher abschwächung, dass
sie so gut wie wirkungslos bleiben. Ein solches zwischengebiet könnte nirgends fehlen, wenn die continuität des verkehres
durch das ganze sprachgebiet hindurch eine gleichmässige
wäre, wenn nirgends durch räumliche abstände, natürliche
hindernisse oder politische grenzen verkehrshemmungen verur-
sacht würden. Indem die gegenseitige beeinflussung der durch
solche hemmungen getrennten gebiete auf ein geringeres mass
herabgesetzt wird, können sich auch deutliche grenzen für
dialectische eigentümlichkeiten herausbilden. Ein völliges abbrechen des verkehres ist dazu nicht nötig. Er braucht nur
so schwach zu werden, dass er ohne einen gewissen grad
spontanen entgegenkommens wirkungslos bleibt. So kann auch
eine zeitweilig bestehende dialectgrenze allmählig wider aufgehoben werden, wenn sich das anfangs fehlende spontane
entgegenkommen späterhin einstellt, oder wenn die gleichen
einflüsse von verschiedenen seiten her kommen.

Jede sprachliche veränderung und mithin auch
die entstehung jeder dialectischen eigentümlichkeit
hat ihre besondere geschichte. Die grenze, bis zu
welcher sich die eine erstreckt, ist nicht massgebend
für die grenze der andern. Wäre allein das intensitäts-
verhältniss des verkehres massgebend, so müssten allerdings
wol die grenzen der verschiedenen dialecteigenheiten durchaus
zusammenfallen. Aber die spontanen tendenzen zur veränderung
können sich in wesentlich anderer weise verteilen, und danach
muss sich das resultat der gegenseitigen beeinflussung bestimmen.
Wenn sich z. b. ein sprachgebiet nach einem dialectischen
unterschiede in die gruppen a und b sondert, so kann es sein
und wird häufig vorkommen, dass die sonderung nach einer

andern eigentümlichkeit damit zusammenfällt, es kann aber
auch sein, dass ein teil von a sich an b anschliesst oder umgekehrt, es kann sich sogar ein teil von a und von b einem
andern teile von a und von b gegenüberstellen.

Ziehen wir daher in einem zusammenhängenden sprachgebiete die grenzen für alle vorkommenden dialectischen eigentümlichkeiten, so erhalten wir ein sehr compliciertes system
mannigfach sich kreuzender linien. Eine reinliche sonderung
in hauptgruppen, die man wider in so und so viele unter-
gruppen teilt u. s. f., ist nicht möglich. Das bild einer stammtafel, unter dem man sich gewöhnlich die verhältnisse zu
veranschaulichen sucht, ist stets ungenau. Man bringt es nur
zu stande, indem man willkürlich einige unterschiede als
wesentlich herausgreift und über andere hinwegsieht. Sind
wirklich die hervorstechendsten merkmale gewählt, so kann
man vielleicht einer solchen stammtafel nicht allen praktischen
wert für die veranschaulichung absprechen, nur darf man sich
nicht einbilden, dass damit eine wirklich erschöpfende, genaue
darstellung der verhältnisse gegeben sei.

Noch mehr gerät man mit der genealogischen veranschaulichung ins gedränge, wenn man sich bemüht dabei auch die
chronologie der entwickelung zu berücksichtigen, wie es doch
für eine genealogie erforderlich ist.

Da durch die entstehung einiger unterschiede der verkehr
und die gegenseitige beeinflussung zwischen benachbarten bezirken noch nicht aufgehoben ist, so kann bei später eintretenden veränderungen die entwickelung immer noch eine
gemeinschaftliche sein. So können veränderungen noch in
einem ganzen sprachgebiete durchdringen, nachdem dasselbe
schon vorher mannigfach differenziert ist, oder zugleich in
mehreren schon besonders gestalteten teilen. So ist z. b. die
dehnung der kurzen wurzelvokale (vgl. mhd. *lĕsen, gĕben, rĕden*
etc.) in den meisten deutschen mundarten wesentlich gleichmässig vollzogen, während viele ältere veränderungen eine bei
weitem geringere ausdehnung erlangt haben. Wir müssen uns
das auch bei der beurteilung der älteren sprachperioden gegenwärtig halten, für die wir auf rückschlüsse angewiesen sind.
Man ist zu sehr gewohnt alle veränderungen des ursprünglichen
sprachzustandes, die durch ein ganzes gebiet hindurch gehen,

dann ohne weiteres für älter zu halten als diejenigen, die auf
einzelne teile dieses gebietes beschränkt sind, und man setzt
von diesem gesichtspunkte aus etwa eine gemeineuropäische,
eine slavogermanische, slavolettische, urgermanische, ost- und
westgermanische grundsprache oder entwickelungsperiode an.
Es ist zwar gar nicht zu läugnen, dass im allgemeinen die
grössere ausdehnung einer sprachlichen eigentümlichkeit einen
wahrscheinlichkeitsgrund für ihr höheres alter abgibt, aber ein
sicherer anhalt wird damit keineswegs gewährt. Es wird auch
ausser den fällen, bei denen man es positiv nachweisen kann,
verschiedene solche geben, in denen die weiter ausgedehnte
veränderung jünger ist, als die auf einen engeren raum beschränkte.

Es sind auch nicht immer die am meisten hervortretenden
eigentümlichkeiten die ältesten. Die jetzt übliche hauptteilung
des deutschen in ober- mittel- und niederdeutsch beruht auf
dem stande der lautverschiebung. Diese hat wahrscheinlich
nicht vor dem siebenten jahrhundert begonnen und erstreckt
sich bis ins neunte, ja in einigen punkten sogar noch weiter.
Schon vorher aber gab es erhebliche unterschiede, die bei der
jetzigen einteilung in den hintergrund gedrängt sind. Unter
niederdeutsch z. b. sind drei von alters her nicht unwesentlich
verschiedene gruppen zusammengefasst, das friesische, säch-
sische und ein teil des fränkischen; das fränkische ist unter
nieder- und mitteldeutsch verteilt.

Man kann es auch gar nicht als einen allgemeingültigen
satz hinstellen, dass die gruppen, die am frühesten angefangen
haben sich gegen einander zu differenzieren, auch am stärksten
differenziert sein müssten, oder umgekehrt, dass bei den am
stärksten differenzierten gruppen die differenzierung am frühesten
begonnen haben müsste. Die intensität des verkehres kann
sich etwas verändern. Die geographische lagerung der gruppen
zu einander kann sich verschieben. Auch ohne das kann
spontanes entgegenkommen die veranlassung werden, dass
neue veränderungen über ältere grenzen hinwegschreiten,
während sie selbst vielleicht da eine grenze finden, wo früher
keine grenze war. Oder es kann ein bezirk, der längere zeit
mit einem benachbarten wesentlich gleiche, dagegen von den
übrigen abweichende entwickelung gehabt hat, von besonderen

starken veränderungen ergriffen werden, während der bisher
mit ihm die gleichen bahnen wandelnde bezirk mit den übrigen
auf der älteren stufe zurückbleibt. Da es die ausgleichende wirkung des verkehrs nicht zulässt, dass zwischen nahe benachbarten bezirken, die einen
regelmässigen verkehr unterhalten, zu schroffe verschiedenheiten entstehen, so stellt beinahe jede kleine gruppe eine
übergangsstufe zwischen den nach den verschiedenen seiten
hin benachbarten gruppen dar. Es ist eine ganz falsche vorstellung, die immer noch vielfach verbreitet ist, dass übergangsstufen erst durch secundäre berührung zweier vorher abge-
schlossener dialecte entstünden. Ein übergang kann durch
eine gruppe gebildet werden entweder dadurch, dass sie die
wirkliche zwischenstufe zwischen zwei in den benachbarten
gruppen vorliegenden abweichenden gestaltungen darbietet oder
beide nebeneinander, oder dadurch, dass sie einige dialectische
eigentümlichkeiten mit dieser, andere mit jener gruppe gemein
hat. Bei dieser gestaltung der dialectverhältnisse braucht das
verständniss zwischen benachbarten bezirken nirgends behindert
zu sein, weil die abweichungen zu geringfügig sind und man
sich ausserdem beiderseitig an dieselben gewöhnt, und es
können darum doch zwischen den fernerliegenden differenzen
bestehen, die eine verständigung unmöglich machen.

Dies verhältniss lässt sich an den verschiedensten sprachen
beobachten. Recht deutlich an der deutschen. Einem Schweizer
ist es unmöglich einen Holsteiner, selbst nur einen Hessen oder
Baiern zu verstehen, und doch ist er mit diesen indirect durch
ungehemmte strömungen des verkehres verbunden. Die allmähliche abstufung der deutschen dialecte im grossen lässt
sich vortrefflich an dem verhalten zu der sogenannten hochdeutschen lautverschiebung [1]) beobahten. Die selbe abstufung
im kleinen kann man schon bei einer flüchtigen durch-
musterung von Firmenich, Germaniens völkerstimmen gewahr
werden. Ebenso verhält es sich nicht bloss innerhalb der einzelnen romanischen sprachen, sondern sogar innerhalb des
ganzen romanischen sprachgebietes. Die grenzen der einzelnen

---

[1]) Vgl. Braune, zur kenntniss des fränkischen und zur hochdeutschen
lautverschiebung, Beiträge zur gesch. d. deutschen spr. I, 1 ff.

nationen sind nur nach den schriftsprachen, nicht nach den
mundarten mit einiger sicherheit zu bestimmen. So teilen
z. b. norditalienische dialecte wichtige eigentümlichkeiten mit
dem französischen, und stehen den benachbarten dialecten
Frankreichs näher als der italienischen schriftsprache oder der
mundart von Toscana. Das Gascognesche bildet in mehreren
hinsichten den übergang vom provenzalischen (südfranzösischen)
zum spanischen, das sardinische den übergang vom italienischen
zum spanischen, etc.

Es kann aber natürlich auch der fall eintreten, dass der
verkehr zwischen mehreren teilen einer sprachgenossenschaft
vollständig unterbrochen wird durch starke natürliche grenzen,
durch auswanderung des einen teiles, durch dazwischenschiebung
eines fremden volkes und dergl. Von diesem augenblicke an
entwickelt sich auch die sprache jedes einzelnen teiles selbständig, und es bilden sich mit der zeit schroffe gegensätze
heraus ohne vermittelnde übergänge. So entstehen mehrere
selbständige sprachen aus einer, und dieser process kann sich
zu mehrern malen widerholen.

Es ist kaum denkbar, dass je bis zu dem augenblicke,
wo eine solche teilung einer sprache in mehrere stattgefunden
hat, durch das ganze gebiet hindurch keine merklichen verschiedenheiten bestanden haben sollten. Ohne mundartliche
unterschiede ist eine sprache, die sich über ein einigermassen
umfängliches gebiet erstreckt und eine längere entwickelung
hinter sich hat, gar nicht zu denken. Man wird daher in der
regel die selbständigen sprachen, die sich aus einer gemeinsamen ursprache entwickelt haben, als fortsetzungen der dialecte der ursprache zu betrachten haben, und kann annehmen,
dass ein teil der zwischen ihnen bestehenden unterschiede
schon aus der periode ihres continuierlichen zusammenhanges
herstammt. Von diesem teile würde dann das selbe gelten,
was überhaupt von mundartlichen unterschieden eines zusammenhängenden sprachgebietes gilt. Es könnte also, wenn wir
die zu selbständigen sprachen entwickelten dialecte mit den
buchstaben des alphabetes bezeichnen, a einiges mit b gemein
haben im gegensatz zu c und d, anderes mit e im gegensatz
zu b und d, noch anderes mit d im gegensatz zu b und c,
u. s. f., und diese übereinstimmungen könnten auf einem wirk-

lichen causalzusammenhange beruhen. Von diesem gesichtspunkte aus müssen z. b. die verhältnisse der indogermanischen
sprachfamilien zu einander beurteilt werden. Im einzelnen
falle aber ist es schwer zu entscheiden, ob zu der übereinstimmung in der entwickelung wirklich gegenseitige beeinflussung beigetragen hat. Die unmöglichkeit eines zusammentreffens auch bei ganz selbständiger entwickelung lässt sich
kaum je dartun.

Die trennung braucht auch nicht immer mit alten dialect-
grenzen zusammenzufallen, namentlich dann nicht, wenn sie
durch wanderungen veranlasst wird. Es kann sich ein teil
einer in den wesentlichsten punkten übereinstimmenden gruppe
absondern, während der andere mit den übrigen ihm ferner
stehenden gruppen in verbindung bleibt. Es können sich auch
teile verschiedener gruppen zusammen loslösen. So ist z. b.
das angelsächsische ursprünglich mit dem friesischen aufs
engste verwandt, ja es hat wahrscheinlich auf dem continent
niemals als besonderer dialect existiert, sondern ist erst entstanden, als friesische schaaren sich von der heimat loslösten
und einige bestandteile aus andern germanischen stämmen mit
sich vereinigten. Das angelsächsische hat dann aber seine
sonderentwickelung gehabt, während das friesische im zusammenhange mit den übrigen deutschen mundarten geblieben ist.
Zwischen englisch und deutsch gibt es eine scharfe grenze,
zwischen friesisch und niedersächsisch nicht.

Das eigentlich charakteristische moment in der
dialectischen gliederung eines zusammenhangenden
gebietes bleiben immer die lautverhältnisse. Ursache
ist, dass bei der gestaltung derselben alles auf den directen
einfluss durch unmittelbaren persönlichen verkehr ankommt.
Im wortschatz und in der wortbedeutung, im formellen und
im syntaktischen macht die mittelbare übertragung keine
schwierigkeiten. Was hier neues entstanden ist, kann, wenn
es sonst anklang findet, ohne wesentliche alterierung, weithin
wandern. Aber der laut wird niemals genau in der gestalt
weitergegeben, wie er empfangen ist. Jeder macht eine unterschiebung seinem bewegungsgefühle gemäss. Wo aber schon
ein klaffender riss besteht, da hört überhaupt die beeinflussung
auf lautlichem gebiete auf. Denn die beeinflussung geht, wie

wir gesehen haben, vermittelst unvermerkter unterschiebungen vor sich, wie sie nur bei geringen differenzen möglich sind. So entwickeln sich denn auf lautlichem gebiete viel stärkere differenzen als im wortschatz, in der formenbildung und syntax, und jene differenzen gehen gleichmässiger durch lange zeiten hindurch als diese. Dagegen, wenn eine wirkliche sprach-trennung eingetreten ist, können sich die unterschiede zwischen den verschiedenen sprachen auf andern gebieten eben so charakteristisch geltend machen als auf dem lautlichen.

Am wenigsten ist der wortschatz und seine verwendung charakteristisch. Hier finden am meisten übertragungen aus einer mundart in die andere wie aus einer sprache in die andere statt. Hier gibt es mehr individuelle verschiedenheiten als in irgend einer andern hinsicht. Hier kann es auch unterschiede geben, die mit den mundartlichen gar nichts zu tun haben und diese durchkreuzen. Auf jeder höheren culturstufe entstehen technische ausdrücke für die verschiedenen gewerbe, künste und wissenschaften, die vorwiegend oder ausschliesslich von einer bestimmten berufsklasse gebraucht und von den übrigen zum teil gar nicht verstanden werden. Bei der aus-bildung solcher kunstsprachen kommen übrigens ganz ähn-liche verhältnisse in betracht wie bei der entstehung der mundarten. Eben dahin gehört auch der unterschied von poetischer und prosaischer sprache, der sich auch auf formelles und syntaktisches erstreckt. Eigenartige verhält-nisse haben im alten Griechenland auch zu absichtlich kunst-voller verwendung lautlicher unterschiede geführt. Es kann aber auch eine poetische sprache geben (und das ist das ge-wöhnliche), die in den verschiedensten dialectischen lautge-staltungen sich doch immer gleichmässig gegen die prosaische rede abhebt.

Alle natürliche sprachentwickelung führt zu einem stätigen, unbegrenzten anwachsen der mundartlichen verschiedenheiten. Die ursachen, welche dazu treiben, sind mit den allgemeinen bedingungen des sprachlebens gegeben und davon ganz unzertrennlich. Es ist eine falsche vorstellung, der man leider noch in sprachwissenschaftlichen werken be-gegnet, die ein grosses ansehen geniessen, dass die frühere centrifugale bewegung, durch welche die mundarten entstanden seien, auf höherer culturstufe, bei reger entwickeltem verkehre durch eine rückläufige, centripetale abgelöst werde. Diese vorstellung beruht auf ungenauer beobachtung. Die bildung einer gemeinsprache, die man dabei im auge hat, vollzieht sich nicht durch eine allmählige angleichung der mundarten aneinander. Die gemeinsprache entspringt nicht aus den einzelnen mundarten durch den selben process, durch welchen eine jüngere form der mundart aus einer älteren entsprungen ist. Sie ist vielmehr ein fremdes idiom, dem die mundart aufgeopfert wird. Darüber im letzten capitel.

Cap. XIII.

Sprache und schrift.

Ueber die abweichungen der sprachlichen zustände in der vergangenheit von denen in der gegenwart haben wir keinerlei kunde, die uns nicht durch das medium der schrift zugekommen wäre. Es ist wichtig für jeden sprachforscher niemals aus den augen zu verlieren, dass das geschriebene nicht die sprache selbst ist, dass die in schrift umgesetzte sprache immer erst einer rückumsetzung bedarf, ehe man mit ihr rechnen kann. Diese rückumsetzung ist nur in unvollkommener weise möglich (auch dessen muss man sich stets bewust bleiben), soweit sie aber überhaupt möglich ist, ist sie eine kunst, die gelernt sein will, wobei die unbefangene beobachtung des verhältnisses von schrift und aussprache, wie es gegenwärtig bei den verschiedenen völkern besteht, grosse dienste leistet.

Die schrift ist aber nicht bloss wegen dieser vermittlerrolle object für den sprachforscher, sie ist es auch als ein wichtiger factor in der sprachentwickelung selbst, den wir bisher absichtlich nicht berücksichtigt haben. Umfang und grenzen ihrer wirksamkeit zu bestimmen ist eine aufgabe, die uns noch übrig bleibt.

Die vorteile, welche die geschriebene vor der gesprochenen rede in bezug auf wirkungsfähigkeit voraus hat, liegen auf der hand. Durch sie kann der enge kreis, auf den sonst der einfluss des individuums beschränkt ist, bis zur weite der ganzen sprachgenossenschaft anwachsen, durch sie kann er sich über die lebende generation hinaus, und zwar unmittelbar auf alle nachfolgenden verbreiten. Es ist kein wunder, dass diese in die augen stechenden vorzüge gewöhnlich bei weitem überschätzt werden, auch in der sprachwissenschaft überschätzt sind, weil es etwas mehr nachdenken erfordert sich auch diejenigen punkte klar zu machen, in denen die schrift hinter der lebendigen rede zurückbleibt.

Man unterscheidet gewöhnlich zwischen sprachen, deren aussprache von der schrift abweicht und solchen, in denen man schreibt wie man spricht. Wer das letztere anders als in einem sehr relativen sinne nimmt, der befindet sich in einem folgenschweren irrtum. Die schrift ist nicht nur nicht die sprache selbst, sondern sie ist derselben auch in keiner weise adäquat. Es handelt sich für die richtige auffassung des verhältnisses nicht um diese oder jene einzelne discrepanz, sondern um eine grundverschiedenheit. Wir haben oben s. 43 ff. gesehen, wie wichtig für die beurteilung der lautlichen seite der sprache die continuität in der reihe der hinter einander gesprochenen wie in der reihe der bildbaren laute ist. Ein alphabet dagegen, mag es auch noch so vollkommen sein, ist nach beiden seiten hin discontinuierlich. Sprache und schrift verhalten sich zu einander wie linie und zahl. So viele zeichen man auch anwenden mag und so genau man die entsprechenden articulationen der sprechorgane definieren mag, immer bleibt ein jedes [nicht zeichen für eine einzige, sondern für eine reihe unendlich vieler articulationsweisen. Und wenn auch der weg für den übergang von einer bezeichenten articulation zur andern bis zu einem gewissen grade ein notwendiger ist, so bleibt doch die freiheit zu mancherlei variationen. Und dann erst quantität und accent.

Die wirklich üblichen alphabete bleiben nun auch hinter dem erreichbaren weit zurück. Zweck eines nicht der wissenschaftlichen phonologie, sondern nur dem gewöhnlichen praktischen bedürfnisse dienenden alphabetes kann niemals sein die laute einer sprache von denen einer andern, ja auch nur die eines dialectes von denen eines andern unterscheidbar zu machen, sondern nur die innerhalb eines ganz bestimmten dialectes vorkommenden differenzen zu unterscheiden, und dieses braucht auch nur soweit zu geschehen, als die betreffenden differenzen von functionellem wert sind. Weiter gehen daher auch die meisten alphabete nicht. Es ist nicht nötig, die durch die stellung in der silbe, im worte, im satze, durch quantität und accent bedingten unterschiede zu bezeichnen, sobald nur die bedingenden momente in dem betreffenden dialecte immer die gleiche folge haben. Wenn z. b. im nhd. der harte s-laut in *lust, brust* etc. durch das gleiche zeichen widergegeben wird wie sonst der weiche s-laut, dagegen in *reiszen, flieszen* durch *sz* (*ss*), so beruht das allerdings auf einer historischen tradition (mhd. *lust — rîzen*), es ist aber doch sehr fraglich, ob die schreibung *sz* sich bewahrt haben würde, wenn nicht im silbenanlaut das bedürfniss vorhanden gewesen wäre zwischen dem harten und dem weichen laute zu scheiden (vgl. *reiszen — reisen, flieszen — fliesen*), während in der verbindung *st* das *st* stets hart ist, auch in formen aus wörtern, die sonst weiches *s* haben (*er reist* in der aussprache nicht geschieden von *er reiszt*). Dass die entstehung aus mhd. *z* nicht das allein massgebende gewesen ist, wird durch die schreibung im auslaut bestätigt. Auch hier ist kein unterschied der aussprache zwischen dem aus mhd. *s* und dem aus mhd. *z* entstandenen *s*; das *s* in *hasz, heisz* wird gesprochen wie das in *glas, eis.* Man schreibt nun *sz* im auslaut (für mhd. *z*) nur da, wo eytmologisch eng verwandte formen mit inlautenden harten *s* daneben stehen, also *heisz — heiszer* etc., dagegen *das* [1]), *es, alles, aus*, auch *blos* als adv. und *bischen* = ein wenig. Man schreibt auch nicht etwa *kreisz — kreises* = mhd. *kreiz — kreizes* u. dergl. Aus alledem ist klar, dass die scheidung der schreibweise nur von solchen fällen ausgegangen ist, in denen eine mehrfache aussprache in dem gleichen dialect möglich war. So ist auch bei der schriftlichen fixierung der meisten sprachen nicht das bedürfniss empfunden ein besonderes zeichen für den gutturalen und palatalen nasal zu verwenden, sondern man hat dafür das selbe zeichen wie für den dentalen angewendet, während der labiale sein besonderes hat. Ursache war, dass der gutturale und palatale nasal immer nur vor andern gutturalen oder palatalen vorkam, also in den verbindungen *nk, ng* etc., und in dieser stellung ausnahmslos galt, während der labiale und der dentale auch im auslaut und im an- und inlaut

---

[1]) Die ausnahme in der conjugation *dasz* erklärt sich aus dem differenzierungsbedürfniss der grammatiker.

vor vokalen üblich waren, daher von einander unterschieden
werden mussten. Im französischen, wo der guttural auch im
wortauslaut und im silbenauslaut vor labialen und dentalen
erscheint, ist auch wider kein dringendes bedürfniss zu einer
besondern bezeichnung vorhanden und würde eine solche kaum
eingeführt sein, auch wenn sonst ein strengerer anschluss an
die aussprache durchgedrungen wäre; denn gutturaler nasal
ist für den silbenauslaut ganz allgemeine regel. Es ist ferner
nicht nötig im nhd. zwischen dem gutturalen und palatalen
ch zu unterscheiden. Denn die aussprache ist durch den vorhergehenden vokal zweifellos bestimmt und wechselt danach
innerhalb des selben stammes: *fach — fächer, loch — löcher,
buch — bücher, sprach, gesprochen — sprechen, spricht.* Gäbe
es dagegen ein palatales *ch* auch nach *a, o, u,* ein gutturales
auch nach *e, i, ä, ö, ü,* so würde allerdings das bedürfniss
nach unterscheidung vorhanden und vielleicht auch befriedigt
sein. Noch weniger ist es notwendig solche unterschiede zu
bezeichenen, wie sie mit notwendigkeit durch die stellung im
silbenauslaut oder anlaut bedingt sind, z. b. bei den verschluss-
lauten, ob die bildung oder die lösung des verschlusses
hörbar ist. Ueberall schreibt man *kk, tt, pp,* während man
doch nicht zweimal die gleiche bewegung ausführt, sondern
die zweite die umkehr der ersten ist. Nirgends haben auch
die vielfachen ersparungen in der bewegung bei dem über-
gange von einem laute zum andern einen lautlichen ausdruck
gefunden, vgl. darüber Sievers, Grundzüge der lautphysiologie s. 84 ff.

Allerdings gibt es auch einige alphabete, z. b. das des
sanskrit, die über das mass dessen, was das unmittelbare
praktische bedürfniss erheischt, hinausgehen und strengeren
ansprüchen der lautphysiologie genüge leisten, indem sie auch
in solchen fällen ähnliche, aber doch nicht gleiche laute
auseinander halten, wo die unterscheidung für den der
sprache mächtigen, auch ohne rücksicht auf sinn und zusammenhang sich von selbst versteht. Viel häufiger aber sind
solche alphabete, die auch hinter der bezeichenten billigen
anforderung noch zurück bleiben. Die hauptursache solcher
mangelhaftigkeit ist die, dass fast sämmtliche völker nicht
sich selbständig ihr alphabet den bedürfnissen ihrer sprache

gemäss erschaffen, sondern das alphabet einer fremden sprache
der ihrigen, so gut es gehen wollte, angepasst haben. Dazu
kommt dann, dass in der weiteren entwickelung der sprache
neue differenzen entstehen können, die bei der einführung des
alphabetes nicht vorgesehen werden konnten. Die selben gründe
können übrigens auch einen unnützen überfluss erzeugen. Beides,
überfluss und mangel sind häufig nebeneinander. Als
exempel kann das neuhochdeutsche dienen. Mehrfache zeichen
für den gleichen laut sind $c - k - ch - q$, $c - z$, $f - v$,
$v - w$, $s - sz$, $ä - e$, $ai - ei$, $äu - eu$, $i - y$. Ein
zeichen, welches verschiedene laute bezeichnen kann, ohne
dass dieselben durch die stellung ohne weiteres feststehen, ist
e, welches sowohl = französisch $é$ als = französisch $è$ sein
kann. In dem verhältniss von $ä$ und e zeigen sich also luxus
und mangel vereinigt. Aehnlich ist es mit v (allerdings nur
in fremdwörtern) in seinem verhältniss zu f und w. Auch ch
kann in fremdwörtern verschiedene geltung haben (chor —
charmant). Zur bezeichnung der vokallänge sind mehrere mittel
in anwendung, doppelschreibung, h und e (nach i), und doch
bleibt sie in so vielen fällen unbezeichnet. Diese übelstände
sind zum teil so alt wie die aufzeichnung deutscher sprach-
denkmale, und machten sich früher in noch störenderer weise
geltend. Andere, die früher vorhanden waren, sind allmählig
geschwunden. So war es gleichfalls eine vereinigung von luxus
und mangel, wenn u und v, i und j jedes sowol zur bezeichnung des vokales als des reibelautes verwendet wurden und
nach rein graphischen traditionen mit einander wechselten. In
den mittelhochdeutschen handschriften sind $o - ö$, u ($ü$) —
$ü$ (iu) — uo, $üe$ nicht von einander geschieden. Und so könnte
man noch weiter in der aufzählung von unvollkommenheiten
fortfahren, an denen die deutsche orthographie in den verschiedenen perioden ihrer entwickelung gelitten hat.

Nimmt man nun hinzu, dass die accentuation entweder
gar nicht oder nur sehr unvollkommen bezeichnet zu werden
pflegt, so ist es wol klar, dass auch diejenigen unter den üblichen schriftlichen fixierungen, in denen das phonetische princip
nicht durch die rücksicht auf die etymologie und den lautstand
einer älteren periode beeinträchtigt ist, ein höchst unvollkom-
menes bild von der lebendigen rede geben. Die schrift

verhält sich zur sprache etwa wie eine grobe skizze zu einem mit der grössten sorgfalt in farben ausgeführtem gemälde. Die skizze genügt um demjenigen, welchem sich das gemälde fest in die erinnerung eingeprägt hat, keinen zweifel darüber zu lassen, dass sie dieses vorstellen soll, auch um ihn in den stand zu setzen die einzelnen figuren in beiden zu identificieren. Dagegen wird derjenige, der nur eine verworrene erinnerung von dem gemälde hat, diese an der skizze höchstens in bezug auf einige hauptpunkte berichtigen und ergänzen können. Und wer das gemälde niemals gesehen hat, der ist selbstverständlich nicht im stande, detailzeichnung, farbengebung und schattierung richtig hinzuzudenken. Würden mehrere maler zugleich versuchen nach der skizze ein ausgeführtes gemälde herzustellen, so würden ihre erzeugnisse stark von einander abweichen. Man denke sich nun, dass auf dem originalgemälde tiere, pflanzen, geräte etc. vorkamen, welche sie niemals in ihrem leben in der natur oder in getreuen abbildungen gesehen haben, die aber eine gewisse ähnlichkeit mit andern ihnen bekannten gegenständen haben, würden sie nicht nach der skizze auf ihrem eigenen gemälde diese ihnen bekannten gegenstände unterschieben? So ergeht es notwendigerweise demjenigen, der eine fremde sprache oder einen fremden dialect nur in schriftlicher aufzeichnung kennen lernt und danach zu reproducieren versucht. Was kann er anders tun als für jeden buchstaben und jede buchstabenverbindung den laut und die lautverbindung einsetzen, die er in seinem eigenen dialect damit zu verbinden gewohnt ist, und nach den principien desselben auch quantität und accent zu regeln, soweit nicht abweichungen ausdrücklich durch ihm verständliche zeichen hervorgehoben sind? Darüber ist man ja auch allgemein einverstanden, dass bei der erlernung fremder sprachen, auch wenn sie sich der gleichen buchstaben bedienen, mindestens eine detaillierte beschreibung des lautwertes erforderlich ist, und dasz auch diese, zumal wenn sie nicht auf lautphysiologischer basis gegeben wird, nicht das vorsprechen ersetzen kann. Selbstverständlich aber ist das gleiche bedürfniss vorhanden, wenn uns eine richtige vorstellung von den lauten eines dialectes beigebracht werden soll, der mit dem unsrigen zu der selben grösseren gruppe gehört. Es kommt darauf an die daraus sich ergebenden consequenzen nicht zu übersehen.

Auf einem jeden in viele dialecte gespaltenen sprachgebiete existieren in der regel eine grosse anzahl verschiedener lautnuancen, jedenfalls, auch wenn man nur das deutlich unterscheidbare berücksichtigt und alle schwer merklichen feinheiten bei seite lässt, sehr viel mehr, als das gemeinsame alphabet, dessen man sich bedient, buchstaben enthält. In jedem einzelnen dialecte aber existiert immer nur ein bestimmter bruchteil dieser nuancen, indem die nächstverwandten sich vielfach ausschliessen, so dass sich ihre zahl, wenn man diejenigen nur für eine rechent, die zu scheiden das praktische bedürfniss nicht erfordert, ungefähr mit der zahl der zur verfügung stehenden buchstaben decken mag. Wenn unter so bewandten umständen an verschiedenen punkten aufzeichnungen in der heimischen mundart gemacht werden, so ist gar kein anderes verfahren denkbar, als dass jeder buchstabe gerade für diejenige species einer grösseren gattung von lauten verwendet wird, die gerade in der betreffenden mundart vorkommt, also hier für diese, dort für jene. Dabei kommt es auch vor, dass wenn zwei nahe verwandte species in einem dialecte neben einander vorkommen, ein zeichen für beide ausreichen muss, während umgekehrt von zwei für die übrigen dialecte unentbehrlichen zeichen für den einen oder andern das eine entbehrlich sein kann. Wir brauchen uns nur einige der wichtigsten derartigen fälle anzusehen, wie sie auf dem deutschen sprachgebiete vorkommen, wobei es sich nicht bloss um die eigentliche mundart, sondern auch um die sprache des grössten teiles der gebildeten handelt. Der unterschied zwischen harten und weichen geräuschlauten besteht in Oberdeutschland so gut wie in Niederdeutschland. Aber während er dort auf der grösseren oder geringeren energie der exspiration beruht, kommt hier[1]) noch ein weiteres charakteristicum hinzu, das fehlen oder vorhandensein des stimmtons. Das obersächsische und thüringische aber kennen weder eine unterscheidung durch den stimmton,

---

[1]) Auf genauere grenzbestimmungen, die zu geben mir unmöglich ist, kommt es natürlich hier und im folgenden nicht an. Die tatsache ist zuerst festgestellt von Winteler, Grammatik der Kerenzer mundart, s. 20 ff.

noch durch die energie der exspiration. Demnach bezeichent
also z. b. *b* für den Oberdeutschen einen andern laut (tonlose
lenis) als für den Niederdeutschen (tönende lenis) und wider
einen andern für den Obersachsen (tonlose fortis). Auch *k, t,*
p bezeichnen in gewissen stellungen für den Obersachsen und
Thüringer einen andern laut (hauchlose fortis) als für die
masse der übrigen Deutschen (aspirata)[1]. Das *w* spricht der
Niederdeutsche als labio-dentalen, der Mitteldeutsche als labio-
labialen geräuschlaut, der Alemanne als consonantischen vokal.
Das *s* im wortanlaut vor *t* und *p* wird in einem grossen teile
Niederdeutschlands als hartes *s*, im übrigen Deutschland wie
sonst *sch* gesprochen. Das *r* ist in einem teile lingualer, in
dem andern uvularer laut, und noch mannigfache sonstige
variationen kommen vor. Das *g* wird in einem teile Nieder-
und Mitteldeutschlands, auch in einigen oberdeutschen gegenden
als gutturaler oder palataler reibelaut gesprochen, entweder
durchweg oder nur im inlaut. Von jeher ist *g* in den germanischen dialecten sowol zeichen für den verschlusslaut als
für den reibelaut gewesen. Den unterschied in der aussprache
des *ch* nach der natur des vorhergehenden vokales kennt das
alemannische nicht. Dagegen macht es einen unterschied
zwischen *f* = nd. *p* und *f* = nd. *f*, den andere gegenden
nicht kennen.

Wo die gleichheit des zeichens bei abweichung
der aussprache zusammentrifft mit etymologischer
gleichheit, da ist in der schrift ein dialectischer unterschied verdeckt. Da dies sehr häufig der fall ist, zumal
wenn man auch die vielen im einzelnen weniger auffallenden,
aber doch im ganzen sich bemerkbar machenden abweichungen
mit in betracht zieht, da ferner meist die quantität, da vor
allem die modulationen der tonhöhe und der exspirationsener-
gie unbezeichnet bleiben, so muss man zugestehen, dass es ein
erheblicher teil der dialectischen differenzen ist, der in der
schrift nicht zur geltung kommt. Gerade das macht die
schrift als verständigungsmittel für den grossen verkehr noch
besonders brauchbar. Aber es macht sie gleichzeitig unge-
eignet zur beeinflussung der aussprache, und es ist eine ganz

---

[1] Vgl. Kräuter, Zschr. f. vgl. sprachforschung 21, 30 ff.

irrige meinung, dass man mit dem geschriebenen worte in
der selben weise in die ferne wirken könne wie mit dem gesprochenen in die nähe.

Wie kann einer z. b. wissen, wenn er das zeichen *g* geschrieben sieht, welche unter den mindestens sieben in Deutschland vorkommenden deutlich unterscheidbaren und zum teil
stark von einander differierenden aussprachen die des auf-
zeichners gewesen ist? Wie kann er überhaupt aus der
blossen schreibung wissen, dass so vielerlei aussprachen existieren? Was kann er anders tun als die in seiner heimat
übliche aussprache dafür einsetzen?

Nur die gröbsten abweichungen von der eigenen
mundart kann man aus der schrift ersehen, aber auch
ohne dass man über die specielle beschaffenheit der abweichenden laute etwas sicheres erfährt. Soweit man die abweichungen
erkennt, ist man natürlich auch im stande sie nachzuahmen.
Das kann dann aber nur geschehen mit vollem bewustsein und
mit voller absichtlichkeit, indem sich das nachahmen des
fremden dialects als etwas gesondertes neben die ausübung
des eigenen stellt. Es ist das ein vorgang, der sich von der
aneignung einer fremden sprache nur dem grade, nicht der
art nach unterscheidet, der dagegen ganz verschieden ist von
jenem unbewusten sichbeeinflussenlassen durch die sprache
seiner verkehrsgenossen, wie es s. 51 ff. geschildert ist. Grund-
bedingung für dasselbe war eben der kleine raum, innerhalb
dessen sich die differenzen der einzelnen von einander bewegen,
und die unendliche abstufungsfähigkeit der gesprochenen laute.
Innerhalb der sphäre, in welcher diese art der beeinflussung
ihre stelle hat, zeigt die schrift noch gar keine differenzen und
ist deshalb unfähig zu wirken.

Und wie mit der wirkung in die ferne, so ist es mit der
wirkung in die zukunft. Es ist blosse einbildung, wenn
man meint in der schrift eine controlle für lautveränderungen
zu haben. So gut wie an verschiedenen orten ziemlich stark
von einander verschiedene laute mit dem gleichen buchstaben
bezeichnet werden können, eben so gut und noch leichter kann
das an dem selben orte zu verschiedenen zeiten geschehen.
Kein buchstabe steht ja mit einem bestimmten laute in einem
realen zusammenhange, der sich für sich zu erhalten im stande

wäre, sondern der zusammenhang beruht lediglich auf der association der vorstellungen. Man verbindet mit jedem buchstaben die vorstellung eines solchen lautes, wie er gerade zur zeit üblich ist. Der vorgang beim natürlichen lautwandel ist nun der, wie wir s. 47 ff. gesehen haben, dass sich an stelle dieser vorstellung unmerklich eine etwas abweichende unterschiebt, die nun der folgenden generation von vornherein als mit dem buchstaben verbunden überliefert wird. Das mit dem buchstaben verbundene lautbild kann daher keinen hemmenden einfluss auf den lautwandel ausüben, weil es selbst durch diesen verschoben wird. Und natürlich überträgt man jederzeit den eben geltenden lautwert eines buchstaben auch auf die aufzeichnungen der vergangenheit. Irgend ein mittel den früheren lautwert mit dem jetzigen zu vergleichen gibt es überhaupt nicht. Dass mit hülfe wissenschaftlicher untersuchungen etwaige conjecturen über die abweichungen gemacht werden können, kommt natürlich hier nicht in betracht. In der regel kann sich auch die veränderte aussprache mit unveränderter schreibweise lange vertragen ohne dass daraus irgend welche unzuträglichkeiten entstehen. Jedenfalls stellen sich solche erst heraus, wenn die veränderung eine sehr starke geworden ist. Dann aber ist eine veränderung der sprache nach der schrift, wenn überhaupt, nur mit bewuster absicht möglich, und eine derartige veränderung würde wider etwas der natürlichen entwickelung durchaus widersprechendes sein. So lange diese ungestört ihren weg geht bleibt nichts anderes übrig als die unbequemlichkeiten weiter zu tragen oder die orthographie nach der sprache zu ändern.

Es ist nun auch mit allen den besprochenen mängeln der schrift noch lange nicht der grad gekennzeichnet, bis zu welchem das missverhältniss zwischen schrift und aussprache gelangen kann. Wir haben bisher eigentlich immer nur den zustand im auge gehabt, der in der periode besteht, wo die sprache erst anfängt schriftlich fixiert zu werden, wo jeder schreibende noch selbständig mit an der schöpfung der orthographie arbeitet, indem zwar ungefähr feststeht, welches zeichen für jeden einzelnen laut zu wählen ist, aber nicht, wie das wort als ganzes zu schreiben ist, so dass es der schreiber immer erst, so gut es angehen will, in seine elemente zerlegen und die diesen elementen entsprechenden buchstaben zusammensetzen muss. Es ist aber keine frage, das bei reichlicher übung im schreiben und lesen das verfahren immer mehr ein abgekürztes wird. Ursprünglich ist die verbindung zwischen den lautzeichen und der bedeutung immer durch die vorstellung von den lauten und durch das bewegungsgefühl vermittelt. Sind aber beide erst häufig durch diese vermittelung an einander gebracht, so gehen sie eine directe verbindung ein und die vermittelung wird entbehrlich. Auf dieser directen verbindung beruht ja die möglichkeit des geläufigen lesens und schreibens. Man kann das leicht durch eine gegenprobe constatieren, indem man jemandem aufzeichnungen in einem dialecte vorlegt, der ihm vollständig geläufig ist, den er aber bisher immer nur gehört hat; er wird immer erst einige mühe haben sich zurechtzufinden, zumal wenn die aufzeichnungen sich nicht genau an das system der schriftsprache mit allen übelständen desselben anschliessen. Und noch viel mehr kann man ihn in verlegenheit setzen, wenn man ihm aufgibt einen solchen dialect, sei es auch derjenige, den er von kind auf gesprochen hat, selbst in der schrift zu verwenden. Er wird eine wirkliche lösung der aufgabe immer dadurch umgehen, dass er sich in ungehöriger weise von der ihm geläufigen orthographie der schriftsprache beeinflussen lässt. Das zeigen alle modernen dialectdichter. Diesen hintergrund der jetzt immer als analogon dienenden schriftsprachlichen orthographie müssen wir uns noch wegdenken, wenn wir uns den unterschied klar machen wollen zwischen der stellung, die wir jetzt der niederschrift unserer gemeinsprache gegenüber einnehmen, und derjenigen, welche etwa die althochdeutschen schreiber bei aufzeichnung ihres dialectes einnahmen. Man wird dann auch nicht leicht vornehm auf das ungeschick unserer vorfahren herabsehen. Man wird vielmehr finden, zumal wenn man nicht alles durcheinander wirft, sondern den schreibgebrauch eines jeden einzelnen für sich untersucht, dass sie die laute richtiger beobachteten, als es heutzutage zu geschehen pflegt und das aus einem grunde, der von anderer seite her betrachtet als ein mangel den heutigen verhältnissen gegenüber erscheint: ihnen stand noch keine festgeregelte orthographie objectiv gegenüber,

ihnen wurde daher auch nicht der unbefangene sinn für den
laut durch den stäten hinblick auf eine solche orthographie
verwirrt. Das will aber ungefähr eben so viel sagen als: sie
konnten der vermittlung des lautbildes zwischen schriftbild
und bedeutung noch nicht entbehren.

Beides steht in der engsten wechselbeziehung zu einander.
Wenn jetzt die directe verbindung zwischen schriftbild und
bedeutung bei allen einigermassen gebildeten eine sehr starke
ist, so ist das zu einem guten teile ·der constanz unserer orthographie zu danken. Man sieht das namentlich an solchen
wörtern, die in der aussprache gleich, in der schrift verschieden
sind. Jede abweichung in der orthographie, mag sie auch
vom phonetischen standpunkte aus eine entschiedene verbes-
serung sein, erschwert das verständniss. Wenn das ein
schlagender· beweis für die directe verbindung von schrift und
aussprache ist, so muss anderseits der negative schluss daraus
gezogen werden: je weniger constant die schrift, je weniger
ist directe verbindung zwischen ihr und der bedeutung möglich. Der mangel an constanz kann auf unpassender beschaffenheit des zu· gebote stehenden materials oder ungeschick der
schreiber beruhen, indem etwa mehrere zeichen in der gleichen
verwendung mit einander wechseln oder umgekehrt ein zeichen
bald in dieser, bald in jener verwendung auftritt, oder auf
dem fehlen regelnder autoritäten, die eine zusammenfassung
und einigung der verschiedenen orthographischen bestrebungen
ermöglichen könnten. Er kann aber auch gerade aus lautphysiologischer vollkommenheit und consequenz entspringen.
Wenn z. b. die schreibung des stammes in den verschiedenen
formen mit dem laute wechsel (mhd. *tac — tages, neigen —
neicte* etc.), oder wenn gar wie im sanskrit die schreibung
einer und derselben form mit der stellung im satze wechselt,
so stehen der gleichen bedeutung eine anzahl variationen der
schreibung gegenüber, und in folge davon ist es nicht möglich,
dass sich ein gauz bestimmtes schriftbild mit der ersteren
verbindet. So lange die constanz der schreibung fehlt, ist mit
aller übung im lesen und schreiben die directe verbindung
nicht vollkommen zu machen. Zugleich aber wirkt eben die
übung darauf hin allmählig eine grössere constanz herbeizuführen. Jeder fortschritt der ersteren kommt auch der letzteren

zu gute und jeder fortschritt in der letzteren erleichtert die erstere.

So ist denn auch der natürliche entwickelungsgang der schreibweise einer sprache fortgang zu immer grösserer constanz, auch auf kosten der lautphysiologischen genauigkeit. Freilich geht es nicht immer in dieser richtung ganz gleichmässig vorwärts. Namentlich starke lautveränderungen rufen oft ablenkungen und rückläufige bewegungen hervor. Es sind drei mittel, mit hülfe deren sich die schreibung zur constanz durcharbeitet: beseitigung des schwankens zwischen mehreren verschiedenen schreibweisen, berücksichtigung der etymologie, festhalten an der überlieferung den lautveränderungen zum trotz. Das erste mittel ist auch vom phonetischen gesichtspunkte betrachtet häufig ein fortschritt oder wenigstens kein rückschritt, nicht selten wird aber damit über das phonetische princip hinausgegriffen, die beiden andern sind directe durchbrechungen dieses principes. Natürlich aber bleibt daneben doch immer die tendenz wirksam sprache und schrift in grössere übereinstimmung mit einander zu setzen, welche tendenz teils in der beseitigung anfänglicher mängel, teils in der reaction gegen die in einem fort durch den lautwandel sich erzeugenden neuen übelstände sich bestätigt. Indem sie in dem meisten fällen mit dem streben nach constanz in conflict gerät, so zeigt die geschichte der orthographie das schauspiel eines ewigen kampfes zwischen diesen beiden tendenzen, wobei der jeweilige zustand einen massstab für das derzeitige kraftverhältniss der parteien gibt.

Verfolgen wir die bewegung ins einzelne, so zeigen sich merkwürdige analogieen zur entwickelung der sprache neben beachtenswerten verschiedenheiten. Die letzteren beruhen hauptsächlich auf folgenden punkten. Erstens geschehen die veränderungen in der orthographie mit viel mehr bewustsein und absichtlichkeit als die der sprache; doch muss man sich hüten diese absichtlichkeit zu überschätzen. Zweitens ist bei dem kampfe um die orthographie nicht wie bei dem um die sprache die ganze sprachgenossenschaft beteiligt, sondern jedenfalls nur der schreibende (resp. druckende oder drucken lassende) teil derselben und dabei die einzelnen in sehr ver-

schiedenem grade und mit sehr verschiedenen kräften; es
macht sich in viel stärkerem grade als in der sprache das
übergewicht bestimmter individuen geltend. Drittens, weil die
wirkungsfähigkeit nicht an die räumliche nähe gebunden ist,
so können sich auf orthographischem gebiete ganz andere ver-
zweigungen der gegenseitigen beeinflussungen herausstellen als
auf sprachlichem. Viertens stehen die orthographischen veränderungen dadurch in entschiedenem gegensatz zum lautwandel, dass sie nicht in feinen abstufungen, sondern immer
nur sprungweise vor sich gehen können.

Betrachten wir zunächst die beseitigung des schwankens
zwischen gleichwertigen lautzeichen. Ein solches
schwanken kann auf mehrfache weise entstehen. Entweder
sind die zeichen schon in der sprache, der man das alphabet
entlehnt, gleichwertig verwendet worden. So verhält es sich
im ahd. mit den doppelheiten $i — j,\ u — v,\ k — c,\ c — z$.
Oder zwei zeichen haben zwar in dieser sprache verschiedenen
wert, es fehlt aber der sprache, die sie entlehnt an einem
einigermassen entsprechenden unterschiede, so dass nun beide
auf einen laut fallen. Namentlich kommen sie dann leicht
beide in gebrauch, wenn der eine laut der eigenen sprache
zwischen den zweien der fremden mitten inne liegt. So gab
es im oberdeutschen zur zeit der einführung des lateinischen
alphabetes in der guttural und labialreihe keinen dem lateinischen zwischen tönender media und tenuis vollkommen entsprechenden unterschied, im silbenanlaut auch nicht einmal
einen annähernd entsprechenden, sondern nur einen laut, der
sich von der lateinischen media durch mangel des stimmtons,
von der tenuis durch schwächeren exspirationsdruck unterschied.
Daher ist ein schwanken zwischen g und k, b und p entstanden.
Auch das schwanken zwischen f und v (u) und im mitteldeutschen das schwanken zwischen v und b ist auf ähnliche
weise entstanden. Ferner ergeben sich doppelzeichen erst im
laufe der weiteren entwickelung dadurch, dass zwei ursprünglich verschiedene laute zusammenfallen und ihre beiderseitigen
bezeichnungen dann mit einander ausgetauscht werden. So
fallen z. b. im späteren mittelhochdeutsch hartes s und z zusammen, und man schreibt dann auch *sas* für *saz* und umgekehrt *huz* *für* *hus* etc., letzteres allerdings von anfang an

seltener. Endlich aber kann spaltung durch verschiedene entwickelung des selben schriftzeichens eintreten, man vergleiche
lat. *i — j, u — v,* in unserer fracturschrift ſ und ẛ. Besonders
gross kann die mannigfaltigkeit werden, wenn in einer spätern
periode auf eine ältere entwickelungsstufe zurückgegriffen wird,
wie wir es z. b. an dem gebrauche der majuskeln neben den
minuskeln sehen.

Der auf diese weise entstehende luxus wird auf analoge
weise beseitigt wie der luxus von wörtern und formen. Die
einfachste art ist die, dass das eine zeichen sich allmählig
ganz aus dem gebrauche verliert. Die andere art besteht in
der differenzierung der anfänglich untermischt gebrauchten
zeichen. Dieselbe kann sich innerhalb des phonetischen princips halten, indem mit dem luxus ein dicht danebenstehender
mangel ausgeglichen wird, z. b. wenn im nhd. *i, u* und *j, v*
allmählig als vokal und consonant geschieden werden. Nicht
selten wird für die unterscheidung die stellung des lautes
innerhalb des wortes massgebend, ohne dass ein phonetischer
unterschied vorhanden ist, oder wenigstens ohne dass ein
solcher von den schreibenden bemerkt ist, so wenn *j* und *v*
lange zeit hindurch hauptsächlich im wortanlaut (auch für den
vokal) gebraucht werden; wenn *c* im mhd. (von den verbindungen *ch* und *sch* abgesehen) ganz überwiegend auf den
silbenauslaut beschränkt wird (*sac, tac, neicte, sackes*) und
dann im nhd., weil es in den übrigen fällen durch etymologische schreibweise verdrängt wird, nur noch in der gemination
(*ck*) verwendet wird; wenn im mhd. *f* vor *r, l* und vor *u* und
verwandten vokalen viel häufiger gebraucht wird als vor *a,
e, o.* Eine dritte weise endlich besteht darin, dass ohne phonetische oder graphische motivierung sich nach zufall und
willkühr in dem einen worte diese, in dem andern jene schreibweise festsetzt. Auf diese weise regelt sich im nhd. das verhältniss von *f — v* (*fall — vater* etc.), *t — th* (*tuch — thun,
gut — muth* etc.), *r — rh, ai — ei,* ferner das verhältniss
zwischen bezeichnung der länge und nichtbezeichnung und
zwischen den verschiedenen weisen der bezeichnung (*nehmen
— geben, aal — wahl, viel — ihr* etc.). Ein wesentliches
moment dabei und ein haupthinderungsgrund, der es nicht
zur durchführung einer einheitlichen schreibung hat kommen

lassen, der sich ja auch neuerdings immer wieder einer conse-
quenten reform der orthographie in den weg stellt, ist das
bestreben gleichlautende wörter von verschiedener bedeutung
zu unterscheiden. Man vgl. unter andern *ferse* — *verse*, *fiel*
viel, tau — *thau, ton* — *thon, rein* — *Rhein, rede* — *rhede, laib*
— *leib, Main* — *mein, rain* — *rein, los* — *loos, mal* — *mahl,*
malen — *mahlen, war* — *wahr, sole* — *sohle, stil* — *stiel,*
aale — *ahle, heer* — *hehr, meer* — *mehr, moor* — *mohr.* Darüber, dass sogar verschiedene bedeutungen ursprünglich
gleicher wörter so unterschieden werden, vgl. man oben s. 85.
Hierher gehört auch die festsetzung der früher beliebig zur
hervorhebung verwendeten majuskeln als anfangsbuchstaben
für die substantiva. Auch hierin zeigt sich die tendenz die
schrift zu unterscheidungen zu benutzen, welche die aussprache
nicht kennt. Diese weise der differenzierung ist eines der am
meisten charakteristischen zeichen für die verselbständigung
der geschriebenen gegenüber der gesprochenen sprache. Sie
kommt auch erst da vor, wo eine wirkliche schriftsprache
sich von den dialecten losgelöst hat, und ist das product
grammatischer reflexion. Bemerkenswert aber ist, dass auch
diese reflexion nicht erst verschiedenheiten der schreibweise
für ihre unterscheidungen schafft, sondern nur die zufällig entstandenen variationen für ihre zwecke benutzt. Wo keine
solche variationen vorhanden sind, kann auch der differen-
zierungstrieb nicht zur geltung kommen, vgl. z. b. die oben
s. 81 angeführten homonyma. Uebrigens zeigt er sich auch nicht
in allen denjenigen fällen wirksam, wo man es erwarten könnte.
Wie die unphonetische differenzierung, so macht sich auch
die einwirkung der etymologie am kräftigsten und consequen-
testen in der schriftsprache geltend, ist aber doch öfter auch
schon in mundartlichen aufzeichnungen nicht zu verkennen.
Wir können die verdrängung einer älteren phonetischen schreibweise durch eine etymologische mit der analogiebildung vergleichen, durch welche bedeutungslose lautunterschiede ausgeglichen werden, ja wir dürfen sie geradezu als eine auf die
geschriebene sprache beschränkte analogiebildung bezeichnen,
für die denn auch eben die gesetze gelten, die wir schon
kennen gelernt haben. Auch hier natürlich ist nicht das etymologische verhältniss an sich massgebend, sondern die grup-

pierungsverhältnisse auf dem dermaligen stande der sprache. Isolierung schützt vor der ausgleichung, und umgekehrt bewirkt secundäre annäherung von laut und bedeutung hinüberziehung in die analogie.

Betrachten wir von diesem gesichtspunkte aus die wichtigsten fälle, in denen das nhd. die phonetische schreibweise des mhd. verlassen und ausgleichung hat eintreten lassen. Im mhd. wird die media im auslaut und vor harten consonanten in der schrift[1]) wie in der aussprache tenuis, im nhd. nur in der aussprache, nicht in der schrift: mhd. *tac, leit, gap, neicte* = mhd. *tag, leid, gab, neigte.* Bewahrung der mittelhochdeutschen regel haben wir in *haupt* (= *houbet, houpt*), *behaupten,* weil keine verwandten formen mit nicht syncopiertem vokal mehr daneben stehen; in dem eigennamen *Schmitt, Schmidt;* in *schultheiss,* wo die zusammensetzung mit *schuld* nicht mehr empfunden wird. Im mhd. wird consonantengemination im auslaut und vor einem andern consonanten nicht geschrieben: *man — mannes, brante — brennen.* Das nhd. schreibt die gemination, wo etymologisch eng verbundene formen das muster dazu geben: *mann, brannte, männlich, männchen,* (doch schon nicht mehr in *brand, brunst* und dergl.); jedoch im pron. *man,* ferner *brantewein, brantwein* (nicht mehr als *gebrannte wein* verstanden); dagegen mit jüngerer anlehnung an *herr: herrlich, herrschaft, herrschen* mhd. *hêrlich, hêrschaft, hêrsen aus hêr* = nhd. *hehr.* Im mhd. wird zwar der umlaut des langen *a* meist als *æ* vom *ê* geschieden, aber der des kurzen mit *e* bezeichnet. Im nhd. wird *ä* auch für den umlaut des ursprünglich kurzen, jetzt vielfach gedehnten lautes gebraucht, wenn man sich der beziehung zu einer nichtumgelauteten form aus der gleichen wurzel noch deutlich bewust ist, also *vater — väter, väterchen, väterlich, kraft — kräfte, kräftig, glas — gläser, gläsern, kalt — kälter, kälte, land — gelände, arg — ärger, ärgern, fahre — fährst, fährt,* ebenso im diphthongen *baum — bäume, haut — häute, häuten, bärenhäuter* (mhd. *hût — hiute*); dagegen *erbe, ente* (mhd. *ant,* gen. *ente*), *enge, engel, besser, regen* (verb.), wiewol auch mit offenem *e* ge-

---

[1]) Allerdings in den handschriften nicht so regelmässig als in den kritischen ausgaben.

sprochen, *leute* etc., weil hier unumgelautete verwandte formen fehlen. Beachtenswert ist die verschiedenheit von *ligen* — *legen*, *winden* — *wenden* etc. und *hangen* — *hängen, fallen* — *fällen;* bei den ersteren findet sich zwar auch *a* im prät. (*lag, wand*), aber es wird nur präs. zu präs. in beziehung gesetzt. Wo der gruppenverband gelöst oder wenigstens stark gelockert ist, bleibt *e*, vgl. *vetter* zu *vater, gerben* zu *gar, scherge* zu *schar, hegen, gehege, hecke* zu *hag, heu* zu *hauen, fertig* zu *fart* (dagegen *hoffärtig*), *eltern* gegen *älteren, behende* gegen *hände, ausmerzen* zu *märz* (*ä* mit rücksicht auf das lateinische *a*), *strecke* zu *stracks*. Die ausgleichung tritt ferner nicht ein, wo die umgelautete form als das primäre erscheint, vgl. *brennen* — *brannte, nennen* — *nannte* etc. Es lässt sich auch die beobachtung machen, dass der hinzutritt einer weiteren lautlichen verschiedenheit hemmend wirkt, daher *hahn* — *henne, nass* — *netzen, henken, henker* gegen *hängen*. Anderseits wird das *e* in einigen fällen auch da, wo es gar nicht durch umlaut entstanden, sondern = urgerm. *e* (*ë*) ist, doch als solcher aufgefasst, wenn gerade ein wort mit *a* daneben steht, wovon das mit *e* abgeleitet scheinen kann; vgl. *rächen* (mhd. *rëchen*) auf *rache* (mhd. *râche*), *schämen* (mhd. *schëmen*) auf *scham, wägen, erwägen* (durch vermischung von mhd *wëgen* mit *wegen* entstanden) auf *wage* bezogen (dagegen *bewegen*) [1]).

Auch bei der oben s. 259 besprochenen regelung von schwankungen spielt das etymologische verhältniss eine wesentliche rolle. Man schreibt natürlich *fahren* — *fahrt* — *gefährte* — *furt* etc. mit durchgängigem *f*. Wo *h* als dehnungszeichen gebraucht wird, wird es in der regel in allen verwandten formen bei wechselndem vokalismus durchgeführt, vgl. *nehmen* — *nahm* — *genehm* — *übernahme, befehle* — *befiehlt* — *befahl* — *befohlen* — *befehl* etc. Als beispiele für isolierung mögen dienen *zwar* (= mhd. *zenâre*) gegen *wahr, drittel, viertel* etc. gegen *theil, vertheidigen* (aus *tagedingen*) gegen *tag*.

Diese ausgleichung ist aber in der regel in bestimmte

---

[1]) Die richtigkeit der obigen ausführungen leidet dadurch keinen abbruch, dass das *â* statt *e* und *ë* sich auch noch in einigen andern fällen findet, wo es nicht durch beziehung auf ein *a* motiviert ist. Teilweise kommt dabei auch das streben nach differenzierung in betracht, vgl. z. b. *währen, gewähren, gewähr* — *wehren, gewehr*.

grenzen eingeschlossen, indem sie nur da eintritt, wo die aussprache dadurch nicht zweifelhaft werden kann. Man kann im nhd. ohne schaden *lebte* mit *b* schreiben, weil die sprache im silbenauslaut überhaupt keine unterscheidung zwischen *b* und *p* kennt. Aber man darf z. b. ein längezeichen nur soweit durch die verwandten formen durchführen, als der vokal wirklich lang ist (also *genommen* zu *nehmen*, *furt* zu *fahren*), und die gemination nur so lange, als der vorhergehende vokal kurz ist (also *kam* zu *kommen*, *fiel* zu *fallen*).

Uebrigens wirkt die analogie (und darin besteht ein unterschied von den verhältnissen der gesprochenen sprache) auch schützend gegen veränderungen der älteren schreibweise. Das lässt sich besonders an der französischen orthographie beobachten. Wenn die im auslaut verstummten consonanten in der schreibung bewahrt werden, so ist die ursache die, dass meistens verwandte formen daneben stehen, in denen man sie noch spricht, und dass sie auch in der selben form gesprochen werden, wenn ein mit vokal anlautendes wort sich eng anschliesst. Würde man z. b. *fai, lai, gri, il avai, tu a* schreiben, so würde ein klaffender gegensatz zu *faite, laide, grise, avait-il, tu as été* eintreten, wie er allerdings in *il a* — *a-t-il* nicht vermieden ist. So würde auch die gleichmässigkeit der schreibung gestört werden, wenn man für den gutturalen nasal ein besonderes zeichen einführen wollte; es dürfte *un* in *un père* und *un ami* nicht mehr übereinstimmend geschrieben werden. Wollte man ferner den nasalierten vokal von dem nichtnasalierten unterscheiden, so müsste man in *cousin* und *cousine*, *un* und *une*, *ingrat* und *inégal* verschiedene zeichen anwenden. Dass die analogie der verwandten formen massgebend gewesen ist, sehen wir aus einer anzahl von isolierten formen wie *plutôt, toujours, hormis, faufiler, plafond* (dagegen *plat-bord*), *verglas* (zu *vert*), *morbleu, morfil, Granville, Gérarcourt, Aubervilliers, fainéant, vaurien, Omont* (zu *haut*). Man vgl. auch solche isolierungen wie *Clermont — clair*.

Wenn die schrift nicht mit der lautlichen entwickelung der sprache gleichen schritt halten kann, so ist leicht zu sehen, dass die ursache in nichts anderem besteht, als in dem mangel an continuität. In den lautverhältnissen ist es ja, wie wir gesehen haben, continuität allein, welche die vereinigung von

stäter bewegung mit einem festen usus ermöglicht. Ein gleich
fester usus in der schrift ist gleichbedeutend mit unveränderlichkeit derselben, und diese mit einem stätigen wachstum
der discrepanz zwischen schrift und aussprache. Je schwankender dagegen die orthographie ist, je entwickelungsfähiger
ist sie, oder umgekehrt, je mehr sie noch der entwickelung
der sprache nachzufolgen sucht, um so schwankender ist sie.

Wir müssen aber ausserdem einige gesichtspunkte hervor-
heben, unter denen das festhalten an der alten schreibung bei
veränderter aussprache noch begreiflicher wird. Bei der beurteilung des verhältnisses von schrift und laut in einer sprache
mischt sich oft ganz ungehöriger weise der standpunkt einer
andern sprache ein, während die orthographie einer jeden
sprache aus ihren eigenen verhältnissen heraus beurteilt sein
will. So lange immer einem bestimmten schriftzeichen ein
bestimmter laut entspricht, kann von einer discrepanz zwischen
schrift und aussprache keine rede sein. Ob das in der einen
sprache dieser, in der andern jener laut ist, tut nichts zur
sache. Wenn daher ein laut sich gleichmässig in allen stellungen verändert und dabei nicht mit einem andern schon
sonst vorhandenen laute, zusammenfällt, so braucht keine veränderung der orthographie einzutreten und die übereinstimmung
zwischen schrift und aussprache bleibt doch gewahrt. Aber
selbst wenn die veränderung keine gleichmässige ist, sondern
spaltung eintritt, wenn dann nur wider keiner unter den verschiedenen lauten mit einem schon vorhandenen zusammenfällt,
so bleibt in der regel nichts übrig als die alte orthographie
beizubehalten; denn man würde um die laute zu unterscheiden
mindestens eines zeichens mehr bedürfen, als zu gebote stehen,
und das lässt sich nicht willkürlich erschaffen. Nur da ist zu
helfen, wo früher ein luxus vorhanden war, der sich jetzt
zweckmässig ausnutzen lässt. Um einigermassen das phonetische princip aufrechtzuerhalten bedürfte es von zeit zu zeit
gewaltsamer neuerungen, die sich mit der erhaltung der einheit
in der orthographie schlecht vertragen.

Dazu kommt nun, dass die eben besprochene wirkung
der analogie für die conservierung der formen schwer ins
gewicht fällt. Und endlich ist noch in betracht zu ziehen,
dass durch die einführung phonetischer schreibung manche

unterscheidungen gänzlich vernichtet werden würden, die jetzt noch in der geschriebenen sprache vorhanden sind. So würde im französischen in den meisten fällen der pl. nicht mehr vom sg. verschieden sein, in manchen auch das fem. nicht mehr vom masc. (*clair* — *claire* etc.). In denjenigen fällen aber, wo noch verschiedenheiten blieben, würde die jetzt noch in der schreibung überwiegend bestehende gleichmässigkeit der bildungsweise vernichtet sein.

Cap. XIV.

Die gemeinsprache.

In allen modernen culturländern finden wir neben vielfacher mundartlicher verzweigung eine durch ein grosses gebiet verbreitete und allgemein anerkannte gemeinsprache. Wesen und bildung derselben zu betrachten ist eine aufgabe, die wir notwendigerweise bis zuletzt verschieben mussten. Wir betrachten wider zunächst die gegebenen verhältnisse, die sich unserer unmittelbaren beobachtung darbieten.

Wir sind bisher immer darauf aus gewesen die realen vorgänge des sprachlebens zu erfassen. Von anfang an haben wir uns klar gemacht, dass wir dabei mit dem, was die descriptive grammatik eine sprache nennt, mit der zusammenfassung des usuellen, überhaupt gar nicht rechnen dürfen als einer abstraction, die keine reale existenz hat. Die gemeinsprache ist natürlich erst recht eine abstraction. Sie ist nicht ein complex von realen tatsachen, realen kräften, sondern nichts als eine ideale norm, die angibt wie gesprochen werden soll. Sie verhält sich zu der wirklichen sprachtätigkeit etwa wie ein gesetzbuch zu der gesammtheit des rechtslebens in dem gebiete, für welches das rechtsbuch gilt, oder wie ein glaubensbekenntniss, ein dogmatisches lehrbuch zu der gesammtheit der religiösen anschauungen und empfindungen.

Als eine solche norm ist die gemeinsprache wie ein gesetzbuch oder ein dogma an sich unveränderlich. Veränderlichkeit würde ihrem wesen schnurstracks zuwider laufen. Wo eine veränderung vorgenommen wird, kann sie nur durch eine ausserhalb der norm stehende gewalt aufgedrängt werden, durch welche ein teil von ihr aufgehoben und durch etwas anderes ersetzt wird. Die veranlassungen zu solchen veränderungen sind auf den verschiedenen culturgebieten analog. Ein noch so sorgfältig ausgearbeiteter codex wird doch immer eine gewisse freiheit der bewegung übrig lassen, und immer werden sich in der praxis eine reihe von unvorhergesehenen fällen herausstellen. Der codex kann aber auch schwierigkeiten enthalten, hie und da mehrfache deutung zulassen. Dazu kommt nun missverständniss, mangelhafte kenntniss von seiten derer, die nach ihm verfahren sollten. Er kann enlich vieles unangemessene enthalten teils von anfang an, teils in folge einer erst nach seiner festsetzung eingetretenen veränderung der sittlichen und wirtschaftlichen verhältnisse. Diese unangemessenheit kann die veranlassung werden, dass sich das rechtsgefühl der gesammtheit oder der massgebenden kreise gegen die durchführung des gesetzesbuchstabens sträubt. Das zusammenwirken solcher umstände führt dann zu einer änderung des gesetzbuches durch die staatsgewalt. Gerade so verhält es sich mit der gemeinsprache. Sie ist nichts als eine starre regel, welche die sprachbewegung zum stillstand bringen würde, wenn sie überall stricte befolgt würde, und nur soweit veränderungen zulässt, als man sich nicht an sie kehrt.

Bei alledem ist aber doch der unterschied, dass die gemeinsprache nicht eigentlich codificiert wird. Es bleibt im allgemeinen der usus, der die norm bestimmt. Es kann das aber nicht der usus der gesammtheit sein. Denn dieser ist weit entfernt davon ein einheitlicher zu sein. Auch in denjenigen gebieten, in welchen die gemeinsprache sich am meisten befestigt hat, finden wir, dass die einzelnen sehr beträchtlich von einander abweichen, auch wenn wir sie nur in soweit berücksichtigen, als sie ausdrücklich bestrebt sind die schriftsprache zu reden. Und selbst, wenn diese abweichungen einmal beseitigt wären, so müssten nach den allgemeinen bedingungen der sprachtentwickelung immer wieder neue entstehen. Sowol um eine einheit herbeizuführen als um eine schon vorhandene aufrecht zu erhalten, ist etwas erforderlich, was von der sprechtätigkeit der gesammtheit unabhängig ist, dieser objectiv gegenüber steht. Als solches dient überall der usus eines bestimmten engen kreises.

Wir finden nun aber, soweit unsere beobachtung reicht,
dass die norm auf zweierlei art bestimmt wird, nämlich einerseits durch die gesprochene sprache, anderseits durch
niedergeschriebene quellen. Soll sich aus der ersteren
eine einigermassen bestimmte norm ergeben, so müssen die
personen, welche als autorität gelten, sich in einem beständigen
oder nach kurzen unterbrechungen immer widerholten mündlichen verkehre unter einander befinden, wobei möglichst viele
und möglichst vielseitige berührungen zwischen den einzelnen
statthaben. In der regel finden wir die sprache einer einzelnen
landschaft, einer einzelnen stadt als mustergültig angesehen.
Da aber überall, wo schon eine wirkliche gemeinsprache ausgebildet ist, auch innerhalb eines so engen gebietes, nicht un-
beträchtliche verschiedenheiten zwischen den verschiedenen
bevölkerungsklassen bestehen, so muss die mustergültigkeit
schon auf die sprache der gebildeten des betreffenden gebietes
eingeschränkt werden. Aber auch von dieser kann sich das
muster emancipieren, und das ist z. b. in Deutschland der fall.
Es ist reines vorurteil, wenn bei uns eine bestimmte gegend
angegeben wird, in der das 'reinste deutsch' gesprochen werden
soll. Die mustergültige sprache für uns ist vielmehr die auf
dem theater im ernsten drama übliche, mit der die herrschende
aussprache der gebildeten an keinem orte vollständig über-
einkommt. Die vertreter der bühnensprache bilden einen verhältnissmässig kleinen kreis, der aber räumlich weit zerstreut
ist. Die räumliche trennung widerspricht aber nur scheinbar
unsere behauptung, dass directer mündlicher verkehr notwendiges erforderniss für die mustersprache sei. Denn der grad
von übereinstimmung, wie er in der bühnensprache besteht,
wäre nicht erreicht und könnte nicht erhalten werden, wenn
nicht ein fortwährender austausch des personals zwischen den
verschiedenen bühnen, auch den am weitesten von einander
entlegenen stattfände, und wenn es nicht gewisse centralpunkte
gäbe und gegeben hätte, die wider den andern als muster
dienen. Dazu kommt, dass hier auch eine kürzere directe
berührung die gleiche wirkung tun kann wie in anderen fällen
eine längere deshalb, weil eine wirkliche schulung stattfindet,
eine schulung, die bereits durch lautphysiologische beobachtung
unterstützt wird. Die ursachen, warum sich gerade die bühnen-

sprache besonders einheitlich und abweichend von allen local-
sprachen gestalten musste, liegen auf der hand. Nirgends
sonst vereinigte sich ein so eng geschlossener kreis von personen aus den verschiedensten gegenden, die genötigt waren
in der rede zusammenzuwirken. Nirgends war einem verkehrs-
kreise so viel veranlassung zur achtsamkeit auf die eigene und
die fremde aussprache, zu bewuster bemühung darum gegeben.
Es musste einerseits der notwendigkeit sich vor einem grossen
zuschauerkreise allgemein verständlich zu machen, anderseits
aesthetischen rücksichten rechnung getragen werden. Aus
beiden gründen konnten dialectische abweichungen auch nicht
mehr in der einschränkung geduldet werden, in der sie sich
etwa zwischen den verschiedenen localen kreisen der gebildeten
noch erhalten hatten. Es ist selbstverständlich, dass eine gleichmässig durchgehende aussprache, an die sich das publikum
allmählig gewöhnt, das verständniss bedeutend erleichtert.
Jede ungleichmässigkeit in dieser beziehung ist aber auch für
das ästetische gefühl beleidigend, wenn sie nicht zur charac-
terisierung dienen soll. Gerade aber weil der dialect etwas
charakterisierendes hat, muss er vermieden werden, wo die
charakterisierung nicht hingehört. Indem nun verschiedene
dialectische nuancierungen mit einander um die herrschaft
kämpften, bevor es zu einer einigung kam, konnte es geschehen,
dass, wenn auch vielleicht im ganzen die eine überwog, doch
in diesem oder jenem punkte einer andern nachgegeben wurde.
Massgebend für die entscheidung musste dabei auch das streben
nach möglichster deutlichkeit sein. Dies streben musste aber
auch zu einer entfernung von der umgangssprache überhaupt
führen. Diejenigen lautgestaltungen, welche in dieser nur dann
angewendet werden, wenn man sich besonderer deutlichkeit
befleissigt, wurden in der bühnensprache zu den regelmässigen
erhoben. Es wurden insbesondere die unter dem einflusse des
satzgefüges oder auch der wortzusammensetzung entstandenen,
von assimilation oder von abschwächung in folge der geringen
tonstärke betroffenen formen, nach möglichkeit wider ausgestossen und durch die in insolierter stellung übliche lautgestalt
ersetzt. Es wurde mehrfach auf die schreibung zurückgegriffen,
wo die aussprache schon abweichend geworden war.
    Durch die bühne wird also für die lautverhältnisse eine

festere norm geschaffen als durch die umgangssprache eines
bestimmten bezirkes. Aber auf die lautliche seite beschränkt
sich auch ihr regelnder einfluss. Im übrigen wird ihr die
sprache von den dichtern octroyiert, und sie kann nach den
anderen seiten hin nicht ebenso tätig eingreifen wie die umgangssprache.

Die übereinstimmung, welche in der sprache desjenigen
kreises besteht, der als autorität gilt, kann natürlich niemals
eine absolute sein. Sie geht in einer umgangssprache nicht
leicht über dasjenige mass hinaus, welches in der auf natür-
lichem wege erwachsenen mundart eines engen bezirkes besteht.
In einer künstlichen bühnensprache kann man allerdings noch
etwas weiter kommen. Und wie die normalsprache nicht frei
von schwankungen ist, so unterliegt sie auch allmähliger wandlung wie sonst eine mundart. Denn sie hat keine anderen
lebensbedingungen wie diese. Wenn auch die norm einem
weiteren kreise sich als etwas von ihm unabhängiges gegenüber stellen kann, so kann sie dies nicht ebenso dem engeren
massgebenden kreise, muss vielmehr naturgemäss durch die
sprechtätigkeit desselben allmählig verschoben werden. Dies
würde selbst geschehen, wenn dieser engere kreis sich ganz
unabhängig von den einflüssen des weiteren halten könnte.
Es ist aber gar nicht denkbar, dass er bei dem ununter-
brochenen wechselverkehre stets nur gebend, niemals empfangend sein sollte. Und auf diese weise wird doch auch
die gemeinsprache durch die gesammtheit der sprachgenossen
bestimmt, nur dass der anteil, den die einzelnen dabei haben
ein sehr verschiedener ist.

Die andere norm der gemeinsprache, welche mit hülfe
der niederschrift geschaffen ist, bietet manche erhebliche vorteile. Erst durch schriftliche fixierung wird die norm unabhängig von den sprechenden individuen, kann sie unverändert
auch den folgenden generationen überliefert werden. Sie kann
ferner auch ohne directen verkehr verbreitet werden. Sie hat
endlich, soweit sie nur wider die niedergeschriebene sprache
beeinflussen soll, ein sehr viel leichteres spiel, weil um sich
nach ihr zu richten es nicht nötig ist sein bewegungsgefühl
neu einzuüben, wie man es tun muss um sich eine fremde
aussprache anzueignen. Dagegen hat sie anderseits den nach-

teil, dass sie für abweichungen in der aussprache noch einen
sehr weiten spielraum lässt, wie aus unseren ausführungen im
vorigen cap. erhellt, daher als muster für diese nur schlecht
zu gebrauchen ist.

Für die regelung der schriftsprache im eigentlichen sinne
ist es jedenfalls möglich den gebrauch bestimmter schriftsteller,
bestimmte grammatiken · und wörterbücher als allein massgebende muster hinzustellen und sich für immer daran zu
halten. Das geschieht z. b., wenn die Neulateiner die Cicero-
nianische schreibweise widerzugeben trachten. Aber schon an
diesem beispiele kann man wahrnehmen, dass es auch da, wo
ein ganz bestimmtes muster klar vor augen steht, schwer möglich ist etwas demselben ganz adäquates hervorzubringen. Es
gehört dazu, dass man sich mit dem muster ununterbrochen
vollkommen vertraut erhält, und dass man sich ängstlich bemüht alle anderen einflüsse von sich fern zu halten. Wem es
noch am besten gelingt, der erreicht es nur durch eine selbst-
beschränkung in der mitteilung seiner gedanken, durch auf-
opferung aller individualität und zugleich auf kosten der
genauigkeit und klarheit des ausdrucks. Wie reich auch der
gedankenkreis eines schrifstellers sein mag, so wird doch selbst
derjenige, der mit ihm der gleichen bildungsepoche angehört,
in ihm nicht für alles das, was er selbst zu sagen hat, die
entsprechenden darstellungsmittel finden; viel weniger noch
wird es ein späterer, wenn die culturverhältnisse sich verändert haben.

Eine schriftsprache, die dem praktischen bedürfnisse dienen
soll, muss sich gerade wie die lebendige mundart mit der zeit
verändern. Wenn sie auch zunächst auf dem usus eines
schriftstellers oder eines bestimmten kreises von schriftstellern
beruht, so darf sie doch nicht für alle zeiten an diesem muster
unbedingt festhalten, darf sich zumal nicht exclusiv gegen er-
gänzungen verhalten, wo das muster nicht ausreicht. Der
einzelne darf nicht mehr bei allem, was er schreibt, das muster
vor augen haben, sondern er muss wie in der mundart die
sprachmittel unbewust handhaben mit einem sicheren vertrauen
auf sein eigenes gefühl, er muss eben dadurch einen gewissen
schöpferischen anteil an der sprache haben und durch das,
was er schafft, auf die übrigen wirken. Der sprachgebrauch

der gegenwart muss neben den alten mustern, wo nicht ausschliesslich zur norm werden. So verhält es sich mit dem
latein des mittelalters. Indem die humanisten die lebendige
entwickelung der lateinischen sprache abschnitten und die
antiken muster wider zu ausschliesslicher geltung brachten,
versetzten sie eben damit ganz wider ihre absicht der lateinischen weltliteratur den todesstoss, machten sie unfähig fortan
noch den allgemeinen bedürfnissen des wissenschaftlichen und
geschäftlichen verkehres zu dienen.

Indem sich eine schriftsprache von den ursprünglichen
mustern emancipiert, ist es allerdings unvermeidlich, dass sie
an gleichmässigkeit einbüsst, dass zwischen den einzelnen
mannigfache abweichungen entstehen. Aber ein zerfallen in
verschiedene räumlich getrennte dialecte, wie es in solchem
falle bei der gesprochenen sprache unvermeidlich ist, braucht
darum doch nicht einzutreten. Eine, und zwar die wichtigste
quelle der dialectischen differenzierung fällt in der schriftsprache ganz weg, nämlich der lautwandel. Flexion, wortbildung, wortbedeutung, syntax bleiben allerdings der veränderung und damit der differenzierung ausgesetzt, aber auch diese
in einem geringeren grade als in der gesprochenen mundart.
Eine hauptveranlassung zu veränderungen auf diesem gebiete
ist ja, wie wir gesehen haben, der mangel an congruenz zwischen
den gruppierungsverhältnissen, die auf der lautgestaltung und
denen, die auf der bedeutung beruhen. Von diesem mangel
ist ja natürlich auch die schriftsprache in ihrer ursprünglichen
fixierung nicht frei, aber es werden in ihr nicht wie in der
gesprochenen mundart durch den lautwandel fortwährend neue
incongruenzen hervorgerufen, und es werden nicht die verschiedenen gebiete durch eine abweichende lautenwickelung in
verschiedene disposition zur analogiebildung gesetzt. Es ist
daher zu veränderungen in den bildungsgesetzen für flexion
und wortbildung sehr viel weniger veranlassung gegeben. Es
treten aber nicht bloss weniger veränderungen ein, sondern
die, welche eintreten, können sich, so lange der literarische
zusammenhang nicht unterbrochen wird, leicht über das ganze
gebiet verbreiten. Wo sie nicht die nötige macht dazu besitzen, werden sie in der regel auch in dem beschränkten gebiete, in dem sie sich etwa festgesetzt haben, übermächtigen

einflüssen weichen müssen. Am wenigsten wird die einheit der sprache gefährdet sein, wenn die alten muster neben den neuen immer eine gewisse autorität behaupten, wenn sie viel gelesen werden, wenn aus ihnen regeln abstrahiert werden, die allgemein anerkannt werden. Erhaltung der übereinstimmung und anbequemung an die veränderten culturverhältnisse sind am besten zu vereinigen, wenn man sich in der syntax und noch mehr in der formenbildung möglichst an die alten muster hält, dagegen in der schöpfung neuer wörter und in der anknüpfung neuer bedeutungen an die alten wörter eine gewisse freiheit bewahrt. So verhält es sich auch im allgemeinen bei den gebildeteren mittellateinischen schriftstellern.

An dem mittel- und neulateinischen können wir am besten das wesen einer gemeinsprache studieren, die nur schriftsprache ist [1]. Die nationalen gemeinsprachen dagegen sind zugleich schrift- und umgangssprachen. In ihnen stehen daher auch eine schriftsprachliche und eine umgangssprachliche norm neben einander. Es scheint selbstverständlich, dass beide in übereinstimmung mit einander gesetzt und fortwährend darin erhalten werden müssen. Aber, wie wir im vorigen cap. gesehen haben, ist solche übereinstimmung in bezug auf die lautliche seite im eigentlichen sinne gar nicht möglich, und die verselbständigung der schrift gegenüber der gesprochenen rede kann so weit gehen, dass die gegenseitige beeinflussung fast ganz aufhört. Und gerade die einführung einer festen norm begünstigt diese verselbständigung. Es erhellt daraus, wie notwendig eine besondere norm für die gesprochene sprache ist, da sich auf grundlage der blossen schriftnorm kaum eine annähernde übereinstimmung in den lautverhältnissen erzielen lassen würde, eher freilich noch mit einer orthographie wie die deutsche als mit einer solchen wie die englische.

---

[1] Eine ganz ausschliesslich nur in der niederschrift lebende und sich entwickelnde sprache ist allerdings auch das mittellateinische nicht. Es wurde ja auch im mündlichem verkehre verwendet. Auf die entwickelung wird das aber von geringem einflusse gewesen sein, da die erlernung doch immer an der hand schriftlicher aufzeichnungen erfolgte. Dagegen ist ein anderer ausserhalb der schriftlichen tradition liegender factor jedenfalls von grosser bedeutung gewesen, namentlich für die gestaltung der syntax, nämlich die muttersprache der lateinschreibenden.

Ferner ist zu berücksichtigen, dass zwischen schriftsprache und umgangssprache immer ein stilistischer gegensatz besteht, dessen beseitigung gar nicht angestrebt wird. In folge davon erhalten sich in der ersteren constructionsweisen, wörter und wortverbindungen, die in der letzteren ausser gebrauch gekommen sind, anderseits dringt in die letztere manches neue ein, was die erstere verschmäht.

Eine absolute übereinstimmung beider gebiete in dem, was in ihnen als normal anerkannt wird, gibt es also nicht. Sie sind aber auch noch abgesehen von den beiden hervorgehobenen punkten immer von der gefahr bedroht nach verschiedenen richtungen hin auseinander zu gehen. Die massgebenden persönlichkeiten sind in beiden nur zum teil die gleichen, und der grad des einflusses, welchen der einzelne ausübt, ist in dem einen nicht der selbe wie in dem anderen. Dazu kommt in der schriftsprache das immer wider erneuerte eingreifen der älteren schriftsteller, während in der umgangssprache direct nur die lebende generation wirkt. Um einen klaffenden riss zu vermeiden, muss daher immer von neuem eine art compromiss zwischen beiden geschlossen werden, wobei jede der andern etwas nachgibt.

Wir haben oben s. 242 gesehen, dass wir das eigentlich charakteristische einer mundart im gegensatz zu den übrigen in den lautverhältnissen suchen müssen. Das selbe gilt von der gemeinsprache im gegensatz zu den einzelnen mundarten. Man darf daher eine technische sprache oder einen poetischen kunststil ebensowenig mit einer gemeinsprache wie mit einer mundart auf gleiche linie setzen.

In jedem gebiete, für welches eine gemeinsprachliche norm besteht, zeigen sich die sprachen der einzelnen individuen als sehr mannigfache abstufungen. Zwischen denen, welche der norm so nahe als möglich kommen, und denen, welche die verschiedenen mundarten am wenigsten von der norm inficiert darstellen gibt es viele vermittlungen. Dabei verwenden die meisten individuen zwei, mitunter sogar noch mehr sprachen, von denen die eine der norm, die andere der mundart näher steht. Diese ist die zuerst in der jugend erlernte, von hause aus dem individuum natürliche, jene ist

durch künstliche bemühungen im späteren lebensalter gewonnen.
Hie und da kommt es allerdings auch vor, dass man von
anfang an zwei nebeneinander erlernt, und durch besondere
umstände kann mancher auch im späteren alter veranlasst
werden eine von der norm weiter abweichende sprache zu
erlernen und sich ihrer zu bedienen. Der abstand zwischen
den beiden sprachen kann ein sehr verschiedener sein. Er
kann so gering sein, dass man sie im gemeinen leben nur als
etwas sorgfältigere und etwas nachlässigere aussprache unterscheidet; in diesem falle stellen sich leicht auch noch wider
abstufungen dazwischen. Es kann aber auch ein klaffender
gegensatz bestehen. Die grösse des abstandes hängt natürlich
sowol davon ab, wieweit die natürliche sprache von der norm
absteht, als davon, wie nahe ihr die künstliche kommt. In
beiden beziehungen bestehen grosse verschiedenheiten. Wenn
man die künstliche sprache im gemeinen leben schlechthin als
schriftsprache bezeichent, so zieht man dabei eine menge
ziemlich erheblicher localer und individueller differenzen nicht
in rechnung; wenn man die natürliche sprache schlechthin als
mundart bezeichent, so übersieht man bedeutende abstände
innerhalb des gleichen engen gebietes. Es kommen natürlich
auch individuen vor, die sich nur einer sprache bedienen,
einerseits solche, die in ihrer natürlichen sprache der norm
schon so nahe kommen oder zu kommen glauben, dass sie es
nicht mehr für nötig halten sich derselben durch künstliche bemühungen noch weiter zu nähern, anderseits solche, die von
den bedürfnissen noch unberührt sind, die zur schöpfung und
anwendung der gemeinsprache geführt haben.

Je weiter sich die natürliche sprache eines individuums
von der norm entfernt, um so mehr wird die daneben stehende
künstliche sprache als etwas fremdes empfunden; wir können
aber auch im allgemeinen behaupten, um so mehr sorgfalt
wird auf die erlernung der künstlichen sprache verwendet,
um so näher kommt man darin der norm, namentlich in allen
denjenigen punkten, die sich schriftlich fixieren lassen. In
Niederdeutschland spricht man ein correcteres schriftdeutsch als
in Mittel- und Oberdeutschland. Ebenso ist das sogenannte
'gut deutsch' der Schweiz ein sehr viel correcteres als etwa
das des benachbarten badischen und würtembergischen gebietes,

weil hier die stadtmundarten schon der norm bei weitem mehr genähert sind als dort.

Wenn auf dem selben gebiete viele abstufungen neben einander bestehen, so müssen sich diese selbstverständlich fortwährend unter einander beeinflussen. Insbesondere muss das der fall sein bei den beiden stufen, die in dem selben individuum neben einander liegen. Alle stufen des gleichen gebietes müssen gewisse eigentümlichkeiten mit einander gemein haben. Die der norm am nächsten stehenden stufen aus den verschiedenen gebieten müssen sich immer noch einigermassen analog zu einander verhalten wie die der norm am fernsten stehenden.

Ueberall ist die schriftsprachliche norm bestimmter, freier von schwankungen als die umgangssprachliche. Und noch mehr übertrifft in der wirklichen ausübung die schriftsprache nach dieser seite hin auch die der norm am nächsten kommenden gestaltungen der umgangssprache. Das ist ein satz, dessen allgemeingültigkeit man durch die erfahrung bestätigt finden wird, wohin man auch blicken mag, und der sich ausserdem aus der natur der sache mit notwendigkeit ergibt. Denn erstens müssen, wie wir gesehen haben, alle feineren unterschiede der aussprache, in der schrift von selbst wegfallen, und zweitens gelingt es dem einzelnen leichter sich eine bestimmte schreibweise als eine von seiner bisherigen gewohnheit abweichende aussprache anzueignen. Es gehört daher nur wenig unbefangene überlegung dazu, um die verkehrtheit gewisser hypothesen einzusehen, die für eine frühere periode grössere einheit in der gesprochenen als in der geschriebenen sprache voraussetzen.

In dem verhältniss der einzelnen individuellen sprachen zur norm finden in einem fort verschiebungen statt. Während dieselben einerseits von den allgemeinen grundbedingungen der natürlichen sprachentwickelung sich nicht emancipieren können und daher zu immer weiter gehender differenzierung und damit zu immer weiterer entfernung von der norm getrieben werden, bringen anderseits die künstlichen bemühungen eine immer grössere annäherung an die norm hervor. Es ist von wichtigkeit festzuhalten, dass beide tendenzen neben einander wirksam sind, dass nicht etwa, wenn die letztere zu wirken anfängt, damit die wirksamkeit der ersteren aufgehoben ist. Die stufenweise annäherung an die norm können wir zum teil direct beobachten. Ausserdem aber finden wir alle die entwickelungsstufen, welche die einzelnen individuen nach und nach durchmachen, an verschiedenen individuen gleichzeitig neben einander. Suchen wir uns nun die einzelnen vorgänge klar zu machen, mittelst deren sich die annäherung vollzieht.

Erstens: es lernt ein individuum zu der bis dahin allein angewendeten natürlichen sprache eine der norm näher stehende künstliche. Das geschieht in den modernen culturländern meist zuerst durch den schulunterricht, und man erlernt dann gleichzeitig die schriftsprache im eigentlichen sinne und eine der schriftsprache angenäherte umgangssprache. Man kann aber eine künstliche sprache auch dadurch erlernen, dass man in einen andern verkehrskreis, der sich schon einer der norm näher stehenden sprache bedient als derjenige, in dem man bisher gelebt hat, neu eintritt, oder dass man wenigstens zu einem solchen kreise in nähere berührung tritt als zu der zeit, wo man zuerst sprechen gelernt hat. In diesem falle braucht man eventuell gar nicht lesen und schreiben zu lernen. Das verhältniss des individuums zu der neuen sprache ist natürlich immer erst eine zeit lang ein passives, bevor es ein actives wird, d. h. es lernt zunächst die sprache verstehen und gewöhnt sich an dieselbe, bevor es sie selbst spricht. Ein derartiges mehr oder minder intimes passives verhältniss hat der einzelne oft zu sehr vielen dialecten und abstufungen der umgangssprache, ohne dass er jemals von da zu einem activen verhältniss übergeht. Dazu bedarf es eben noch eines besonderen antriebes, einer besonders energischen einwirkung. Die aneignung der künstlichen sprache ist zunächst immer eine unvollkommene, es kann allmählig zu immer grösserer vollkommenheit fortgeschritten werden, viele aber gelangen niemals dazu sie sicher und fehlerfrei anzuwenden. Unter allen umständen bleibt die früher angeeignete natürliche sprache eines individuums bestimmend für den specifischen charakter seiner künstlichen sprache. Auch da, wo die letztere sich am weitesten von der ersteren entfernt, wird sie doch nicht als eine absolut fremde sprache erlernt, sondern immer noch mit beziehung auf diese, die bei der anwendung unterstützend mitwirkt. Man

richtet sich zunächst, so viel als möglich, nach den bewegungsgefühlen, auf die man einmal eingeübt ist. Die feineren
lautlichen abweichungen der mustersprache, welche man nach-
zubilden strebt, bleiben gewöhnlich unberücksichtigt. Wo sich
in derselben ein laut findet, auf den man noch nicht eingeübt
ist, schiebt man in der regel den nächstverwandten laut seiner
natürlichen sprache unter. So kann es geschehen, dass, selbst
wenn die betreffende mustersprache der gemeinsprachlichen
norm so nahe als möglich steht, bei der nachbildung doch
eine dem ursprünglichen dialecte gemässe nuancierung herauskommt. Nun aber ist weiter in betracht zu ziehen, dass der
einzelne in der regel seine künstliche sprache von heimatsgenossen lernt, deren sprache bereits auf der unterlage des
nämlichen dialectes aufgebaut ist. Soweit ferner die künstliche
sprache durch lectüre erlernt wird, ist die unterschiebung verwandter laute aus der eigenen mundart ganz selbstverständlich
(vgl. s. 251). Aber auch wortschatz und wortbedeutung, flexion
und syntax der künstlichen sprache bilden sich nicht bloss
nach den mustern, sondern auch nach dem bestande der
eigenen natürlichen sprache. Man ergänzt namentlich den
wortvorrat, den man aus der mustersprache übernommen hat,
wo er nicht ausreicht oder nicht geläufig genug geworden ist,
aus der natürlichen sprache, gebraucht wörter, die man in
jener niemals gehört hat oder, wenn man sie auch gehört hat,
nicht zu reproducieren im stande sein würde, wenn sie nicht
auch in dieser vorkämen. Man verfährt dabei mit einer gewissen unbefangenen sicherheit, weil in der tat ein grosser
oder der grössere teil der in der natürlichen sprache üblichen
wörter auch in der mustersprache vorkommt, weil man vielfach die lücken seiner kenntniss der letzteren auf diese weise
ganz richtig ergänzt. Es kann dabei aber natürlich auch nicht
fehlen, dass wörter in die künstliche sprache hinübergenommen
werden, welche die mustersprache gar nicht oder nur in abweichender bedeutung kennt. Wo das selbe wort in der
mustersprache und in der natürlichen sprache vorkommt, bestehen häufig verschiedenheiten der lautform. Finden sich
diese verschiedenheiten gleichmässig in einer grösseren anzahl
von wörtern, so müssen sich in der seele des individuums,
welches beide sprachen neben einander beherrscht, parallel-

reihen herstellen (z. b. nd. *water* — hd. *wasser* = *eten* — *essen* = *laten* — *lassen* etc.). Es entsteht in ihm ein, wenn gleich dunkles gefühl von dem gesetzmässigen verhalten der laute der einen sprache zu denen der andern. In folge davon vermag es wörter, die es nur aus seiner natürlichen sprache kennt, richtig in den lautstand der künstlichen sprache zu übertragen. Psychologisch ist der vorgang nicht verschieden von dem, was wir als analogiebildung bezeichent haben. Dabei können durch unrichtige verallgemeinerung der gültigkeit einer proportion fehler entstehen, wie ich z. b. von einem im niederdeutscher mundart aufgewachsenen kinde gehört habe, dass es hochdeutsch redend *zeller* für *teller* sagte. Dergleichen bleibt aber meist individuell und vorübergehend, da es immer wider eine controlle dagegen gibt. Anderseits aber zeigen sich die parallelreihen nicht immer wirksam, und es gehen auch wörter in ihren mundartlichen von dem lautstande der mustersprache abweichenden gestalt in die künstliche sprache über. Uebrigens verhält es sich wie mit dem lautlichen, so in allen übrigen beziehungen: in der regel ist die dem einzelnen zunächst als muster dienende umgangssprache schon durch ein zusammenwirken der eigentlichen normalsprache, mit dem heimischen dialecte gestaltet.

Zweitens wirkt die künstliche sprache auf die natürliche indem aus ihr wörter, hie und da auch flexionsformen und constructionsweisen entlehnt werden. Die wörter sind natürlich solche, welche sich auf vorstellungskreise beziehen, für die man sich vorzugsweise der künstlichen sprache bedient. Sie werden wie bei der umgekehrten entlehnung entweder in den lautstand der natürlichen sprache umgesetzt oder in der lautform der künstlichen beibehalten. Es gibt keine einzige deutsche mundart, die sich von einer solchen infection gänzlich frei gehalten hätte, wenn auch der grad ein sehr verschiedener ist.

Drittens wird bei den individuen, die eine künstliche und eine natürliche sprache nebeneinander sprechen, der gebrauch der ersteren auf kosten der letzteren ausgedehnt. Anfangs wird die künstliche sprache nur da angewendet, wo ein wirkliches bedürfniss dazu vorhanden ist, d. h. im verkehr mit fremden, die einem wesentlich abweichenden dialectgebiete angehören. Dieser erfolgt mehr durch schriftliche als durch mündliche mittel, es bedarf dafür mehr einer künstlichen schriftsprache als einer künstlichen umgangssprache. Im verkehr zwischen heimatsgenossen kommt die künstliche sprache zuerst da zur anwendung, wo gleichzeitig auf fremde rücksicht genommen werden muss. Nachdem sie sich für die literatur und für officielle actenstücke festgesetzt hat, dehnt sie sich überhaupt auf alle schriftlichen aufzeichnungen aus, auch die privater natur, die nicht für fremdes dialectgebiet bestimmt sind. Es ist das die natürliche consequenz davon, dass man an den literarischen denkmälern das lesen und schreiben erlernt, in folge wovon es bequemer wird sich an die darin herrschende orthographie anzuschliessen als auch noch für die eigene mundart eine schreibung zu erlernen oder selbst zu finden. Weiter wird die künstliche sprache üblich für den an schriftliche aufzeichnungen angelehnten öffentlichen vortrag, für predigt, unterricht etc. Erst nachdem sie in allen den erwähnten verkehrsformen eine ausgedehntere anwendung gefunden hat, wird sie einem teile des volkes, natürlich demjenigen, der sich am meisten in denselben bewegt, der am meisten durch literatur, schule etc. beeinflusst wird, so geläufig, dass sie derselbe auch für den privatverkehr in der heimat zu gebrauchen anfängt, dass sie zur allgemeinen umgangssprache der gebildeten wird. Erst auf dieser entwickelungsstufe natürlich kann der gebrauch der mundart im umgange für ein zeichen von unbildung gelten, erst jetzt tritt die mundart in der wertschätzung hinter der künstlichen sprache zurück. In der Schweiz ist man durchgängig noch nicht soweit gelangt. In den höchstgebildeten kreisen von Basel, Bern oder Zürich unterhält man sich, so lange man keine rücksicht auf fremde zu nehmen hat, in der einem jeden von jugend auf natürlichen sprache, und nimmt auch in den politischen körperschaften an reden in Schweizerdeutsch keinen anstoss. Wenigstens annähernd ähnliche verhältnisse waren in Holstein, Hamburg, Mecklenburg und andern niederdeutschen gegenden noch vor wenigen decennien zu finden. In ganz Süd- und Mitteldeutschland erträgt man wenigstens in der umgangssprache noch einen bedeutenden abstand von der eigentlichen normalsprache. Schon die betrachtung der noch bestehenden verhältnisse kann

lehren, wie verkehrt die anschauung ist, dass mit der existenz
einer künstlichen und einer natürlichen sprache von vornherein
eine herabwürdigung der letzteren gegenüber der ersteren verbunden sein müsste, wie verkehrt es ferner ist nicht das bedürfniss, sondern das streben durch feinere bildung von der
grossen masse des volkes abzustechen zum ersten motiv für
die erlernung und für die schöpfung einer künstlichen sprache
zu machen. Wer dergleichen annimmt, steckt eben noch in
den vorurteilen einer unwissenschaftlichen schulmeisterei, die
von historischer entwickelung nichts weiss. Die anwendung
der künstlichen sprache im täglichen verkehr kann in sehr
verschieden abgestufter ausdehnung statt haben. Zunächst
braucht man sie abwechselnd mit der natürlichen. Dabei
macht man dann einen unterschied je nach dem grade, in dem
derjenige, mit dem man redet, mit der künstlichen sprache vertraut ist und sie selbst anwendet. Schliesslich gelangt man
vielleicht dazu die natürliche sprache gar nicht mehr anzuwenden. Es kommen heutzutage fälle genug vor, in denen
man diese ganze entwickelung schritt für schritt an einem
individuum verfolgen kann. Man gelangt nirgends zu ausschliesslicher anwendung der künstlichen sprache, ohne dass
eine längere oder kürzere periode der doppelsprachigkeit vorangegangen wäre.

Sind erst eine anzahl von individuen dazu gelangt sich
der künstlichen sprache ausschliesslich oder überwiegend zu
bedienen, so erlernt derjenige teil des jüngeren geschlechtes,
welcher vorzugsweise unter ihrem einflusse steht, das, was
ihnen noch künstliche sprache war, von vornherein als seine
natürliche sprache. Dass die ältere generation auf künstlichem
wege zu dieser sprache gelangt ist, ist dann für ihr wesen
und ihr fortleben in der jüngeren generation ganz gleichgültig.
Diese verhält sich zu ihr nicht anders als die ältere generation
oder andere schichten des volkes zu ihrer von der gemeinsprachlichen norm nicht beeinflussten mundart. Man muss
sich hüten den gegensatz zwischen künstlicher und natürlicher
sprache mit dem zwischen gemeinsprache und mundart einfach
zu confundieren. Man muss sich immer klar darüber sein,
ob man die verschiedenen individuellen sprachen nach ihrer
objectiven gestaltung mit rücksicht auf ihre grössere oder ge-

ringere entfernung von der gemeinsprachlichen norm beurteilen
will oder nach dem subjectiven verhalten des sprechenden zu
ihnen. Von zwei sprachen, die man von zwei verschiedenen
individuen hört, kann A der norm näher stehen als B, und
kann darum doch A natürliche, B künstliche sprache sein.
Wenn auf einem gebiete ein teil an der ursprünglichen
mundart festhält, ein anderer sich einer künstlichen einge-
führten sprache auch für den täglichen verkehr bedient, so
gibt es natürlich eine anzahl von individuen, die von frühester
kindheit einigermassen gleichmässig von beiden gruppen beeinflusst werden, und so kann es nicht ausbleiben, dass verschiedene mischungen entstehen. Jede mischung aber begünstigt
das entstehen neuer mischungen. Und so kann es nicht ausbleiben, dass ein grosser reichtum mannigfacher abstufungen
auch in der natürlichen sprache entsteht. In Ober- und Mitteldeutschland kann man fast überall von der der norm am
nächsten stehenden gestaltung bis zu der davon am weitesten
abstehenden ganz allmählig gelangen, ohne dass irgendwo
ein schroffer riss vorhanden wäre. In der Schweiz dagegen,
wo die künstliche sprache noch nicht in den täglichen verkehr
eingedrungen ist, sich nicht in natürliche sprache verwandelt
hat, fehlt diese mannigfaltige abstufung.

Wenn jemand von hause aus eine der norm näher stehende
sprache erlernt hat, so hat er natürlich kein so grosses bedürfniss noch eine künstliche dazu zu erlernen, als wenn er
die reine mundart seiner heimat erlernt hätte. Er begnügt
sich daher häufig für den mündlichen verkehr mit der ein-
sprachigkeit. Die verhältnisse können ihn aber dazu drängen
eine noch grössere annäherung an die norm anzustreben, und
dann wird er wiederum zweisprachig, und wiederum kann seine
künstliche sprache einer folgenden generation zur natürlichen
werden, und dieser process kann sich mehrmals widerholen.

Wir haben uns bisher zu veranschaulichen versucht, wie
sich die verhältnisse gestalten unter der voraussetzung, dass
schon eine allgemein anerkannte norm für die gemeinsprache
besteht. Es bleibt uns jetzt noch übrig zu betrachten, wie
überhaupt eine solche norm entstehen kann. Dass eine
solche in den gebieten, wo sie jetzt existiert, nicht von anfang
an vorhanden gewesen sein kann, dass es vorher eine periode

gegeben haben muss, in der nur reine mundarten gleichberechtigt neben einander bestanden haben, dürfte jetzt wol allgemein anerkannt sein. Aber es scheint doch vielen leuten schwer zu fallen, sich eine literarisch verwendete sprache ohne norm vorzustellen, und die neigung ist sehr verbreitet ihre entstehung so weit als möglich zurückzuschieben. Ich kann darin nur eine nachwirkung alter vorurteile sehen, wonach die schriftsprache als das eigentlich allein existenzberechtigte, die mundart nur als eine verderbniss daraus aufgefasst wird. Dass überhaupt zweifel möglich ist, liegt daran, dass uns aus den früheren zeiten nur aufzeichnungen vorliegen, nicht die gesprochene rede. In folge davon ist vermutungen über die beschaffenheit der letzteren ein weiter spielraum gegeben. Einen massstab für die richtigkeit oder nichtigkeit dieser vermutungen können uns bloss unsere bisher gesammelten erfahrungen über die bedingungen des sprachlebens geben. Was diesen massstab nicht aushält, muss endlich einmal aufhören sich breit zu machen.

Unter den momenten, welche auf die schöpfung einer gemeinsprache hinwirken, muss natürlich, wie schon aus unseren bisherigen erörterungen hervorgeht, in erster linie das bedürfniss in betracht kommen. Ein solches ist erst vorhanden, wenn die mundartliche differenzierung so weit gegangen ist, dass sich nicht mehr alle glieder der sprachgenossenschaft bequem unter einander verständigen können, und zwar dann auch nur für den gegenseitigen verkehr derjenigen, deren heimatsorte weit auseinander liegen, da sich zwischen den nächsten nachbarn keine zu schroffen gegensätze entwickeln. Es kann nicht leicht etwas bedenklicheres geben, als anzunehmen, dass sich eine gemeinsprache zunächst innerhalb eines engeren gebietes, das in sich noch geringe mundartliche differenzen aufzuweisen hat, ausgebildet und erst von da auf die ferner stehenden gebiete verbreitet habe. Naturgemäss ist es vielmehr, und das bestätigt auch die erfahrung, dass eine sprache dadurch zur gemeinsprache wird, dass man sie in gebieten zum muster nimmt, deren mundart sich ziemlich weit davon entfernt, während kleinere differenzen zunächst unbeachtet bleiben. Ja der gemeinsprachliche charakter kann dadurch eine besondere kräftigung erhalten, dass eine übertragung

auf entschieden fremdsprachliches gebiet stattfindet, wie wir
es an der griechischen κοινή und der lateinischen sprache
beobachten können.

Soll demnach ein dringendes bedürfniss vorhanden sein,
so muss der verkehr zwischen den einander ferner liegenden
gebieten schon zu einer ziemlichen intensität entwickelt sein,
müssen bereits rege commercielle, politische oder literarische
beziehungen bestehen. Von den intensitätsverhältnissen des
weiteren verkehres hängt es auch zum teil ab, wie gross das
gebiet wird, über welches die gemeinsprache ihre herrschaft
ausdehnt. Die grenzen des gebietes fallen keineswegs immer
mit denjenigen zusammen, die man am zweckmässigsten ziehen
würde, wenn man bloss das verhältniss der mundarten zu einander berücksichtigen wollte. Wenn auf zwei verschiedenen
sprachgebieten die mundartlichen differenzen ungefähr gleich
gross sind, so kann es doch geschehen, dass sich auf dem
einen nur eine gemeinsprache, auf dem andern zwei, drei und
mehr entwickeln. Es ist z. b. keine frage, dass zwischen ober-
und niederdeutschen mundarten grössere unterschiede bestehen,
als zwischen polnischen und czechischen oder serbischen und
bulgarischen, ja selbst zwischen polnischen und serbischen.
Es können zwei gebiete mit sehr nahe verwandten mundarten
rücksichtlich der gemeinsprachen, die sich in ihnen festsetzen,
nach verschiedenen seiten hin auseinandergerissen werden,
während zwei andere mit einander sehr fern stehenden mundarten die gleiche gemeinsprache annehmen.

Wieviel auf das bedürfniss ankommt, zeigt auch folgende
beobachtung. Es ist sehr schwer, wo nicht unmöglich, wenn
sich für ein grösseres gebiet eine gemeinsprache einigermassen
festgesetzt hat, für einen teil desselben eine besondere gemeinsprache zu schaffen. Man kann jetzt nicht mehr daran denken
eine niederdeutsche oder eine provenzalische gemeinsprache
schaffen zu wollen. Auch die bemühungen eine besondere
norwegische gemeinsprache zu schaffen scheitern an der bereits
bestehenden herrschaft des dänischen. Umgekehrt ist es auch
nicht leicht eine gemeinsprache über ein grösseres gebiet zur
herrschaft zu bringen, wenn die einzelnen teile desselben bereits
ihre besondere gemeinsprache haben, durch die für das nächste
bedürfniss schon gesorgt ist. Man sieht das an der erfolglosig-

keit der panslavistischen bestrebungen. Ebenso wirkt auch
eine ganz fremde sprache, wenn sie sich einmal für den literarischen und officiellen verkehr eingebürgert hat, der bildung
einer nationalen gemeinsprache hemmend entgegen. So sind
die bestrebungen eine vlämische literatursprache zu gründen
nur von geringem erfolge gekrönt, nachdem einmal das französische zu feste wurzeln geschlagen hat. In sehr ausgedehntem
masse hat das lateinische als weltsprache diesen hemmenden
einfluss geübt.

Es ist nur der directe verkehr, für welchen das bedürfniss
im vollen masse vorhanden ist. Für den indirecten besteht
es häufig nicht, auch wenn die individuen, zwischen denen
die mitteilung stattfindet, sich mundartlich sehr fern stehen.
Geht die mitteilung durch andere individuen hindurch, deren
mundarten dazwischen liegen, so kann sie durch mehrfache
übertragungen eine gestalt erhalten, dass sie auch solchen
leicht verständlich wird, denen sie in der ursprünglichen mundart nicht verständlich gewesen wäre. Eine solche übertragung
findet selbstverständlich statt, wenn poetische producte mündlich
von einem orte zum andern wandern. Aber ihr unterliegen
auch aufgezeichnete denkmäler, die durch abschrift weiter verbreitet werden. Allerdings bleibt die übertragung gewöhnlich
mehr oder minder unvollkommen, so dass mischdialecte entstehen. Massenhafte beispiele für diesen vorgang liefern die
verschiedenen nationalliteraturen des mittelalters. Es ist auf
diese weise ein literarischer connex zwischen gebieten möglich,
die mundartlich schon ziemlich weit von einander abstehen,
ohne die vermittelung einer gemeinsprache. Ja dieses so
nahe liegende verfahren verhindert geradezu, dass eine mundart, in der etwa hervorragende literarische denkmäler verfasst
sind, auf grund davon einen massgebenden einfluss gewinnt,
weil sie gar nicht mit den betreffenden denkmälern verbreitet
wird, wenigstens nicht in reiner gestalt. Ganz anders verhält
sich die sache, sobald die verbreitung durch den druck geschieht. Durch diesen wird es möglich ein werk in der ihm
vom verfasser oder vom drucker gegebenen gestalt unverfälscht
überallhin zu verbreiten. Und sollen überhaupt die vorteile
des druckes zur geltung kommen, so muss ein druck womöglich
für das ganze sprachgebiet genügen, und dazu gehört natürlich,

dass die darin niedergelegte sprache überall verstanden wird. Mit der einführung des druckes wächst also einerseits das bedürfniss nach einer gemeinsprache, werden anderseits geeignetere mittel zur befriedigung dieses bedürfnisses geboten. Uebrigens ist es auch erst der druck, wodurch eine verbreitung der kenntniss des lesens und schreibens in weiteren kreisen möglich wird. Vor der verwendung des druckes kann für die wirksamkeit einer schriftsprachlichen norm immer nur ein enger kreis empfänglich gewesen sein.

Das bedürfniss an sich reicht natürlich nicht aus eine gemeinsprachliche norm zu schaffen. Es kann auch nicht dazu veranlassen eine solche willkürlich zu ersinnen. So weit geht die absichtlichkeit auch auf diesem gebiete nicht, wie viel grösser sie auch sein mag als bei der natürlichen sprachentwickelung. Ueberall dient als norm zunächst nicht etwas neu geschaffenes, sondern eine von den bestehenden mundarten. Es wird auch nicht einmal eine unter diesen nach verabredung ausgewählt. Vielmehr muss diejenige, welche zur norm werden soll, schon ein natürliches übergewicht besitzen, sei es auf commerciellem, politischem, religiösem oder literarischem gebiete oder auf mehreren von diesen zugleich. Die absicht eine gemeinsprache zu schaffen kommt erst hinten nach, wenn die ersten schritte dazu getan sind. Wenigstens ist es wol erst in ganz moderner zeit vorgekommen, dass man ohne eine bereits vorhandene grundlage den plan gefasst hat eine gemeinsprache zu schaffen, und dann meist nicht mit günstigem erfolge. Man hat sich dabei die verhältnisse anderer sprachgebiete, die bereits eine gemeinsprache besitzen, zum muster genommen. Als die gemeinsprachen der grossen europäischen culturländer begründet wurden, schwebten noch keine solche muster vor. Man musste erst erfahren, dass es überhaupt dergleichen geben könne, ehe man danach strebte.

Bevor irgend ein ansatz zu einer gemeinsprache vorhanden ist, muss es natürlich eine anzahl von individuen geben, welche durch die verhältnisse veranlasst werden sich mit einer oder mit mehreren fremden mundarten vertraut zu machen, so dass sie dieselben leicht verstehen und teilweise selbst anwenden lernen. Es kann das die folge davon sein, dass sie in ein

287

anderes gebiet übergesiedelt sind oder sich vorübergehend
länger darin aufgehalten haben, oder dass sie mit leuten, die
aus fremdem gebiete herübergekommen sind, viel verkehrt
haben, oder dass sie sich viel mit schriftlichen aufzeichnungen,
die von dort ausgegangen sind, beschäftigt haben. Die auf
diese weise angeknüpften beziehungen können sehr mannigfach sein. Ein angehöriger der mundart A kann die mundart
B, ein anderer C, ein dritter D erlernen und dabei wider umgekehrt ein angehöriger der mundart B oder C oder D die
mundart A etc. So lange sich die wechselseitigen einflüsse
der verschiedenen mundarten einigermassen das gleichgewicht
halten, ist kein fortschritt möglich. Ist aber bei einer mundart
erheblich mehr veranlassung gegeben sie zu erlernen als bei
allen übrigen, und zwar für die angehörigen aller mundarten,
so ist sie damit zur gemeinsprache prädestiniert. Ihr übergewicht zeigt sich zunächst im verkehre zwischen den ihr angehörigen individuen und den angehörigen der andern mundarten, indem sie dabei leichter und öfter von den letzteren
erlernt wird, als deren mundart von den ersteren, während
die übrigen mundarten unter einander mehr in einem paritä-
tischen verhältniss bleiben. Der eigentlich entscheidende schritt
aber ist erst gemacht, wenn die dominierende mundart auch
für den verkehr zwischen angehörigen verschiedener anderer
mundarten gebraucht wird. Es ergibt sich das als eine natürliche folge davon, dass eine grössere menge von individuen
mit ihr vertraut ist. Denn dann ist es bequemer sich ihrer
zu bedienen, sobald einmal die heimische mundart nicht mehr
genügt, als noch eine dritte oder vierte dazu zu erlernen. Am
natürlichsten bietet sie sich dar, wenn man sich eben so wol
an diejenigen wendet, die ihr von natur angehören, als an die
übrige nation, wie es ja bei dem literarischen verkehre und
unter der voraussetzung staatlicher einheit auch bei dem politischen der fall ist. In dem augenblicke, wo man sich der
zweckmässigkeit des gebrauches einer sochen mundart für den
weiteren verkehr bewusst wird, beginnt auch die absichtliche
weiterleitung der entwickelung.

Die mustergültigkeit eines bestimmten dialectes ist aber
in der regel nur eine übergangsstufe in der entwickelung
der gemeinsprachlichen norm. Die nachbildungen des musters

bleiben, wie wir gesehen haben, mehr oder minder unvollkommen. Es entstehen mischungen zwischen dem muster
und den verschiedenen heimatlichen dialecten der einzelnen
individuen. Es kann kaum ausbleiben, dass auch diese mischdialecte teilweise eine gewisse autorität erlangen, zumal wenn
sich hervorragende schriftsteller ihrer bedienen. Auf der andern
seite unterliegt der ursprüngliche musterdialect als dialect stätiger
veränderung, während die normalsprache conservativer sein
muss, sich nur durch festhalten an den mustern vergangener
zeiten behaupten kann. So muss allmählig der dialect seine
absolute mustergültigkeit verlieren, muss mit verschiedenen
abweichenden nuancen um die herrschaft kämpfen.

Die künstliche sprache eines grossen gebietes pflegt demnach in einem gewissen entwickelungsstadium ungefähr in dem
selben grade dialectisch differenziert zu sein, wie die natürliche innerhalb einer landschaft. Zu grösserer centralisation
gelangt man in der regel nur durch aufstellung wirklicher
regeln, in mündlicher unterweisung, grammatiken, wörterbüchern,
akademieen etc. Mit welcher bewustheit und absichtlichkeit
aber auch eine schriftsprachliche norm geschaffen werden mag,
niemals kann dadurch die unbeabsichtigte entwickelung, die
wir in den vorhergehenden capiteln besprochen haben, zum
stillstand gebracht werden; denn sie ist unzertrennlich von
aller sprechtätigkeit.

For EU product safety concerns, contact us at Calle de José Abascal, 56–1°,
28003 Madrid, Spain or eugpsr@cambridge.org.

www.ingramcontent.com/pod-product-compliance
Ingram Content Group UK Ltd.
Pitfield, Milton Keynes, MK11 3LW, UK
UKHW010348140625
459647UK00010B/911

* 9 7 8 1 1 0 8 0 0 6 1 9 4 *